이런 고민, 이런 책

일러두기
· 본문에 인용된 외서의 구절이나 문단은 모두 저자가 직접 번역했습니다.
· 외래어는 국립국어원이 정한 기준에 따라 표기하되, 이에 벗어난 표기는 해당 저작물의 표기를 그대로 따른 것입니다.

이런 고민, 이런 책
ⓒ박균호

2025년 7월 1일 1판 1쇄 인쇄
2025년 7월 10일 1판 1쇄 발행

지은이	박균호
펴낸이	한기호
기획·책임편집	도은숙
편집	정안나, 유태선, 김현구, 김혜경
마케팅	윤수연
경영지원	국순근
펴낸곳	북바이북
	출판등록 2009년 5월 12일 제313-2009-100호
	주소 04029 서울시 마포구 동교로 12안길 14 삼성빌딩 A동 2층
	전화 02-336-5675 팩스 02-337-5347
	이메일 kpm@kpm21.co.kr

ISBN 979-11-90812-63-4 (03800)

· 북바이북은 한국출판마케팅연구소의 임프린트입니다.
· 이 책은 저작권법에 의하여 보호를 받는 저작물이므로 무단 전재와 복제를 금합니다.
 이를 위반시에는 형사, 민사상의 법적 책임을 질 수 있습니다.
· 책값은 뒤표지에 있습니다.

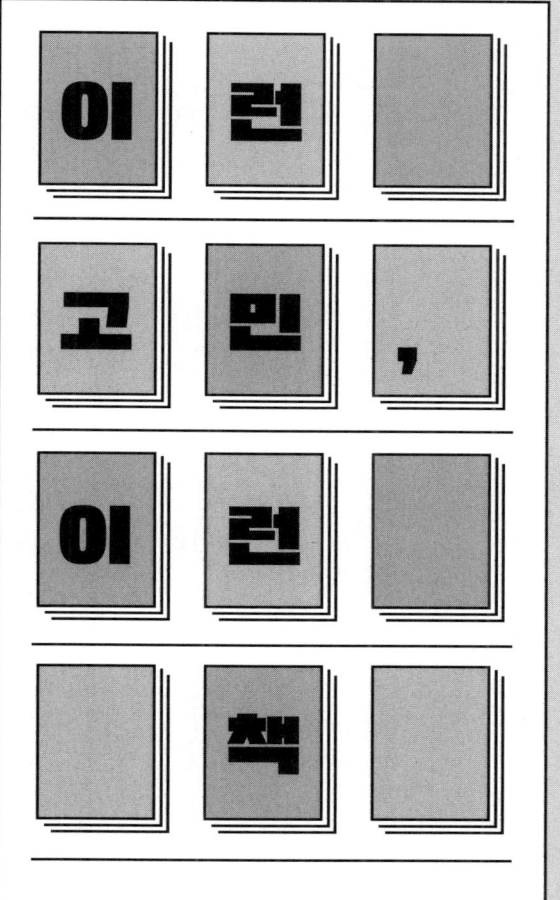

인생의 고비마다 펼쳐 볼 서른일곱 권

박균호 지음

"내일 지구가 망해도 이 책만은 버리지 말아줘. 정말 재미있고 쓸모 있을 거야."

북바이북

프롤로그

나의 반려 책들을
너에게 남기며

　책은 반려라는 말과 참 잘 어울린다. 사람이 반려자를 대개 청년기에 만나듯 인생을 함께할 책도 보통 이 시기에 만난다. 사람이 반려자와 함께 늙어가듯 반려 책도 그 주인과 함께 늙어간다. 책이라는 물건은 사람이 입는 옷처럼 시간이 지나면서 유행에 뒤떨어지고 빛도 바랜다. 어린아이 치아처럼 새하얗던 책의 속살은 세월의 흐름에 따라 주름지고 생기가 줄어들며 탄력이 없어지기도 한다.
　반려 책과 관련해 가장 울컥했던 건 소셜 미디어 친구의 이야기였다. 아버지가 세상을 떠난 뒤, 서가에 꽂혀 있는 책 속에서 머리카락 한 올을 발견했고, 아버지의 것이겠거니 하고 울컥했다는 이야기였다. 헌책 수집가에게 가장 슬픈 순간은 사고 싶은 책을 못 살 때가 아니라, 헌책방에 나와선 안 될 책을 만났을 때다. 가령 이런 사연이 엿보이는 책, 주인의 손때가 진하게 묻어 있는 책, 누군가와 평생을 함께한 책이라면 결코 시중에 나와선 안 되는 것이다.

많은 책이 주인의 죽음과 함께 갈 곳을 잃는다. 불가피하다는 걸 알면서도 장서가는 자신의 책들이 미운 오리 새끼가 되지 않기를 바란다. 나 역시 마찬가지다. 내가 세상을 떠난 뒤에도 내 딸과 아내가, 그리고 언젠가 손주가 그 책들을 식구처럼 대해주면 좋겠다. 딸아이를 붙잡고 서재에 종일 머물며 내가 사랑하고 각별하게 여긴 책들을 소개해주고 싶은 이유도 그 때문이다.

큰 욕심이라는 걸 안다. 내가 죽고 나면 장서의 처지는 달라질 수밖에 없다. 눈치 없이 소중한 자리를 차지하며 반갑지 않은 먼지를 양산할 뿐 아니라, 이삿짐 무게를 늘리는 천덕꾸러기가 될 것이다. 당연한 일이다. 아무리 가족이라도 내가 책들과 함께한 세월이 그들에게도 같은 의미로 남을 수는 없다.

그렇기에 이 책을 쓰게 되었다. 내 서재의 모든 책은 아니어도 적어도 이 책들만큼은 소중하게 간직해달라는 마음, 심하게 과장하면 "내일 지구가 망해도 이 책만은 버리지 말아줘"라는 서재에 대한 유언쯤이 되겠다. 신중하게 골랐다. 순전히 나나 내 가족에게만 의미 있는 책이 아니라, 다른 사람에게도 유용하고 의미가 있을 법한 서른일곱 권이다.

  기준은 단순하다. 서른일곱 권 책의 공통점은 '재미'다. 하나같이 읽는 재미가 쏠쏠하다. 재미난 사람과 함께한 시간이 잊히지 않듯, 재미난 책과 함께한 순간은 마음에 아로새겨져서 필요할 때마다 빛을 내는 램프가 된다.

  또 다른 공통점은 인생의 고민에 방향을 제안해준다는 점이다. 책의 주요 내용이든 사소한 한 문장이든, 어느 순간 지혜를 건네주는 책들이었다. 예를 들면, 타인에게 부탁하는 일이 어렵게 느껴질 땐 신영복의 『청구회 추억』을, 유독 운이 나쁘다고 느껴질 땐 아쿠타가와 류노스케의 『어느 바보의 일생』을, 불행의 감정이 엄습할 때는 에밀 졸라의 『제르미날』을, 부조금 액수가 고민될 땐 기 드 모파상의 『여자의 일생』을, 자기를 가꾸는 일이 귀찮아질 땐 세르반테스의 『돈키호테』를 읽어보면 좋겠다는 식이다.

  그래서 이 책에 실은 목록은 '이건 명작이니 꼭 읽어야 해'라는 강요가 아니라 '나는 이 책을 재미있게 읽었고, 평생 친하게 지냈으며, 진심으로 도움이 되었던 친구 같은 책이야. 다른 책은 다 잊어도 이 책만은 간직해봐. 너한테도 도움이 될 거야' 같은 마음으로 추린 것이다. 각 원고의 마지막엔 '소소한 한마디'라는 이름으로, 그 책을 통한 나의 깨달음도 한 문장씩 덧붙였다.

이 책을 읽는 독자도 언젠가 자기만의 반려 책 목록을 추려보면 어떨까. 그 책들이 남은 생을 단단히 받쳐주며, 언제까지고 곁을 지켜주리라 믿는다.

차례

프롤로그 | 나의 반려 책들을 너에게 남기며   4

1. **부탁하는 일이 어렵게 느껴질 때**   13
   신영복, 『청구회 추억』

2. **소신을 갖고 싶을 때**   22
   샬럿 브론테, 『제인 에어』

3. **결혼과 경제적 자유 사이에서 고민될 때**   30
   전시륜, 『어느 무명 철학자의 유쾌한 행복론』

4. **아이에게 꿈을 심어주고 싶을 때**   40
   뿌리깊은나무, 『우리 아이의 장래』

5. **유독 운이 나쁘다고 느껴질 때**   50
   아쿠타가와 류노스케, 『어느 바보의 일생』

6. **부조금 액수가 고민될 때**   61
   기 드 모파상, 『여자의 일생』

7. **요리가 어렵게 느껴질 때**   69
   강창래, 『오늘은 좀 매울지도 몰라』

8. **삶 자체가 버거울 때**   76
   아르투어 쇼펜하우어, 『쇼펜하우어의 행복론과 인생론』

9. **불행의 감정이 엄습할 때**   86
   에밀 졸라, 『제르미날』

10. 인생이 통속으로 물들 때   94
표도르 도스토옙스키, 『죄와 벌』

11. 누군가의 조언이 필요할 때   103
윌리엄 셰익스피어, 『쥴리어스 시저』

12. 시를 읽고 싶을 때   112
유안진 외, 『지란지교를 꿈꾸며』

13. 폭력에 맞서야 할 때   121
미셸 우엘베크, 『소립자』

14. 확실한 행복을 얻고 싶을 때   130
민병산, 『철학의 즐거움』

15. 타인의 불행과 마주했을 때   139
스탕달, 『파르마의 수도원』

16. 재미있게 영어 공부 하고 싶을 때   147
스티븐 크라센, 『크라센의 읽기 혁명』

17. 이성과 감성 사이에서 고민될 때   155
헤르만 헤세, 『나르치스와 골드문트』

18. 지속 가능한 직장 생활을 도모할 때   164
안우광, 『꼴 보기 싫은 상사와 그럭저럭 잘 지내는 법』

19. 쌓아두고 버리지 못할 때   173
근대서지학회, 『근대서지』

20. 기록의 습관을 들이고 싶을 때   181
박완서, 『그 많던 싱아는 누가 다 먹었을까』

21. 누군가에게 단 한 줄의 글을 남기고 싶을 때   189
하일지, 『경마장을 위하여』

22. 재미와 지혜가 필요할 때   196
이문열, 『이문열 삼국지』

23. 나만의 취향을 갖고 싶을 때   205
조홍식, 『똑같은 것은 싫다』

24. 하소연하는 사람과 대화할 때   213
레프 톨스토이, 『전쟁과 평화』

25. 성공의 비결이 궁금할 때   221
벤저민 프랭클린, 『벤저민 프랭클린 자서전』

26. 자녀에게 무엇을 남겨줄지 고민될 때   230
임간철, 『뿌쉬낀과 12월 혁명』

27. 타인을 모욕하고 싶을 때   239
니콜로 마키아벨리, 『로마사 논고』

28. 자신을 가꾸는 일이 귀찮아질 때   248
미겔 데 세르반테스 사아베드라, 『돈키호테』

29. 소중한 것을 버려야 할 때 257
표도르 도스토옙스키, 『도스또예프스끼 전집』

30. 사랑하는 사람의 죽음을 맞았을 때 264
무라카미 하루키, 『노르웨이의 숲』

31. 좋으면서 표현하지 못할 때 272
김은성, 『내 어머니 이야기』

32. 한쪽 말만 듣고 솔깃해질 때 280
나쓰메 소세키, 『도련님』

33. 가족이 보잘것없게 느껴질 때 288
위화, 『인생』

34. 원하지 않은 일이 닥쳤을 때 296
브램 스토커, 『주석 달린 드라큘라』

35. 내용과 형식 중에 고민될 때 304
엔도 슈사쿠, 『깊은 강』

36. 여행의 의미를 느끼지 못할 때 312
토마스 만, 『마의 산』

37. 정 때문에 힘겨워질 때 321
테오도어 폰타네, 『에피 브리스트』

| 청구회 추억 신영복 · 돌베개 · 2008 |

부탁하는 일이
어렵게 느껴질 때

우리나라 시골 학교들이 대부분 그러하듯이 내가 근무하는 중학교는 불과 몇십 년 전만 해도 수백 명의 학생이 다녔지만, 지금은 전교생이 세 명에 불과하다. 당장 내년에 입학생이 없어서 폐교된다고 해도 전혀 이상하지 않다. 천진난만한 학생들은 별다른 생각이 없는지 모르겠지만 적어도 교직원들은 한 해 한 해가 절박하고 소중하다. 단 한 명의 학생을 두고 수업해야 하는 경우가 잦은데 평생 시골 학교에서 근무한 나도 겪어보지 않은 상황이다.

어쩌면 내 교직 인생에서 그나마 평범한 학교 풍경 안에서 수업했던 가장 최근은 2023년이었다. 당시만 해도 전교생이 열두 명이었고 그중 중학교 2학년이 여덟 명이었다. 그 여덟은 하나같이

착하고 순박하며 심지어 영민했다. 자칫 지루할 수도 있는 외부 강사 특강 때 누가 시키지도 않았는데 메모하고 여러 질문을 하며 졸지 않으려고 본인 손등을 깨무는 학생이 어떻게 사랑스럽지 않겠는가.

나는 이 아이들을 가르치면서 교사와 학생이 연인이나 가족 관계는 아니지만 뭔가 운명적인 사이라는 생각이 들었다. 아이들은 내 말을 잘 들어주었고 나도 아이들을 아끼고 사랑했다. 우리는 매일 교실에서 만났지만, 일 년 동안 단 한 번도 꾸중은커녕 언성을 높인 기억이 없다.

물론 아이들이 내가 주로 근무하는 상담실에 몰려와 시끌벅적하게 굴면 성가시기도 했으나 금세 생각을 달리했다. 이 아이들이 졸업하면 나를 찾아올 학생들이 없지 않겠는가. 마치 무남독녀로 자란 내 딸아이가 어린 시절 나와 같이 놀자고 칭얼거렸을 때 충분히 놀아주지 못한 것을 후회하고 있는 것처럼 이 아이들과도 그럴 수 있겠다 싶었다. 그래서 이 아이들이 상담실에서 다소 부산하게 이리저리 다니고 소란스럽게 해도 개의치 않으려고 애썼다.

종종 나는 이 아이들과 학교 주변을 산책하면서 과자를 함께 사먹곤 했는데 이 또한 금쪽같은 추억이 되었다. 아이들과 도란도란 이야기를 나누면서 산책할 때면 언제나 신영복 선생이 쓴 『청구회 추억』이 떠올랐다.

이 책이 2008년에 나왔을 때 나는 보자마자 '이건 사야 해'라는 생각으로 주문했다. 『청구회 추억』은 신영복 선생이 1966년 한 봄날 문학회 회원들과 서오릉으로 소풍 가는 길에 만난 여섯 명의 꼬마와의 우정을 그린 아름다운 수필이다. 신영복 선생이 1941년생이니 지나가던 꼬맹이들과 친구를 맺고 청구회라는 명칭을 정하며 동네 골목 청소, 독서, 비탈길 정비하기, 마라톤을 함께하던 시절이 불과 20대 중반에 불과했다. 이 수필에 등장하는 '꼬마들'이 1968년생인 나보다 최소한 열 살은 더 많으니까, 지금은 완연한 노인이 되었을 터였다. 기분이 묘해졌다.

　다른 한편 뿌듯함도 느꼈다. 신영복 선생은 20대 중반에 열 살 남짓 꼬마들과 우정을 나눴는데 나는 50대 후반에 열다섯 된 아이들과 친구처럼 지내고 비록 학교 근처 마을이지만 심심찮게 소풍을 다니니 어쩌면 선생보다 훨씬 운이 좋은 사람이라는 생각이 든다.

　누가 봐도 정겹고 아름다운 표지에 이끌려 주문하긴 했지만, 사실 나는 이 책을 살 필요는 없었다. 『청구회 추억』은 내 서재에 있는 신영복 선생의 『엽서』에 실려 있는 일부에 지나지 않기 때문이다. 1993년에 나온 초판 『엽서』는 책을 잘 모르는 사람이 보면 투박하고 어쩌면 성의 없이 만든 책이라는 인상을 받을지도 모르겠다. 내지를 보면 생각이 달라질 수도 있다. '신영복체'라는 서체가 있을 만큼 아기자기하고 깔끔한 신영복 선생의 육필 편지를 그대로 영인해 만들었기 때문이다.

검은색 바탕에 흰색 제목만 덩그러니 새겨진 이 책은 디자인에서 느낄 수 있듯이 슬픈 사연이 있다. 신영복 선생은 1968년 8월 통일혁명당 사건으로 구속되어 사형 선고를 받고 이듬해 선고가 파기되었지만, 그때부터 무려 20년간 옥살이를 했다. 그 긴 세월 동안 신영복 선생은 또박또박 박아 쓴 글씨로 사색 노트를 쓰고 가족들에게 편지를 보냈다. 깨알 같은 글씨로 선생의 양심과 고뇌를 써 내려간 엽서를 친구들은 한 장씩 나눠 가졌다고 한다. 그러다가 친구들은 그럴 것이 아니라 모든 엽서를 모아 영인본으로 제작하여 이를 한 권씩 나눠 가지고 원본 엽서는 신영복 선생에게 돌려주기로 한다.

기계 활자로 인쇄하지 않고 원본 편지를 그대로 책으로 펴낸 까닭은 그렇게 해야 신영복 선생의 시대 양심과 고뇌를 생생하게 전달할 수 있다고 생각했기 때문이다. 누가 봐도 투박한 이 책은 일반적인 활자본으로 같은 내용을 담은 『감옥으로부터의 사색』과 비교되어 더 빛이 나는 책이 되었다. 일종의 자비 출간이었지만, 당시로서는 거금의 제작비를 들여서 나온 책이다. 애초에 상업적인 목적이 아닌 신영복 선생 지인과 친구 들이 나눠 가지기 위해서 출간한 만큼 금방 절판되었고 뭇 수집가의 표적이 되었다. 당연히 이 책은 헌책 시장에서 정가인 1만 2,000원의 몇 배나 비싼 가격에 팔렸을뿐더러 고급 컬러 복사로 불법 제작한 판본이

나돌기도 했다.

  내가 본격적으로 헌책과 희귀본을 수집하기 시작한 2000년대 초반만 해도 명색이 희귀본 수집가라고 자부하기 위해서는 『엽서』 정도는 손에 쥐고 있어야 한다는 인식이 팽배했다. 말하자면 책 수집가가 되기 위한 등용문이었던 셈이다. 나도 당연히 이 책을 구하기 위해서 동분서주하다가 결국 구하긴 했는데 초판이 아니고, 중판이었다. 중판이었을지언정 이 책을 6만 원 주고 구매한 것으로 기억한다. 자랑스럽게 중판을 소장 중이던 나는 운 좋게도 인터넷 헌책방에서 초판을 발견하고 생각할 겨를도 없이 7만 원에 구매했다. 물론 중판은 지인에게 선물했다. 마치 책 수집가의 서재에 초판이 아닌 중판이 자리 잡은 것이 자존심 상하는 일이라도 되는 양 서둘러 보냈다.

  헌책 수집가들이 가장 허탈한 순간은 본인이 오랫동안 찾아 헤매다가 간신히 구한 희귀본이 재출간되었다는 소식을 접할 때일 것이다. 우리나라 출판계를 가만히 살펴보면 확실히 희귀본이라고 소문난 책은 언젠가는 재출간된다. 그러나 정가의 몇 배를 주고서라도 손에 넣고 싶은 희귀본이 재출간되면 의외로 많이 팔리지 않고 다시 절판되는 경우가 허다하다.

  그러니까 초판본이 나오고 정확히 10년 뒤인 2003년에 신영복 선생의 옥중 서한임을 강조하기 위해서 제목을 『신영복의 엽서』로 바꾼 판본이 돌베개 출판사에서 나오기에 이른다. 세월이 흐른 만큼 고화질 촬영과 정밀 인쇄 기술을 동원하여 원본의 종이 재질이나 상태뿐만 아니라 미세한 흔적도 선명하게 보여준 판본이다. 누가 봐도 장정이나 디자인 등이 초판보다 훌륭하지만 여전히 투박한 초판을 애지중지하는 독자가 많다.

2008년에 이르자 『엽서』에 수록된 「청구회 추억」 원고만을 실은 『청구회 추억』이라는 책이 나왔다. 사실 『청구회 추억』은 130쪽에 불과하고 그나마 반은 영문 번역이 차지하는 만큼 한 권의 책으로 엮기에는 부족한 감이 있다. 그러나 이 책이 절판되지 않고 여전히 셀러인 까닭은 신영복 선생과 아이들의 추억담이 많은 사람의 향수를 자극하고 공감을 주기 때문이다.

『청구회 추억』에서 내가 가장 감명 깊고 배울 점이 있다고 생각한 부분은 역시 신영복 선생과 청구회 아이들과의 첫 만남 이야기다. 이른바 신영복 선생이 말하는 "어린이들의 세계에 들어가는 방법"론이다. 신영복 선생은 대화를 주고받았다는 사실만으로 서로의 거리를 몇 년씩이나 앞당겨준다고 믿었는데 아이들에게 던지는 첫마디는 반드시 "대답이 가능한 것이어야" 한다고 한다. 예를 들어 어른이 처음 만난 아이에게 흔하게 던지는 "네 이름이 뭐냐?"라는 질문은 아이들에게 굳이 대답할 필요성을 느끼게 하기 힘들며 자칫 자신을 놀리거나 깔보는 것으로 인식되기 쉽다. 또한 그때와 달리 요즘은 아동을 대상으로 하는 흉악 범죄에 대한 경각심이 커서 낯선 이를 조심하라는 교육을 받고 자라는 아이들에게 부담감이나 겁을 줄 수도 있다.

그런 질문 대신 신영복 선생은 "이쪽으로 가면 서오릉으로 갈 수 있지?"라는 첫마디를 아이들에게 던졌다. 이 질문은 부담이 없으며 '예' 또는 '아니오'라고 간단히 대답할 수도 있고 나아가 아이들이 타인을 도와주었다는 보람과 자긍심을 느끼게 해주는 질문이다. 이 질문 하나로 신영복 선생과 아이들은 나이와 시대를 넘어서는 우정을 맺을 수 있었다. 사람은 누구나 타인에게 도움이 되었다고 인식하게 될 때 행복감을 느낀다. 가장 큰 행복감이 봉사 활동을 할 때 얻어지는 이유다.

타인에게 쉽게 다가가는 비결은 상대가 나에게 도움을 주는 기회를 제공하는 것이다. 그렇다고 염치없이 아무 부탁이나 던져서는 안 된다. 나는 이 구절을 가슴 깊이 새겨놓았다가 실생활에 적용해본 적이 여러 번 있다. 가령, 업무상 다른 학교를 방문할 때 첫 관문은 배움터지킴이인데 나는 이미 그 학교를 여러 번 방문한 적이 있어서 잘 알고 있지만 일부러 교무실 위치를 묻곤 했다. 그러면 방금까지 무뚝뚝하던 배움터지킴이 선생님이 만면에 미소를 짓고 친절하게 알려줄 뿐만 아니라 주차 장소까지 자상하게 안내해준다.

의도치 않게 상대에게는 아무런 부담이 없고 쉽게 들어줄 수 있는 부탁을 한 적이 또 있었다. 나는 그분을 약간 성가시게 할 수도 있겠다는 걱정을 했는데 나중에 보니 상대는 오히려 고마워했다고 한다. 내가 그분을 친밀한 대상으로 생각하고 있다는 인상을 받았고 나에게 도움을 주었다는 '긍지'를 느끼고 있었다. 타인이 쉽게 들어줄 수 있는 부탁은 절대로 민폐가 아니며 오히려 인간관계를 유연하게 하는 비결이다.

『엽서』, 『신영복의 엽서』, 『청구회 추억』은 사실상 같은 책인데 뭐 하러 돈을 들여서 샀느냐는 딸아이의 타박이 들리는 듯하다. 다 읽어보지 않는 이상 어쩌면 전혀 다른 내용을 담은 책이라고 알고 지낼지도 모르겠다. 실제로 나에겐 모두 다른 느낌을 주는 다른 책이다. 이 중에서 굳이 한 권만 남겨야 한다면 초판본 『엽서』를 선택할 것 같다. 우선 친구처럼 지낸 40년 연하의 중학생 제자들이 나에게 써준 정다운 메모지 몇 개를 이 책에 끼워두었기 때문이다. 특별한 내용은 아니다. 급식 시간에 내가 유난히 향신료가 강한 음식을 먹기 힘들어하는 모습을 유심히 지켜본 한 학생이 몸에 좋은 음식이니까 도전해보라고 격려했고, 또 어떤 학생은 벚꽃이 피면 야외 수업을 꼭 가겠다고 약속해달라는 등의 요청을 했다. 그중 하나만 옮겨본다.

박균호 선생님께
비록 저희가 지금은 진로 수업을 듣지 않지만, 진로 수업을 들으며 생명의 소중함과 대화와 산책이 엄청 즐겁고 소중하고 중요하다는 걸 알았습니다. 중학생만 이뻐하시지 말고 선생님의 제자였던 저희 고2도 이뻐해주세요. 지난 1년 동안 수고해주신 진로 수업 감사해요. 멋진 한 해를 만들어주셔서 감사합니다!

언젠가 이 메모지를 내 딸이 발견하면 좋겠다. 이참에 내가 쓴 사소한 메모지나 하다못해 영수증이라도 내가 읽은 책에 끼워둘지 생각 중이다. 언젠가 내 서재를 물려받은 딸이 책에서 이런 흔적을 발견하면 나를 한 번쯤 더 생각하지 않을까.

> **소소한 한마디**
>
> "부탁도 하기에 따라서
> 타인에게 호감을 줄 수 있다."

제인 에어 샬럿 브론테 · 햇살과나무꾼 옮김 · 시공주니어 · 2005

소신을 갖고 싶을 때

세계 문학사에서 자매가 나란히 중요한 자리를 차지하고 있는 사례는 찾아보기 힘들다. 따라서 샬럿, 에밀리, 앤 브론테 세 자매가 각각 『제인 에어』, 『폭풍의 언덕』, 『아그네스 그레이』라는 영문학사를 대표하는 걸작을 남긴 것은 놀라운 일이다. 지금이야 세 작품 중에서 단연코 『폭풍의 언덕』이 가장 중요한 저작으로 조명받지만 출간된 당시에는 『제인 에어』가 더 인기를 누렸다고 알려졌다. 『폭풍의 언덕』이 매운맛 스릴러에 가까운 비극이라면 『제인 에어』는 동화 같은 로맨스 소설에 가깝다. 피가 철철 흐르는 스릴러에 열광하는 요즘 독자들 입맛에는 전자가 매력적이겠지만 『제인 에어』는 마음이 따뜻해지는 쏠쏠한 재미가 있다.

『제인 에어』도 당시에는 꽤 당돌한 작품이었다. 당대 여성이 갖추어야 할 중요한 덕목으로 여겨진 미모와 재산은 대단하지 않지만 자기주장이 강하며 독립적인 여성 제인 에어의 성장기를 다룬 이 소설은 19세기 영국 빅토리아 시대를 배경으로 한다. 이 시대 영국은 식민지 개척으로 제국주의 정점에 있었으며 국내적으로도 정치, 경제, 사회 분야에서 급격한 변화를 겪었다. 제국주의 논리와 함께 엄격한 가부장제가 작동되고 있었다.

영국 빅토리아 시대의 여성상은 크게 두 부류로 나뉘었다. 가정이라는 울타리 안에서 남편을 내조하며 육아에만 힘쓰는 정숙한 여성과 성적으로 타락한 여성이 그것이다. 당시 사회는 남성의 성적 쾌락 추구는 당연한 것으로 받아들였지만 여성이 성적 쾌락을 추구하는 것을 죄악시했다.

1847년에 출간된『제인 에어』는 당대 여성상의 어느 부류에도 속하지 않는 독특한 인물을 그린 소설이다. 주인공 제인 에어는 성적으로 타락한 인물이 아니지만 그렇다고 고분고분한 순종형도 아니다. 그녀는 강인함과 부드러움을 겸비했으며 가부장제 같은 사회의 불합리한 관습에는 단호히 저항하는 여성이었다. 빅토리아 시대에는 이런 인물이 거의 존재하지 않았으므로 샬럿은 새로운 여성상을 창조한 것이나 다름없었다. 당시 여성은 수녀원이나 기숙학교를 거쳐 가정주부나 가정교사가 되는 것이 거의 정해진 진로였다. 심지어 문학조차 남성 중심이어서 비평가로부터 제대로 된 평가를 받자면 여성 작가는 남성 필명으로 발표해야 했다. 빅토리아 시대는 집안의 천사 역할에 충실해야 할 여성이 글을 쓴다는 것은 감히 본인을 드러내는 행위이자 남성의 전유물인 펜으로 창조자의 지위에 도전하는 불순한 행위로 여겨졌다. 여성이 글을 쓴다는 것은 마치 대중 앞에서 발가벗는 것이나 다름없다는 것이었다.

샬럿도 이 시류를 비켜 갈 수 없던 터라 『제인 에어』를 커러 벨 Currer Bell이라는 필명으로 발표했다. 이미 이 자체가 시대에 대한 저항이었다. 남성 필명을 사용함으로써 여성을 향한 불평등한 사회 부조리에 날카로운 비판을 할 수 있었고 여성 작가라는 이유로 박한 평가를 받는 일도 피할 수 있었다.

한 가지 흥미로운 사실은 이 소설은 출간되자 한 비평가로부터 "남성적 박력이 넘치는 소설"이라고 극찬을 받으며 인기몰이를 했는데 저자가 여성이라는 사실이 밝혀지자, "형편없는 소설"이라는 비평을 발표했다고 한다. 이 사실 하나만으로도 빅토리아 시대 여성의 지위를 파악할 수 있으며 가부장제에 저항한 주인공을 내세운 『제인 에어』가 얼마나 당돌한 소설이었는지 짐작할 수 있다. 한마디로 『제인 에어』는 주체적 상상력과 가치관을 가진 제인 에어라는 주인공을 내세워 당대 가부장제에 저항하는 용감한 소설이다.

과연 제인은 전통적인 가정 제도와 교육 제도에 대해서 거침없이 반항하는 야생마로 그려진다. 고아로 외숙모 집에 맡겨져 자란 제인은 자신을 속박하고 미워하는 외숙모에게 순종하지 않고 말대꾸한다. 걸핏하면 자신에게 주먹을 휘두르는 사촌 존을 두고 살인자, 노예 감독관, 로마 황제라고 지칭하며 거침없이 비판한다. 급기야 외숙모를 찾아온 목사에게 자신은 거짓말을 하지 않았으며 거짓말쟁이는 오히려 숙모라며 항변한다. 샬럿 브론테는 제인을 통해서 체제에 순종하지 않는 여성이 어떻게 고초를 겪는지 고발함과 동시에 사회 체제 비판의 시선을 보냈다. 아울러 "여성은 과도하게 엄격한 제한 때문에 고통스러워한다"라는 구절로 여성 문제의 본질을 간파한다.

『제인 에어』는 주로 여성주의나 가부장제에 대한 항거의 소설로 읽히지만 실은 교육에 관한 주제가 서사의 중심을 차지한다. 이 소설의 상당 부분을 차지하는 7년 동안의 기숙학교 생활은 아동 학대의 백화점이라고 부를 만하다. 교사는 고분고분하지 않은 제인을 두고 "악마의 하수인", "사기꾼", "이방인"이라고 공표하고 다른 학생들에게 제인과는 말도 섞지 말라고 따돌림을 지시한다. 체벌로도 모자라 급식을 제한하고 교실 한중간에 서 있게 하며 판지에 "단정하지 못한 여학생"이라고 써서 이마에 묶기까지 한다. 실로 야만적이다.

흥미롭게도 18세기의 두 철학자가 체벌에 대한 상반된 의견을 내놓았다. 칸트는 체벌에 찬성했는데 교양 있는 시민을 양성하기 위해서는 벌이나 복종 강요는 어느 정도 필요하다고 보았다. 아동에게 굴욕감을 주는 도덕적 처벌과 육체적 고통을 주는 신체적 처벌은 좋은 교육에 필요한 수단이라는 것이다.

반면 동시대 철학자인 루소는 『에밀』을 통해서 교사가 학생을 꾸짖고 신체적 고통을 주는 것은 교육적인 벌이 아니라고 생각했다. 그가 생각한 교육적인 벌이란 예를 들어 숙제를 해 오지 않는 학생에게 벌을 주지 말고 숙제를 하지 않아 따라오는 불이익과 불편을 감수하게 하자는 것이다. 루소는 아이에게 벌을 준다면 자기 잘못을 반성하고 교훈을 얻기보다는 거짓말이나 속임수로 위기를 모면하는 처세술만 익히는 결과를 초래할 뿐이라고 생각했다. 아이로서는 당장 거짓말을 함으로써 생기는 이득이 진실을 말함으로써 기대할 수 있는 이득보다 훨씬 크기 때문이다.

루소가 『에밀』에서 말하는 교사의 권위는 아동에 대한 인위적인 벌보다는 아동과 교사 사이에서 자연스럽게 생기는 공감과 신뢰에서 싹튼다. 불행하게도 빅토리아 시대 영국 사회는 루소의 교육관이 아닌 칸트의 것이 실행되었다. 샬럿 브론테는 자기 소설로 당시 가부장제를 비판하기도 했지만, 권위적이고 폭력적인 교육관에 대해서도 비판을 아끼지 않았다.

샬럿의 교육관은 소설 속 템플 선생을 통해 도드라진다. 템플은 권위적이고 폭력적인 다른 교사와 달리 제인 에어를 칭찬과 설득의 방식으로 감싸고 적성을 파악하여 그 길을 걷도록 인도한다.

템플은 제인 에어를 교사와 학생이 아닌 동등한 인격체를 가진 동료로 대접하고 배려했다. 제인 에어가 뒤집어쓴 오명을 벗겨주고 이 사실을 다른 학생들에게 공표하여 따돌림에서도 해방해주었다. 템플 덕분에 자존감을 회복한 제인 에어는 새롭게 공부를 시작하고 자신의 앞길을 개척하겠다는 결심을 한다.

가난한 제인 에어는 기숙학교 생활을 하는 동안 늘 굶주림에 시달리며 뜨겁게 구운 감자와 하얀 빵을 상상하면서 잠이 들었지만 어느 날부터 자신이 그린 나비, 나무와 집 들을 상상하면서 잠들기 시작했다. 학생의 재능을 일깨워 이끈 템플 덕분이다. 템플처럼 권위와 체벌을 휘두르지 않고 칭찬과 설득으로 학생을 지도하면 아이들의 장점과 특기는 더욱 강화되기 마련이다. 이런 방식의 교육은 아이들이 자발적으로 교사를 존경하게 만들기도 한다. 고함을 지르거나 벌을 주지 않고도 아이들의 존경심을 끌어낸다.

그리하여 제인은 춥고 궁핍했던 기숙학교 생활을 했지만, 자신을 배려하는 선생의 품 안에서 꿈을 키워나갔고, 외숙모에게서 괄시당하며 살았던 저택 생활로 되돌아가고 싶은 마음을 품지 않게 되었다. 많은 부모가 경제적 풍요가 아이에게 최고 환경이라고 생각하지만 정작 아이들에게 필요한 것은 어른의 사랑과 관심, 배려라고 샬럿은 말한다. 확실히 서로 증오하며 풍성한 쇠고기를 먹는 것보다, 서로 사랑하며 거친 나물을 먹는 것이 낫다.

아이들을 강압적인 벌로 다스리는 교사와 어른은 고작 아이들의 단점만 볼 뿐이다. 사람은 누구나 불완전한 존재다. 가장 깨끗하게 보이는 행성일지라도 표면을 자세히 살피면 점들이 있지 않은가. 아이들의 사소한 결점만 보는 어른은 그 행성이 뿜어내는 눈부신 빛을 볼 수 없다.

템플로부터 받은 배려와 사랑이 넘치는 교육으로 한층 더 성숙한 어른이 된 제인 에어는 마침내 가정교사가 되어 아이를 지도하는 위치에 이른다. 제인 에어는 어떤 선생이 되었을까? 학교를 떠나 손필드 저택에서 가정교사가 된 제인이 지도할 학생은 아델이라는 한부모 가정 자녀였다. 저택의 주인 로체스터는 잠깐 사랑을 나눈 무용수가 낳은 딸이 자신의 친자식임을 믿지 않고 재정적 지원만 할 뿐 아델에게 애정과 관심을 쏟지 않는다.

제인은 활달하지만 예의가 없고 제멋대로인 아델을 가르치는 일을 전적으로 일임받는다. 교육하기 수월한 아이는 아니었지만, 교육이 전적으로 제인에게 맡겨졌기 때문에 소신껏 가르칠 수 있었다. 이 대목에서 우리는 샬럿 브론테의 중요한 교육관을 엿볼 수 있다. 교육자에게 자신의 방식대로 지도할 수 있는 권한을 부여하는 것이 매우 중요하다는 점이다. 물론 로체스터가 친딸이 아니라고 생각했기 때문에 가능했으리라 보이지만, 어쨌든 제인은 누구의 간섭도 받지 않고 자신의 소신대로 아델을 지도한 끝에 성공적인 성과를 도출했다. 만약 제인이 학부모나 다른 관계자로부터 간섭을 받았다면 아델의 태도와 인생관을 바꾸기 어려웠을 것이다.

   그렇다면 제인의 교육 방식은 어떠했을까? 교육자 제인은 어린 시절 자신을 그토록 괴롭혔던 강압적인 교육 방식 대신 학습자의 특성을 고려한 방식을 선택했다. 규칙적인 일과를 지키지 못하는 아델을 고려하여 강제로 수업 일정을 진행하기보다는 공부량을 줄이고 좀 더 많은 자유를 주는 방법을 선택했다. 학생의 특성을 먼저 고려하는 방식을 통해서 아델과 진심 어린 교류를 할 수 있었으며 그 결과 두 사람은 좋은 사제 관계로 발전했다. 교사 제인은 기숙학교 시절 자신이 존경했던 템플 선생처럼 아이와 공감하고 소통하면서 생긴 신뢰를 디딤돌 삼아 교사의 권위를 얻었다. 이런 교육 방식이야말로 21세기에 부합한다. 소통과 공감을 바탕으로 하는 교육은 학생이 교사를 부모처럼 따르게 만든다. 마찬가지로 부모가 자식을 강제적 훈육이 아닌 공감과 소통으로 키운다면 제인 에어가 그토록 소망하던 행복한 가정의 가장 완벽한 모습이 될 것이다.

소소한 한마디

"진정한 권위는 타인과의
소통과 공감에서 비롯된다."

어느 무명 철학자의 유쾌한 행복론 전시륜 · 명상 · 2003

결혼과 경제적 자유 사이에서 고민될 때

내 안목을 칭찬하고 싶은 책이 있다. 나중에 절판되어 희귀본이 된 것도 아니고 출판계에서 떠들썩하게 주목받은 책도 아니다. 세상에 단 한 권의 책만 남긴 사람, 전시륜 선생의 『어느 무명 철학자의 유쾌한 행복론』이다. 이 책을 2003년 11월에 샀으니 꽤 오래전 일이지만, 왜 이 책을 골랐는지 충분히 짐작하겠다. 책을 좋아하는 사람의 인생 목표가 세상에 자신의 이름으로 된 책 한 권 내는 것 아니겠는가. 책 표지에 "세상에 단 한 권의 책을 남기고 떠난 사람"이란 문구가 선명하고 제목이 "무명 철학자의 유쾌한 행복론"이라니 동네 서점에서 하이에나처럼 살 만한 책을 살피던 내 눈에 띄지 않을 재간이 없었다.

순전히 제목에 이끌려 이 책을 사 읽었음에도, 내가 존경하는 모 출판사의 편집장이라든가 독서 커뮤니티계에서 추앙받는 독서가가 이 책을 가장 좋아한다고 밝히는 것을 보니 나 자신이 더 대견스러워졌다.

저자 전시륜 선생은 내 부친과 같은 해(1932)에 태어나 부친보다 몇 년 더 살다 간 어르신이다. 서울대 공대에 다녔지만, 전쟁이 터지는 바람에 미국에 건너가 온갖 잡다한 일을 전전하다가 중년 이후에는 집필과 관련된 일만 했다. 모국어로 된 수필집을 한 권 내는 것이 소원이었고, 마침내 그 책을 이 세상에 내놓게 되었지만, 출간을 앞두고 안타깝게 췌장암으로 세상을 떠났다.

책엔 인상 깊은 이야기가 많다. 전쟁이 터지는 바람에 대학을 포기하고 군대에 가고, 그 이후 뜨내기 생활을 9년 한 끝에 '이왕 버린 몸'이라는 심정으로 세상의 온갖 표류자들이 모인다는 미국에 갔다는 이야기는 후세대 사람들에겐 영화에서나 보았음 직한 극적인 느낌을 준다. 그것이 끝이 아니다. 미국에서 온갖 고생을 하다가 나이가 들어 이제 좀 살 만하겠다 싶었는데 난데없이 췌장암에 걸려 불과 석 달 정도밖에 살지 못한다는 사형선고 비슷한 것을 받았지만 어쩌면 자기 삶이 자신의 성격에 맞는 각본대로 흘러갔다는 말과 후회 없이 재미나게 살았다는 소회에서는 존경받는 종교인의 아우라가 느껴진다. 전시륜 선생만큼 자신의 신조대로 꿋꿋하게 인생을 재미나게 살다가 간 분도 참 드물다는 생각이 든다.

아무래도 『어느 무명 철학자의 유쾌한 행복론』에서 가장 재미난 부분은 무려 20쪽에 걸쳐 서술한 '구혼 광고' 이야기일 것이다. 전시륜 선생이 어떻게 하면 최대한 많은 여성을 만나 사귀고 그 중에서 가장 이상적인 짝을 골라서 결혼할 수 있는지를 자신이 풀어야 할 가장 중요한 과제로 삼았던 때는 1957년이었다. 그는 결혼 시장에서 실로 시대를 앞서간 구혼 광고를 내기로 한다. 우선 전시륜 선생이 그 당시 결혼 상대를 찾는 보편적인 방법이었던 중매 제도를 마다한 이유를 들어보자. 우선 중매인이 알고 있는 결혼 상대자는 극히 제한적이다. 한 개인의 인맥으로 형성된 만큼 광범위한 데이터베이스가 있을 리 없다. 맞선 상대와 커피 마시면서 브람스의 음악을 좋아하느냐는 식의 대화를 주고받았다고 해서 상대의 참모습을 파악하기 어렵다는 점도 중매를 멀리한 이유다.

뭣보다 중매인은 결혼 성사를 위해 어떻게 해서든 인품이나 성격에 대해서 거짓말을 할 수 있으며 중매 시장의 상도상 서로의 경제 사정, 학력, 직업 등을 사실대로 밝혀야 하는데 전시륜 선생은 안타깝게도 직업은 군대 졸병이며 재산이라고는 시골 오두막집과 논 800평 밭 300평에 불과하고, 충청도에서 소문난 추남이니 도저히 중매로 결혼할 수 없겠다는 결론에 도달했다. 그래서 회사의 구인 글처럼 구혼 광고를 내서 응모자를 파악한 다음 최종 낙점자를 뽑겠다는 계획을 세운다.

전시륜 선생은 실용적이고 꼼꼼한 성격이므로 이 프로젝트가 총 3단계에 걸쳐 진행되도록 설정했다. 첫째 광고문 초안 작성, 둘째 구혼 광고를 낼 신문사 선정, 마지막 신문 광고 비용 모금이었다. '25세 총각 군인이 아내를 구함' 같은 구태의연한 문구 대신 '오고 싶은 분은 와주십시오'라는 문구로 자신의 영혼을 드러내는 도전의 화살을 쏘기로 했다. 대략적인 광고 내용은 전시륜 선생의 재산 상황과 앞으로의 생활 전망 그리고 구혼 광고를 낸 이유로 구성되었다. 광고를 낸 이유가 참 용감했는데 자신이 장차 미국 유학을 할 텐데 그동안 시아버지를 모실 생각이 있는 여자를 간절히 구한다는 것이었다(시대가 시대였으니 감안하고 읽어야겠다).

응모 자격은 더 용감했다. '만 19세 이상, 만 30세 미만의 대한민국 처녀 또는 미망인'이라고 규정했기 때문이다. 자칫 돈 많은 미망인과 결혼하여 신세를 바꾸겠다는 꿍꿍이로 오해를 살 수 있지 않겠는가? 그러나 전시륜 선생의 의도는 단순했다. 한국전쟁으로 인해서 수많은 과부가 생겼으며 그중에는 착하고 똑똑한 여자도 많으리라는 생각이었다. 앞길이 막막한 미망인이 인습과 굴레를 헌신짝처럼 버리고 자신을 찾아올지도 모른다고 생각한 것이다. 당시 25세였던 전시륜 선생이 결혼 상대자 나이 상한을 30세로 규정한 이유는 무엇일까? 우선 연상의 여자와 결혼해도 국가보안법 위반이란 말이 없고, 무엇보다 일반적으로 여성의 수

명이 더 기니 운이 좋으면 한날한시에 죽어 큰 관에 합장한다면 장례식 비용을 줄여 자녀들도 두 번씩이나 크게 울 필요가 없어 효율적이라는 것이다. 광고에는 응모자의 편의를 위해서 2주 동안은 일요일 오후 2시에서 4시까지 마산의 한 다방 구석에서 기다리겠다는 내용도 포함했다.

모두가 예상할 수 있듯이 이 광고는 지역 사회에 큰 화제가 돼 신문 매진이라는 센세이션을 일으켰다. 필시 신상에 큰 문제가 있는 사람이 불온한 생각을 품고 광고를 냈으리라 짐작한 직업여성 두 명이 무료 봉사를 해주겠다고 나타났고, 광고에 드러난 전시륜 선생의 인간성에 감탄한 부잣집 딸도 등장했지만, 결국 원하는 여자를 구하지 못했기 때문에 결혼 프로젝트는 실패로 돌아갔다.

결혼 전략이 여기에서 그쳤다면 당연히 아쉬웠을 뻔했다. 전시륜 선생은 한 여대생에게 분기탱천하여 반박문을 보내게 된다. 그 여성이 군인은 대체로 무식하므로 결혼 상대자로 생각하지 않는다는 글을 쓴 것이다. 이 글이 큰 역할을 했다. 한 전라도 섬 초등학교 교사가 전시륜 선생의 반박문을 감동 깊게 읽어 편지를 보내오고, 그 인연으로 결국 두 사람이 결혼에 성공한다.

결혼에 이토록 진심이었으니 그의 결혼관은 미루어 짐작할 만하다. 책에 서술된 전시륜 선생의 생각은 당시 기준으로서는 진보적이고 실용적이고 긍정적인데 이런 그의 인생관은 유서에도 잘 나타난다. 그는 아내와 자식에게 남긴 유서에 여자 없는 남편은 반쪽이라고 하니 남자 없는 여자도 모자라는 인간이라고 밝혔다. 그래서 자신이 죽은 후 아내가 재혼했으면 좋겠다고 말한다. 그리고 오비드가 쓴 『연애술법 The Art of Love』에는 남편을 낚는 온갖 방법이 나온다며 권하기도 한다.

인간은 몇천 년 동안 결혼하는 것이 좋은지 독신이 좋은지를 두고 핏대를 올리며 논쟁을 벌여왔다. 이 순간에도 많은 사람이 결혼을 두고 일생일대의 고민을 한다. 전시륜 선생은 결혼 찬성론자로서, 러시아의 대문호 톨스토이의 아내 소피아, 고전 음악의 대가 모차르트의 아내 콘스탄체 이야기를 한다. 소피아가 남편의 악필 육필 원고를 일일이 교정하고 정서했을 뿐 아니라 원고에 대한 의견을 제시하여 더 완성도 높은 작품을 쓰는 데 이바지했다는 사실은 잘 알려져 있고, 콘스탄체는 모차르트에게 영감을 주는 존재였으니 그 시대의 가치관에서는 좋은 결혼의 예로 들 만한다. 한데, 전시륜 선생은 마지막에 세계 3대 악처로 알려진 소크라테스의 아내 크산티페를 이야기하며 소크라테스의 유명한 말을 인용한다. "결혼해도 후회하고 하지 않아도 후회하는 것이 인간이니 나는 결혼을 권한다. 착한 아내를 만나면 인생이 행복해지고 설사 크산티페 같은 악처를 만난다고 해도 당신은 철학자가 될 것이다."

물론 우리가 철학자가 되기 위해서 결혼할 필요는 없다. 수천 년간 치열하게 많은 사람이 논쟁을 벌였음에도 불구하고 결혼을 해야 좋은가 그렇지 않은가에 대한 결론은 포기하는 것이 좋겠다. 대신 전시륜 선생은 행복한 가정을 꾸리고 행복하게 세상을 떠났으니, 그가 말하는 행복한 결혼 생활을 누리는 방법을 알아보자.

먼저 행복한 결혼 생활은 배우자 선택에서 출발한다. 배필 선택에 과학적인 방법 따위는 존재하지 않는다. 아무리 똑똑한 사람이라도 이성을 잃고 정열적인 사랑에 빠질 수 있다. 일단 사랑에 빠지면 잘 유지하는 것이 중요하다고 전시륜 선생은 말한다. 사랑은 영원하다고 말은 하지만, 두 달이 될 수도 있고 60년이 될 수도 있는 게 사랑이다. 로버트 프로스트가 말했듯이 결혼 전에는 두 눈을 제대로 뜨고, 일단 결혼하면 한 눈을 질끈 감아야 한다.

무엇보다 중요한 전시륜 선생의 결혼에 대한 조언은 결혼이 행복과 동의어가 아니라는 것이다. 결혼하는 사람이 흔히 생각하듯이 결혼했다고 해서 행복이 신사복에 넥타이를 매고 와서 절을 하지 않는다. 냉정하게 말하자면 결혼은 인간의 가장 원초적인 본능, 즉 종족 보존의 수단에 불과하지 결코 행복을 담보하지 않는다는 것이다. 게다가 결혼의 본질은 남편과 아내의 관계가 아니라 부모와 자식과의 관계라는 통찰은 놀랍고 신선하다. 우리가 결혼 생활을 통해서 얻을 수 있는 행복 중 하나는 자식이 태어나고 자라는 것, 자전거를 처음 타는 모습을 지켜보는 것, 동네 야구에서 방망이를 휘두르는 모습이다.

물론 이런 통찰이 현대의 모두에게 유효한 건 아니다. 아이 없는 결혼 생활을 영위하는 이들도 제법 있다. 이 역시 다양한 결혼 형태의 하나이며 이들이 추구하는 결혼의 본질은 전시륜 선생 세대의 생각과는 다를 수 있다. 다만, 자녀를 낳은 내겐 크게 공감하게 되는 말이었다. 결혼한 뒤 아내와 나는 참으로 많이 다투었다. 가치관이 정반대인 것을 깨닫고 앞날이 캄캄하게 느껴진 적이 많았다. 그러나 자식이 자라면서 나는 결혼 생활을 아내가 아닌 자식과 연관해 생각하게 되었다. 이토록 귀엽고 착하며 효심이 깊은 아이를 아내와 결혼하지 않았더라면 보지 못했으리라 생각하니 이 사람과 함께 살며 생기는 이러저러한 문제는 차치하게 되었다. 아내 덕분에 아이를 얻었으니 무슨 다른 생각을 할 수 있겠는가. 우리는 사랑해서 결혼했지만 결국 부부 사이를 더욱 돈독하게 해 준 것은 자식이었으며, 자식이 있기에 아내와 남편의 사랑이 더욱 커진다고 생각한다.

자식 덕분에 우리는 늙는 것이 아주 슬프거나 재미없는 것이 아니게 된다. 인류의 존재 과정을 긴 릴레이 경기라고 생각한다면 우리 몫을 다 뛰고 난 뒤 배턴을 다음 주자에게 넘겨주는 것은 인생을 사는 또 다른 재미이기도 하다. 이것이 바로 전시륜 선생의 결혼관이다. 한마디로 누구나 노력 여하에 따라서 얼마든지 행복한 결혼 생활을 할 수 있으며 자식이라는 축복은 무엇과도 바꿀 수 없다고 주장한다.

물론 결혼은 지옥이라고 주장하는 작가도 있다. 프랑스의 대문호 발자크다. 발자크는 『결혼 계약』의 주인공 폴의 친구 마르세의 입을 빌려 결혼 제도를 통렬히 비판한다. 물론 『결혼 계약』은 결혼 생활의 비극적인 말로를 그린 소설이다. 결혼 전 서로 유리한 재산 분배 방식을 차지하려고 대리인을 통해서 포성 없는 전쟁을 벌이는 두 청춘 남녀의 투쟁 장면은 결혼을 재산 획득 수단으로 삼았던 19세기 유럽인의 정서와 풍습을 가장 적나라하게 표현한다.

부유한 귀족 상속자 주인공 폴이 저택을 멋지게 꾸미며 결혼도 하겠다고 하자 친구 마르세는 한마디로 결혼은 멍에이며 '요즘 시대에 누가 결혼을 하나?'라고 힐난한다. 재산상의 이익을 크게 본다거나, 일손이 부족한 농부라거나, 벼슬을 사기 위해서 아내의 지참금이 필요하거나, 왕위를 계승해야 할 왕족이 아니면 도무지 결혼할 이유가 없다는 것이다. 마르세의 논리에 따르면 두 사람의 연 수입 1억과 한 사람의 연 수입 5,000만 원은 다르다. 두 사람 사이에는 아이가 생길 것이니 자식은 곧 부모의 경제적 고통만을 안겨준다.

마르세는 결혼이야말로 가장 멍청한 사회적 자기희생이며 자식들만 그 혜택을 누리고, 자식이란 자기들이 몰던 말들이 부모 무덤 위에 핀 꽃을 뜯어 먹을 때쯤 되어야 아버지와 어머니가 어떤 희생을 했는지 그 가치를 깨닫게 된다는 것이다. 그리고 결혼 생활을 하면서 배우자와 무한한 갈등을 겪어 감정 소모를 하게 될 것이며, 결정적으로 총각은 못 할 일이 없지만 가장은 아무것도 할 수 없다고 목소리를 높인다.

 이처럼 발자크와 전시륜 선생은 결혼관이 정반대이지만 한 가지 점에서는 같다. 경제적 자유에 대한 중요성 인식이다. 발자크가 『결혼 계약』을 통해서 결혼 지옥을 외치는 까닭은 따지고 보면 결혼으로 인한 경제적 부자유에서 기인한다. 『결혼 계약』 등장인물들이 마치 이혼 소송이라도 벌이듯이 결혼 계약 전쟁에 몰두하는 것도 결국 돈을 더 많이 차지하기 위함이다. 전시륜 선생은 너무 큰 부자가 될 필요는 없지만 돈의 편리함은 묵시할 수 없다고 강조한다. 돈이 없으면 사람은 비루해지게 마련이며 지향하는 일상의 즐거움을 누리며 살기 어렵기 때문이다. 전시륜 선생은 행복한 가정을 일구어 유쾌하게 살다 갔고 남은 가족도 그러길 바랐다. 그렇다고 경제적 자유를 등한시하지도 않았다. 행복하고 유쾌한 결혼 생활을 원한다면 어느 정도의 경제적 여유를 위해 열심히 돈을 벌 필요는 있다.

소소한 한마디

"어쩌면 결혼보다 더 우선돼야 할 것이
경제적 자유다."

우리 아이의 장래 뿌리깊은나무 · 뿌리깊은나무 · 1979

아이에게 꿈을
심어주고 싶을 때

영국의 문인이자 역사가인 토머스 칼라일은 셰익스피어를 인도와도 바꾸지 않겠다고 했는데 나는 내 서재를 동네 서점과도 바꾸지 않겠다. 동네 서점엔 훨씬 더 많은 책이 있지만 내 서재에는 내가 30년간 고르고 고른 명작만이 있기 때문이다. 아울러 내 서재에는 이제는 구할 수 없을 뿐만 아니라 어쩌면 우리나라에 이 책을 나 말고 몇 사람이나 소장하고 있겠느냐는 자부심을 품게 하는 희귀본이 여럿 있다. 예를 들어, 내 서재에 있는 변영로 선생의 『명정사십년』(서울신문사, 1953)을 미술관에 딸린 조그마한 책 박물관에서 본 일도 있다.

지금부터 이야기할 1979년 뿌리깊은나무에서 나온 『우리 아이의 장래』라는 책도 내 서재가 아닌 곳에서 구경하지 못했다. 이 책을 내가 입수한 사정은 이렇다. 2000년대 초반 내가 자주 놀았던 디시인사이드라는 사이트에는 '도서 갤러리'라는 카테고리가 있었다. 디시인사이드는 우리나라 대형 인터넷 커뮤니티의 모태라고 볼 수 있는데 자살이나 우울증을 소재로 한 사회적으로 논란의 여지가 많은 갤러리도 있지만 도서나 식물 갤러리는 건전하고 유용하다.

도서 갤러리는 자신이 소장한 책 이야기라든가 서재 사진을 공유하는 등 책을 좋아하는 사람이 모여 활동한 곳인데 여기에서 '필북'이라는 닉네임으로 활동한 나는 '동수'라는 분과 자주 교류했다. 그 당시 이제 막 절판본 수집에 입문한 내가 매진했던 목록이 주로 뿌리깊은나무에서 나온 책들이었다. 『숨어사는 외톨박이』, 「민중자서전」 시리즈, 「한국의 발견」 시리즈, 『허균의 생각』, 『칠십년대의 마지막 말』 등 그 당시 이미 폐업한 뿌리깊은나무에서 나온 절판본 이야기를 자주 했더랬다.

그러자 어느 날 동수 님이 나에게 주소를 묻고선 보내준 책이 『우리 아이의 장래』였다. 이 책을 보내주면서 동수 님은 우리나라 최초의 무크지라고 평가했다. 1979년, 그러니까 지금은 50대 후반이 된 내가 초등학교 5학년 시절에 발행된 이 책은 내지는 갱지이지만 책 전체를 비닐 표지가 감싸고 있는 특이한 장정을 자랑한다. 이 책을 볼 때마다 내 분신과도 같은 느낌을 지울 수가 없다.

이 책이 말하는 '우리 아이'가 정확히 나를 가리키는 것 아닌가. 누렇게 변색한 내지는 이제는 노년의 입구에 들어선 나 자신을 보는 듯도 하다. 이 책과 함께 나이 든 셈이다. 여간 조심해서 펼치지 않으면 겨울철 낙엽처럼 바스러지기 일쑤여서 살살 매만지다가 다시 서재에 모셔두기만 했다.

그런데 최근 이 책을 펼쳐보다가 동수 님이 나에게 남긴 메모지를 발견하고 낭만이 넘치던 2000년대 초반 인터넷 커뮤니티의 향수가 떠올랐다. 당시 오디오 가게에서 일하면서 사장 눈치를 보며 간간이 도서 갤러리에 글을 올렸던 동수 님이 급하게 써 내려간 듯한 메모를 옮겨보자.

> 뿌리깊은나무의 책들을 그리 좋아하신다니 이 책 『우리 아이의 장래』는 필북 샘이 갖고 계시는 것이 더 호강하는 것으로 생각하여 같이 보냅니다. 모쪼록, 흡족한 '책과 독서의 나날'을 누리시길.
> 동수 = 이승 올림. 2005년 6월 4일

내가 소장한 『우리 아이의 장래』는 1979년 4월 20일에 발행되었다. 10·26 사건이 발생하기 대략 6개월 전인데, 인터넷을 아무리 뒤져봐도 다른 시기에 발행된 흔적이 없고 잡지의 별책으로 나왔다 보니 동수 님이 말한 것처럼 무크, 즉 비정기 간행물이라고 보기 어려운 듯하다. 다만 여러 필자의 다양한 기고문이 게재

되어 있고 중간에 광고도 있는 걸 보면 확실히 잡지의 형태를 띤 책자임에는 분명하다. 이 책을 살펴보면 뿌리깊은나무가 이 책을 발간한 이유를 발견할 수 있다. 이 책이 발간된 1979년은 '세계 아동의 해'였고 무질서한 교육 상황을 개선하기 위해서 어른들이 어떤 일을 해야 할지를 두고 반성해야 한다는 취지로 세상에 내놓은 것이다.

사람도 동물의 한 종류이며 다른 어떤 동물보다 스스로 생존할 수 있는 준비 기간이 길다. 어린이는 어리고 힘이 없어서 한 인간으로서의 존엄을 지키기 위한 주장을 펼칠 수가 없으니 특별히 보호하고 바르게 교육해야 한다는 이 책의 취지에 고개를 끄덕이게 된다. 1970년대 당시에 이미 어린이에 대한 과보호 문제와 자기 자식과 남의 자식에 대한 마음가짐이 다르다는 것을 지적하고 있다. 그러면서 아이들의 지성과 신체의 균형 있는 발전을 도모하고자 『우리 아이의 장래』를 펴낸 것이다. 결국 『우리 아이의 장래』는 어린이를 어떻게 하면 바른 사람으로 키울 수 있는지에 대한 고민과 나름의 해결책을 제시한 작업물이다.

혹자는 무려 40여 년 전의 우리 사회와 현재는 천지가 개벽할 만큼 다른데 그때의 교육 방식을 그대로 적용할 수 있겠느냐는 의문을 제기할 수도 있다. 그러나 부모가 성장 과정에서 배운 예의와 규칙은 큰 틀에서 보면 현재 어린이에게도 적용할 타당성이 있다. 아무리 세상이 바뀌고 세월이 흐르더라도 인간 심리와 본성은 변함이 없기 때문이다.

40여 년 전과 지금은 너무나도 많이 세상이 달라졌지만 『우리 아이의 장래』를 읽다 보면 놀랍게도 교육 관련한 고민이 현재와 같다. 그때도 기성세대는 아이들을 지나치게 경쟁으로 몰아넣은 나머지 이기주의적인 인간으로 성장시키며, 텔레비전에 아이들의 귀중한 시간을 뺏기고, 교사의 권위가 땅에 떨어졌다고 개탄한다. 부모들이 바빠 아이들이 해로운 환경에 노출되었다고 걱정이 태산이었다. 몇몇 학부모는 자식을 너무 귀하게만 키워서 온실 속의 화초로 자라게 한다고도 걱정한다. 1979년의 이런 걱정들이 지금과 무엇이 다른가?

따라서 『우리 아이의 장래』가 제시하는 지덕체를 겸비한 인재로 성장시키기 위한 교육 방안은 지금도 유효하며 어떤 부분에서는 그때 어린이였던 현재 기성세대가 미처 살피지 못한 현명한 방안도 눈에 띈다.

1979년 당시 어린이들의 목소리에도 현재의 어른이 눈여겨봐야 할 대목이 있다. 가령, 1968년생 나와 동갑인 서울 장충국민학교 5학년 문도숙은 '아이가 하는 말' 코너에서 자신의 아버지에게 엄마를 좀 더 사랑해주고 가정도 직장처럼 위해달라고 당부한다. 좋은 부모가 되기 위한 첫 번째 요건은 자녀들 앞이라고 부끄러워하지 말고 자신의 배우자를 아끼고 배려하는 모습을 보여줘야 한다는 것이다. 장충국민학교 5학년 문도숙은 자식들 앞이라고 창피하면 자리를 언제든지 비켜줄 테니 엄마를 위해달라고 아빠에게 부탁한다.

내 딸아이는 가끔 우리 부부가 다퉜던 기억을 이야기한다. 부모로서는 어린아이가 뭘 알겠느냐는 생각을 할 수도 있겠지만 아이들은 의외로 부모가 다투는 모습을 오래 기억한다. 반면 아내와 내가 다정하게 지내면 딸아이는 마치 손자, 손녀가 재롱을 피우는 장면을 보는 조부모의 미소를 짓는다.

중앙대학교 정경대학 이대룡 선생은 「어미의 돈 장난과 자식의 돈 버릇」이라는 기고문에서 어린이들에게 바람직한 소비자 교육을 해야 한다고 주장한다. 이대룡 선생은 어린이들이 텔레비전 광고에서 본 것이면 무엇이든 사달라고 졸라대는 병에 시달린다고 지적한다. 과연 이 당시 어린이였던 나도 어떤 물건을 보면 텔레비전에서 광고하는 물건이냐 아니냐를 가장 먼저 생각했다. 광고가 어린이에게 주는 나쁜 영향은 그것이 꼭 필요한 물건이 아닌데도 갖고 싶다는 욕망을 만들기 때문이다. 그때도 지금도 어른들은 아이들이 꼭 필요한 물건인지 단지 광고에 현혹돼 욕심이 생긴 건지 구별하는 올바른 소비 교육을 해야 한다. 아울러 광고를 비판적 시각으로 봄으로써 무조건 기업 쪽의 이야기를 믿는 것은 큰 잘못이라는 인식을 심어주는 게 중요하다고 이대룡 선생은 조언한다.

아이들의 욕망은 활짝 열려 있고 전염성도 강하다. 자전거를 예로 들자면 20만 원짜리로도 충분하지만, 친구 중의 누가 100만 원짜리 자전거를 자랑하면 많은 아이가 제 부모에게 자기도 100만 원짜리 자전거를 사달라고 조른다. 그러면 대다수의 부모는 사준다. 자기 자식이 친구에게 기가 죽는 것을 걱정하기 때문이다. 1970년대 어른들은 이 점도 분명히 지적했다. 아무리 자식을 사랑해도 되는 것과 하지 말아야 할 것을 구분하는 것이 중요하다. 소비자 교육은 선생님보다는 부모님이 직접 하는 편이 더 효과적이라는 점도 이미 1970년대 전문가들이 입이 닳도록 지적한 진리다.

우리에게 『선생님 요즘은 어떠하십니까』, 『우리 글 바로 쓰기』로 유명한 동화 작가이자 우리말 연구자인 이오덕 선생은 「아이한테 퇴짜맞은 아동문학」이라는 기고문으로 당시 동시와 동화가 재미없다고 비판한다. 만화나 텔레비전이라는 강력한 적이 군림하고 있으니, 동시와 동화를 좀 더 재미나게 써야 한다고 주장한다. 이오덕 선생이 본 1970년대 아동문학은 도덕 교과서에나 나올 법한 작품이 주를 이루고 있었다. 지나치게 교훈적이고 따분하다는 것이다.

이 부분에 적극 공감한다. 나도 사람인 이상 책보다는 확실히 영상 콘텐츠에 눈이 더 간다. 정적인 텍스트는 영원히 동적인 영상물을 이길 수 없을까? 나는 경험상 아니라고 확신한다. 어쩌다 너무 재미나고 몰입감이 뛰어난 책을 읽다 보면 시간이 금방 가고 유튜브 영상이 새삼 유치하게 느껴진다. 물론 현재는 이오덕 선생이 지적한 1970년대와 비교할 수 없을 정도로 재미난 아동문학이 많다. 그만큼 영상 콘텐츠도 막강해졌다. 텔레비전보다 더 강력한 인터넷이 영상 콘텐츠의 원천이다. 아이들이 책을 읽도록 하자면 더 재미나게 쓰는 방법밖에 없다. 재미있으면 못 이긴다. 최근 다양한 OTT의 출현으로 티브이 시청자가 급격하게 줄었다고 하지만 여전히 시청률이 10~20퍼센트를 넘나드는 티브이 프로그램이 드물지 않다. 사람들은 재미가 있으면 매체와 상관없이 보고 읽는다.

따라서 아이들이 책을 읽지 않는다고 걱정할 시간에 어떤 책이 재미있는지를 알아보는 것이 맞다. 이오덕 선생 말고도 『우리 아이의 장래』에는 박경리와 박완서라는 걸출한 문인이 기고한 글이 눈에 띈다. 박경리 선생은 「착한 원보야, 이 할미 말 좀 들어보렴」이라는 글에서 손자 원보를 향한 지극한 사랑과 조언을 아끼지 않았다. 박경리 선생의 손자 원보는 우리가 잘 아는 김지하 시인의 아들이다. 김지하 시인은 1973년 박경리 선생의 딸 김영주와 결혼하여 아들 원보를 낳았는데 「착한 원보야, 이 할미 말 좀 들어보렴」은 사위인 김지하 선생이 민청학련 사건으로 투옥된 시기에 장모 박경리 선생이 손자를 돌보면서 느낀 소회를 기록한 것이다.

이 글에서 눈에 띈 구절은 자식을 예뻐하고 보고 싶어 하는 것만이 사랑의 전부가 아니며 잘하고 잘못하는 것을 가려주는 것도 사랑이라는 것이다. 대통령이나 의사가 되지 않더라도 최소한 잘 잘못을 가릴 줄 아는 어른이 되면 훌륭한 사람이고 사랑을 많이 가진 사람이 된다고 선생은 말한다. 사랑을 많이 가진 사람은 행복한 사람이다. 바쁜 엄마를 생각해서 본인이 가지고 논 장난감은 본인이 치우라고 손자에게 훈계하지만, 부지런히 원고를 다 써놓고 손자가 오면 홀가분한 마음으로 기다리겠다는 사랑이 가득한 할머니이기도 하다.

박완서 선생은 「참으로 놀랍고 아름다운 일」이라는 단편소설로 참으로 놀랍고 아름다운 자식 교육 일화를 들려준다. 아기가 태어나면 부모는 당연히 더 착하고 타인을 배려하는 삶을 살기 마련인데 한때 빛나는 눈, 싱싱한 살갖, 날렵한 손발을 가졌던 젊은 시절이 있었다는 것을 아무도 믿지 않을 만큼 늙어버린 할머니도 아이에게 줄 선물이 있다. 이제는 어줍고 굼뜬 할머니가 준비한 눈에 보이지도 돈 주고 살 수도 없는 선물은 무엇일까? 눈에 보이지 않지만 마음으로는 보이는 으뜸가는 선물은 이야기다. 박완서 할머니는 오랫동안 아이에게 이야기를 들려주지 않아 거의 잊고 있었던 재미난 이야기를 기억해내기 위해서 필사적으로 애썼다.

어른이 아이에게 들려주는 이야기는 곧 아이에게 꿈을 주는 것이다. 아이는 자랄수록 꿈을 실마리 삼아 사람과 사물의 비밀을 하나씩 열 수 있다. 책을 많이 읽지 않아서 아는 이야기가 없다고 말하는 사람도 있을 법하다. 그런 사람에게 알려줄 비결이 있다.

도스토옙스키의 장인, 즉 두 번째 아내 안나의 아버지 역시 틈만 나면 자식들에게 이야기를 들려주었는데 놀랍게도 그가 아는 이야기는 톨스토이의 단편 「바보 이반」이 유일했다. 그는 「바보 이반」을 수도 없이 변형하여 들려주었다. 나 역시 딸아이가 어린 시절 매일 이야기를 들려주다 보니 금방 밑천이 바닥났는데 이 방법으로 위기에서 탈출했고 그때마다 아이는 재미있다며 박장대소를 하였다.

소소한 한마디

"어린 시절 들려주는 이야기가
아이의 꿈을 만들어준다."

어느 바보의 일생 아쿠타가와 류노스케 · 웅진지식하우스 · 1997

유독 운이 나쁘다고 느껴질 때

절판본과 희귀본 수집 판에 낭만이 살아 있던 시절, 모두가 구하고 싶었던 목록이 여럿 있었다. 절판본 수집계의 낭만의 시대란 누구나 발품을 열심히 팔면 정가보다 더 싸게 절판본을 살 수 있던 시대를 말한다. 2000년대 초반까지만 하더라도 오프라인 헌책방이 전국 곳곳에 많아서 누구나 피와 땀으로만 손에 넣고 싶은 절판본을 구할 기회가 있었다. 그러나 최근에는 온라인 헌책방이 활성화되면서 희귀본을 구하기는 쉽지만, 발품을 팔아 절판본을 싸게 발견하는 행운이 거의 사라졌다. 헌책 판매자들은 절판본은 귀신같이 알고 호되게 비싼 가격에 판매하려 든다. 이른바 낭만의 시대에서 자본의 시대로 변화한 것이다.

낭만의 시대에 수집가의 수집욕을 더욱 돋우고 수집의 즐거움을 만끽하게 하는 목록 중의 하나가 전집이었다. 예를 들면 웅진지식하우스가 낸 다섯 권 전집 「포스트모더니즘 걸작선집」이나 같은 출판사가 낸 열두 권짜리 전집 「20세기 일문학의 발견」, 뿌리깊은나무가 낸 열한 권 전집 「한국의 발견」과 스무 권짜리 전집 「민중자서전」이 그렇다. 이는 마치 악기 연주 연습이나 외국어 공부와 같다. 열심히 연습하면 하루가 다르게 좀 더 길고 어려운 곡을 연주할 수 있게 되듯, 외국어 공부를 하면 원서를 띄엄띄엄이라도 읽으며 즐거움을 느끼게 되듯 이런 전집도 한 권 한 권 모아가며 수집 노하우를 쌓는 재미가 쏠쏠했다.

싱겁게도 「포스트모더니즘 걸작선집」과 「한국의 발견」은 전집을 한꺼번에 구해서 좋아했는데 유독 「20세기 일문학의 발견」은 구하기 어려웠다. 그런 와중에 개인 간 헌책 거래 사이트에서 한 귀인이 서재를 정리하며 이 전집을 하루에 몇 권씩 팔고 있었다. 초조한 마음으로 그 양반이 책을 올려주기만을 기다렸다. 요즘으로 치면 몇 초 만에 동이 난다는 초인기 가수의 공연 티켓을 구매하기 위해 마우스에 손을 올리고 대기하는 것과 같았다.

드디어 며칠 만에 이 양반이 올린 「20세기 일문학의 발견」을 재빠르게 사냥하고 보니 마지막 권인 12권이 비어 있었다. 아쿠타가와 류노스케의 『어느 바보의 일생』이 그것이었다. 그 양반에게 왜 이 책은 팔지 않느냐고 따지듯이 물었다. 답답한 마음에 을이

갑질을 한 셈이다. 그는 한참 대답이 없더니 아내가 이 책을 너무 아껴서 팔지 못한다고 말했다. 아쉽지만 어쩌겠는가? 책 주인이 팔지 않겠다는데 방법이 없었다.

여느 절판본처럼 「20세기 일문학의 발견」을 '거의' 소장한 자가 된 기쁨만 만끽하고 시리즈 중에서 가장 읽고 싶었던 야마다 에이미의 『풍장의 교실』만 읽었다. 나머진 들춰보지도 않았다. 나쓰메 소세키의 『꿈 열흘 밤 마음』이나 미시마 유키오의 『금각사』 등은 다른 출판사 판본이 나와 있어서 이미 읽었기도 했다.

거의 20년이 흘렀다.

어느 날 서재를 정리하다가 이 시리즈에 한 권이 빠졌고 그 책이 『어느 바보의 일생』이라는 것을 새삼 확인했는데 옆자리를 보니 시와서 출판사에서 비교적 최근에 나온 『어느 바보의 일생』이 버젓이 자리 잡고 있었다. 마구잡이로 책을 사다 보니 이런 일이 흔하다.

20년 전 미완성의 아쉬움을 달랠 겸 계획에도 없던 『어느 바보의 일생』을 읽기 시작했다. 읽다가 잠깐 졸았다. 정신을 차리고 보니 아내가 나를 응시하고 있었다. 이유를 물으니 "당신, 자서전 읽고 있구나?"란다. 순간 멍해서 대답을 못 했는데 내 손에는 『어느 바보의 일생』이 들려 있었다. 아내의 농담도 바로 이해하지 못하는 나는 영락없는 바보이므로 유독 더 애착을 느끼며 다시 읽기 시작했다. 아울러 대체 이 책의 무엇이 20년 전 책 판매자 양반의 아내에게 감명을 주고 평생 간직하게 만들었는지 궁금했다.

어렵지 않은 책이었다. 한마디로 아쿠타가와 류노스케의 짧은 말과 글을 모은 잠언집이다. 삶에 대한 회의와 질병으로 인한 고통을 참지 못하고 겨우 서른다섯에 극단적인 선택을 한 사람답게 다소 비관적이고 염세적인 내용이 많았는데 이를 쓴 약이다 생각해 승화하면 살아갈 힘과 위로를 얻는 책이기도 했다. 가령, 우리는 태어나자마자 어처구니없는 명령을 받고 태어난다는 구절이 그렇다. 류노스케가 말하는 인생이란 한마디로 수영 연습을 전혀 하지 않은 사람에게 수영하라고 강요당하는 것이다.

인간은 어머니 배 속에서 살아가는 법을 배우지 않는데도 태어나자마자 인생이라는 치열한 경기장에 발을 내디디게 된다. 우리는 태어나기 전에 아무것도 배우지 않았기 때문에 인생 경기장에서 아무런 상처를 받지 않고 나갈 수 없다. 물론 사람들은 앞서간 사람에게 사는 법을 배우라고 말한다. 그러나 평범한 사람은 아무리 위대한 사람을 지켜본다고 해도 그런 사람이 된다는 보장이 없다. 30년 동안 야구장을 찾아 세상에서 야구를 가장 잘하는 선수를 지켜본다고 해도 야구 선수가 될 수는 없지 않은가. 공을 던지면 어이없이 엉뚱한 방향으로 갈 테고 야구 방망이를 휘둘러도 허공을 가르는 소리만 들을 수 있다. 인생이란 한마디로 광인이 주관하는 올림픽 대회나 다름없다는 것이 류노스케의 생각이다.

그에게 인생이란 지옥보다 더 지옥 같은 것이다. 지옥에서 겪는 고통은 일정한 법칙이 있다. 눈앞에 있는 밥을 먹으려고 하면 밥이 불타버려서 먹지 못하는 식이다. 단테의 『신곡』을 보면 뿔난 악마들이 채찍으로 등을 후려친다. 이런 형벌이 단계별로 정해진 곳이 지옥이다. 고통스럽지만 지옥에 떨어진 사람들은 이런 정해진 고통에 따라 자신이 겪을 고통을 예측할 수도 있다. 그러나 불행하게도 인생은 예측할 수 없다. 눈앞에 차려진 밥을 먹으려고 하면 밥이 불타버릴 수도 있지만 어떨 때는 멀쩡하게 먹을 수도 있다.

인생이 지옥보다 더 지옥 같은 이유가 여기에 있다. 인간에게 예측 불가능한 것보다 두려운 것이 어디에 있는가. 어느 소설 속 인물이 떠오른다. 한 군부대에서 기행을 일삼고 후임을 노예 대하듯이 학대하는 선임자가 마치 신처럼 추앙받고 있었다. 그는 후임들을 혼내야 하는 상황은 정작 아무 일 없었다는 듯 그냥 지나가고, 막상 칭찬받을 상황에서는 불같이 화를 내는 경우가 잦았다. 의아해진 나머지 소설 속 다른 인물이 그 이유를 알아보았다. 후임들은 대체 어떤 상황에서 선임이 화를 내고 자신들을 다그칠지 예상을 할 수 없으니 그 선임을 마치 신처럼 떠받들고 두려워했다는 것이다. 예측할 수 없는 존재란 이토록 무섭다.

인생이라는 경기장엔 그 선임처럼 예측할 수 없는 일이 암초처럼 곳곳에 도사리고 있다. 이런 바보 같은 상황에 분노할 수밖에 없는 사람은 하루빨리 경기장에서 퇴장하는 것이 좋은데 극단적 선택이야말로 그중의 한 방법이라는 것이 류노스케의 생각이다. 세상에서 이토록 극단적 선택을 합리화한 말이 또 있을까?

그렇다고 해서 류노스케가 극단적 선택을 찬양하는 것은 아니다. 인생이라는 험악한 경기장에서 버티고 나가지 않으려는 사람은 상처를 무서워하지 말고 싸워나가야 한다는 조언도 하기 때문이다. 인생에서 마주치는 수많은 상처를 이겨나갈 힘을 얻을 지점이 바로 이런 조언에서다.

누구나 준비되지 않은 상태로 인생을 살아가므로 상처를 입을 수밖에 없으니 이 때문에 인생이라는 경기장 밖으로 나갈 이유는 없다. 어쩌면 우리가 겪는 인생의 고통은 새로운 희망을 품고 있는지도 모른다. 예측할 수 없는 고통에 시달리지 않은 마음에 강렬한 희망은 떠오르지 않는다. 아름다운 히아신스 꽃이 자라기 위해서는 잡초를 이겨내는 고통과 점차 나아지리라는 희망이 필요하듯이 우리 인생을 꽃피우기 위해서는 좌절과 고통을 극복하지 않으면 안 된다. 행복은 고통 없이는 존재할 수 없다. 완전히 행복으로만 가득 차 있는 삶은 인생의 의미를 제대로 숙지하지 못하는 어리석은 이에게만 주어진 특권이다.

자신이 유독 운이 나쁘기만 하다고 생각하는 사람에게 꼭 하고 싶은 말이 있다. 이런 사람은 자신의 인생은 오직 고통으로 점철되었다고 믿는다. 자신의 인생은 행복으로만 가득 차 있을 것이라고 믿는 바보만큼이나 바보가 아닐 수 없다. 나 역시 운이 억세게 좋지 않은 사람이라고 생각하고 싶을 때가 많았다. 그러나 되돌아보면 억세게 운이 좋았던 순간이 헤아릴 수 없을 만큼 많았다.

『어느 바보의 일생』이 말하는 문예 작품 감상과 문해력에 관한 통찰도 눈에 띈다. 우리는 보통 '문자를 읽고 뜻을 이해'하면 그 작품을 이해한 것으로 믿는다. 문해력이라는 것도 글을 읽고 이해하는 능력으로 생각한다. 그러나 류노스케는 문학을 읽고 뜻을 이해하는 것은 관공서의 공문서를 읽고 해석하는 능력과는 다르다고 말한다. 가령, 벚나무를 보고 꽃나무의 일종으로만 이해하는 것도 중요하지만 그보다는 벚나무를 정서적으로 이해하는 것이 더 문예 감상에 필요한 자질이다. 벚나무를 꽃나무의 일종으로만 이해한다면 문학적 자질이 없을 뿐만 아니라 차라리 글을 읽지 못하는 것보다 더 치명적인 단점이라고까지 한다.

류노스케는 문예 작품을 감상할 때 가장 중요한 것은 작품을 그대로를 받아들이는 태도라는 주장도 한다. 많은 사람이 작품을 읽기 전에 그 작품을 규정하는 경우가 많다. 예를 들면 전쟁의 참상을 말하는 소설이라든가 19세기 여성주의 운동을 말하는 소설이라는 정의는 내리지 않는 편이 좋고, 평론가의 말도 염두에 두지 않는 편이 좋다는 것이다. 기실 내가 지금까지 읽는 방식과 배치되어서 당혹스러웠다. 나도 어떤 작품을 사전에 입수한 정보와 개념을 염두에 두고 읽기 시작하며 일독한 뒤에는 평론가의 비평을 참고해서 내가 미처 이해하지 못한 부분을 보완하는 식으로 독서를 해왔다. 순수하게 책을 대한다는 것의 의미를 짚어보게 되는 주장이었다. 무엇이든 규정해 버릇하면 그것 외를 보지 못하게 된다는 점에서 공감했다.

류노스케가 말했듯 소위 명작이라고 소문난 작품을 읽더라도 아무런 감흥을 느끼지 못할 때가 있다는 것을 자연스럽게 받아들일 필요도 있다. 꾸역꾸역 고통스럽게 읽어나갈 필요가 없다는 말이다. 억지로 감동할 것이 아니라 그런 책은 그냥 내버려둬야 한다. 아무리 명작이라고 해도 독자의 나이, 시대, 지적 수준이라는 여러 제약이 존재하기 때문이다. 명작을 이해하지 못하는 것이 자랑스러운 일은 아니지만 부끄러운 일도 아니다. 되레 거짓으로 감동하는 척하는 편이 부끄럽다. 나 역시 영문과에 입학해서 셰익스피어 작품을 많이 읽고 공부했지만 대체 왜 이 작품들이 인도와도 바꿀 수 없을 만큼 명작인지 이해하지 못했다. 대학을 졸업하고 오랜 세월이 지나서 다시 셰익스피어를 읽어보니 감동과 공감이 물밀듯이 밀려왔다. 어느 순간 눈이 번쩍 뜨이는 것처럼 명작의 참모습이 느껴지는 찰나가 온다. 오랜 세월 동안 양서라고 검증된 작품을 언젠가는 읽어야 할 이유가 이것이다. 골동품 가게 주인이 진품과 짝퉁을 구별하기 위해서 '진짜'만 봐야 하듯이 좋은 책을 만나고 싶다면 고전과 언젠가는 친해져야 한다. '가짜'에 익숙해지면 '진짜'를 알아보기 힘들다.

새삼 궁금해졌다. 왜 이 책은 '어느 바보의 일생'이 제목인데 책 내용은 세상을 통달한 도사가 한 말로 가득할까? 책 끝에 있는 옮긴이의 말을 읽고 나서야 이유를 알게 되었다. 이 책은 그러니까 1995년경에 출간되기 시작한 「20세기 일문학의 발견」 시리즈에 포함된 『어느 바보의 일생』이 아니고 류노스케의 여러 작품 중에서 좋은 문장과 글을 뽑아 주제별로 엮은 것이다. 이것도 모르고 이 책을 거의 다 읽다시피 했으니 나는 바보임이 틀림없다.

마음이 조급해진 나는 허겁지겁 '진짜' 『어느 바보의 일생』을 찾아보다가 마침내 웅진지식하우스에서 펴낸 판본을 그리 비싸지 않은 가격에 살 수 있었다. 거의 20년 만에 노란색 표지의 「20세기 일문학의 발견」을 모두 구한 셈이다. 내 손에 들어온 『어느 바보의 일생』 내지에는 "하나님의 은총이 이수남 군의 앞날에 가득 넘치기를 기도드립니다. 1997. 7. 9. 曺紗玉"이라는 손 글씨가 쓰여 있었다. 책날개를 봤더니 놀랍게도 '曺紗玉(조사옥)'은 이 책의 번역가였다. 나는 단지 인터넷 헌책방에 올라온 열 권이 넘은 『어느 바보의 일생』 중에서 가장 저렴한 것을 주문했을 뿐인데 번역자의 자필 증정본이었다니 재미있는 행운이다.

의아스럽기는 했다. 기독교에서 금기하는 극단적 선택을 30대 초반에 감행해버린 작가의 책을 기독교 신자로 보이는 이에게 선물했다니. 더구나 자신의 첫 자식의 출산을 지켜보며 "나 같은 사람을 아버지로 두고 이 고뇌에 찬 사바세계에 뭐 하러 태어났느냐"는 대목이 있는 이 책을. 그러나 일곱 편의 중단편 소설을 엮은 이 작품집을 읽어나가다가 의문이 풀렸다. 『어느 바보의 일생』에 포함된 「서방의 사람」이라는 단편은 기독교를 사랑하게 된 작중 화자가 본인이 생각하는 그리스도에 대해 기록한 글이라고 볼 수 있다. 이 책을 선물 받은 사람은 유독 「서방의 사람」에만 연필로 밑줄을 쳐가면서 읽었으니, 책을 선물한 사람에 대한 최소한의 도리(?)는 지켰다고 볼 수 있겠다. 물론 번역가가 직접 선물한 책을 내친 것은 아쉽지만 말이다(하긴 내가 소장한 신경림 시인의 『민요기행』내지 첫 쪽에는 "기다림은 언제나 가슴 답답한 조급함을 만들어 낸다. 빨리 볼 수 있다면 더 좋았을 텐데 하는 아쉬움을 뒤로 감추고 너와의 만남을 기뻐한다. 그러나 인생은 기다림 그것 자체인 것을, 친구를 연인을 주를 그리고 죽음을…. 그 너머의 영생을…. 10월의 마지막 밤 종영/기범"이라는 한 편의 서정시 같은 메모가 적혀 있는데도 제삼자인 내가 소장하고 있으니 그다지 특이한 일은 아니겠다).

    대학 시절 독실한 개신교 신자인 친구에게 짓궂은 질문을 했다. 오래전부터 궁금했던 점인데 '개신교라는 종교 자체를 인식하지 못한 사람'은 무조건 지옥에 가야 하느냐는 질문이었다. 내 질문에 한참을 생각하던 친구는 개신교나 하느님의 존재를 몰랐던 사람이더라도 '바람'이나 자연을 초월하는 어떤 존재를 통해서 어렴풋이 신의 존재를 인식했을 것이라고 대답했다. 그때에는 친구가 궁색한 답변을 했다고 생각했는데 「서방의 사람」을 읽다 보니 류노스케도 비슷한 말을 하고 있었다. 개신교 자체를 모르고 살다 죽은 사람일지라도 바람이나 깃발 속에서도 어느 정도의 성령을 느낄 것이라고 류노스케는 적시했다. 바보스러울 만큼 집요하게 책을 사 모아 『어느 바보의 일생』까지 읽은 덕분에 지혜로웠던 친구의 말을 다시 회상할 수 있었다.

> **소소한 한마디**
>
> "바보만이 인생이 행복으로만 가득 차 있을 것이라고 기대한다."

여자의 일생 기 드 모파상 · 이동렬 옮김 · 민음사 · 2014

부조금 액수가
고민될 때

프랑스인은 플로베르, 발자크, 위고를 최고 존엄 작가로 여기는 듯하다. 에밀 졸라나 기 드 모파상은 그 아래 등급으로 밀려나는데 우리나라에서는 사정이 좀 달라서 서양 문학이 번역 출간되기 시작한 이래 널리 읽힌 프랑스 작가 중 한 명이 모파상이다. 1920~1930년대에 이미 모파상의 단편이 여덟 편 출간되었는데 프랑스 단편 소설로는 가장 많은 수치다. 기간을 1990년까지 확장하면 모파상의 단편은 무려 157종이 번역되었다("광복 이후 모파상 단편소설의 번역출판 양상", 기준한 외, 한국통역번역학회, 〈통역과 번역〉, 제16권 제2호, 2014). 1960년대까지만 해도 우리나라 세계 문학 출판은 주로 노벨문학상 수상 작가가 득세했다는 것을 생각하면 노벨상이라는 후광 없이 이 정도 독자 반응이 있었다는 것은 놀라운 일이다. 실로 기 드 모파상은 우리나라 근현대 문학에 지대한 영향을 미친 작가랄 수 있다.

예나 지금이나 모파상은 주로 단편 위주로 출간되고 읽히는데 유독 제목 시비(?)가 많다. 이미 번역된 작품을 개정하거나 다른 번역가가 새로운 번역판을 낼 때 가장 손대기 힘든 부분이 제목이다. 유명한 작품이 그 제목으로 널리 알려져 있을 때 다른 제목을 선택하는 것은 큰 용기와 결단이 필요하다. 설사 기존 제목이 오역이라도 사정은 크게 달라지지 않는다.

가령, 카뮈의 『L'Étranger』는 『이방인』이라는 제목으로 국내에 널리 알려져 있기에 이기언 번역가가 『이인異人』으로 제목을 달려다가 출판사 편집자들의 강한 반대에 부딪혔다. 우여곡절 끝에 『이인』으로 출판은 되었지만, 여전히 독자들에게는 익숙지 않다. 워낙 유명한 제목이 있는데 다른 제목으로 번역하면 다른 책으로 오해받기 쉬우므로 편집자들이 반대하는 이유가 이해되기도 한다. 이 소설은 영어권에서도 여러 제목이 주도권을 두고 투쟁한 흔적이 보인다. 『The Stranger』, 『The Outsider』, 『Foreigner』 등이 패권을 차지하기 위해서 다투다가 결국 『The Stranger』가 주도권을 차지한 모양새다.

모파상 작품은 유독 제목 투쟁이 많은 편이다. 그럴 수밖에 없는 이유가 모파상의 작품은 주로 단편집으로 출간되기 때문이다.

출판사들은 제각각 다른 단편 제목을 표제로 정한다. 그런데 모파상 단편이 워낙 유명하므로 마치 장편소설처럼 압도적 지배력을 가진 제목이 무소불위의 위치를 점하는 경우가 있다. 모르는 사람이 없을 정도로 유명한 모파상의 단편 「목걸이」와 「비곗덩어리」가 그것이다.

「목걸이」La Parure」는 이미 1920년대부터 굳어진 제목인데 가끔 양주동 박사처럼 「경식頸飾」, 즉 '목에 거는 장식물'이나 다른 번역가의 「패물」 또는 『몸붙이』 등의 소소한 반란이 있었을 뿐이다. 그러나 정작 원제에 가장 가까운 제목은 「패물」이었다. 틀린 번역 제목이 바른 번역 제목을 내치고 득세하고 있다. 출판사 입장에서는 예나 지금이나 정확한 번역보다는 대중적이고 상업적인 제목의 손을 들어줄 수밖에 없다. 모파상의 또 다른 유명 작품 「비곗덩어리Boule de Suif」는 틀린 번역이라고 할 수는 없지만 주인공의 애칭으로는 사뭇 어울리지 않는다. 주인공의 이미지를 살려서 「색시」라는 제목도 출현했지만, 대세에 따라 「비곗덩어리」로 정착되었다.

모파상의 장편 『여자의 일생Une Vie』은 오역이라기보다는 순전히 마케팅 차원에서 '어떤 일생'이라는 정확한 번역을 제치고 나온 제목이다. 일본의 한 출판사가 『여자의 일생』이라는 제목으로 출간한 이후 우리나라도 지금까지 주로 이 제목을 사용하고 있다. 다분히 책을 더 많이 팔기 위해서 정한 제목이긴 한데 확실히 책 내용을 더 잘 암시하며 구체적이기 때문에 이 제목의 득세는 앞으로도 이어질 것이 분명하다. 『여자의 일생』은 제목 그대로 잔느라는 천진난만하고 아름다운 귀족 여성이 풍요롭고 행복했던 어린 시절을 거쳐 암울하고 고통스러운 결혼 생활로 나아갔다가 결국 남편을 잃고 곱게 키웠던 자식마저 탕아로 자라는 일련의 과정을 그린 소설이다.

이 소설은 다소 사건 전개가 눈에 뻔히 보이는 단점이 있다. 곱게만 자란 잔느는 누가 봐도 결혼에 대한 환상이 지나치다는 생각이 들 수밖에 없을 정도로 순진무구하기 때문이다. 아니나 다를까, 그녀가 첫눈에 반한 남편 쥘리앵은 본색을 너무 빨리 드러낸다. 쥘리앵은 신혼 여행길에 자신의 수발을 들어준 호텔 지배인, 종업원, 마차꾼, 장사꾼 들과 끊임없이 말다툼을 주고받는다. 수고료를 조금이라도 적게 주기 위해서다. 잔느는 부족한 것이 없는 풍요한 집에서 자라 어릴 적부터 '돈은 쓰라고 있는 것이다'라는 교육을 받았기 때문에 당혹스러울 수밖에 없었다. 기실 어떤 사람이 종업원이나 부하직원을 어떻게 대하는지를 보면 그 사람의 참모습을 알 수 있다는 것이 만고불변의 진리다. 이 소설을 읽는 독자는 쥘리앵이 아래 사람을 대하는 모습을 보고 그의 본성과 잔느의 운명을 대충 눈치챌 수 있다.

우리는 살아가면서 타인에 대한 수고료나 부조금 등에 관해서 끊임없이 고민한다. 직장인은 직장인대로 사업가는 사업가대로 자신과 관련된 친척, 지인, 거래처 등에 관한 수고료나 부조에 대해서 언제나 고민한다. 팁 문화가 일상적인 서양 사람들은 특히 더 그러할 것이다. 팁이나 부조에 대한 명문화된 규정이 있을 리 만무하니 당연하다. 그래서 우리나라 사람들은 경조사를 치르면 부조한 사람과 금액이 기록된 명부를 신줏단지 모시듯 해야 한다. 그래야 내가 받은 만큼 되돌려줄 수 있기 때문이다.

이게 가벼운 일이 아니다. 내가 경조사를 치를 때 같은 금액으로 되돌려받지 않으면 무척 속상하고 화가 나기 때문이다. 경조사를 치르고 난 뒤 종종 부조에 대한 시비가 붙는 것도 다 이 때문이다. 나만 해도 그렇다. 직장 동료의 자식 결혼에 실수로 부조를 하지 않고 지나간 일이 있었다. 몇 해 전 어머니상을 치를 때 부조 명부를 보다가 그 동료의 이름을 확인하고선 밤새 식은땀을 흘렸다.

한국 사람에게 부조란 거의 이자 없는 대출이나 다름없어서 나는 그분에게 금전적인 빚뿐만 아니라 마음의 빚을 진 것이나 다름없다. 더구나 그분은 10년 가까이 함께 근무했지만, 본인을 위해서는 10원 한 푼 쓰지 않는 사람처럼 보였다. 오로지 가족을 위해 희생하며 알뜰하게 사는 분이니 내가 식은땀을 흘릴 수밖에. 하여 며칠간 고민했더랬다. 부조하지 않으려니 뭔가 큰 죄악을 저지른 것 같은 죄책감에 시달리겠고 그렇다고 경조사가 끝난 지 거의 1년이 다 되어서 새삼스럽게 부조하기에도 겸연쩍은 일인 듯했다.

이 시기 나에게 떠오른 인물이 『여자의 일생』의 잔느다. 잔느는 남편 쥘리앵이 신혼여행 중 매번 일꾼들에게 줄 수고비를 덜 줄 요량으로 잔느에게 "이 정도면 충분하겠지?"라고 묻자 화가 나서 충분한지 아닌지 고민될 때는 조금 더 여유 있게 주는 게 낫다고 일갈한다. 쥘리앵은 "속는 것은 질색"이라는 궤변을 늘어놓으면서 계산서를 두고 꼬치꼬치 따지기 일쑤였다. 잔느는 창피하기도 하고 하인들이 생각보다 적은 수고료를 받고서 경멸 어린 시선을 쏘아붙이는 것이 수치스러웠던 차였다. 살수록 부조를 5만 원 해야 할지 10만 원 해야 할지 고민될 때는 10만 원을 하는 것이 좋고, 부조해야 할지 말아야 할지 고민이 될 때는 하는 것이 맞는다는 것을 실감한다. 앞서 말한 내 경우 나는 고민 끝에 많이 늦었지만 결국 그분에게 부조했는데 여러모로 하길 잘했다는 생각이 들고 그분과 나는 더욱 돈독한 사이가 되었다. 물론 그분은 내가 부조했는지 안 했는지 생각도 하지 않았다고 손사래를 쳤지만 내 마음의 빚은 개운하게 갚은 셈이 아닌가.

나는 직장 때문에 평일에는 원룸에 사는데 간혹 무거운 택배가 오늘 날엔 배송 기사에게 여간 미안한 것이 아니다. 엘리베이터가 없기 때문이다. 이런 경우 택배 기사를 위해서 음료수라도 권한다면 얼마나 세상이 아름답고 나 자신의 정신건강에도 도움이 되겠는가.

이런 일도 있었다. 원룸 욕실을 수리할 일이 있었는데 고맙게도 집주인께서 흔쾌히 부속품을 교체해주셨다. 워낙 깔끔한 성품이라 부탁도 하지 않은 싱크대 정리도 말끔하게 해주셨다. 나는 정말 고마워서 생전 가지 않는 시장에 가서 큼지막한 수박을 사 드렸다. 덕분에 주인집 내외와 나는 수년째 서로 배려하고 도와주면서 잘 지내고 있다. 타인에게 무언가를 할 때 고민된다면 그 사람 위주로 배려하는 것이 세상을 사는 중요한 지혜임을 갈수록 실감한다.

바람둥이 남편 쥘리앵은 멀쩡한 아내를 두고서 집안 하녀 로잘리를 유혹하고 겁탈하여 사생아를 출산한다. 여러모로 가해자인 쥘리앵은 정작 하녀를 내쫓자고 주장하지만 피해자인 잔느는 매몰차게 하녀를 대하지 않고 그 아이를 키우고 자립할 수 있는 방편을 제공한다. 하녀는 귀족인 쥘리앵의 요구에 거절할 힘이 없었다. 당시 귀족 남자가 하녀에게 그런 짓을 하는 것은 일상이었기 때문이다.

자신보다 아래에 있는 사람을 가혹하게 대한 쥘리앵은 결국 비참한 최후를 맞는다. 그런 남편을 만나 그러지 않아도 힘겨운 잔느는 아들이 탕아로 성장하는 불행까지 겪지만, 쥘리앵에게 몹쓸 짓을 당했던 하녀 로잘리의 도움을 받아서 다시 살아갈 힘과 여건을 마련한다. 타인을 어떻게 대하느냐에 따라 자신의 운명이 결정된다는 것은 옛사람들의 교과서적인 잔소리가 아닌 엄연히 실재하는 인생의 수레바퀴라고 단언한다.

『여자의 일생』을 이야기할 때 로잘리에 관련해 빼놓을 수 없는 중요한 대목이 있다. 역사상 가장 유명한 소설 첫 문장에 관해서는 많은 책이 언급되지만, 역사상 가장 유명한 소설 마지막 문장에 관해서는 이렇다 할 말이 없는데 나는 이 영광을 『여자의 일생』에 주고 싶다. 곱게 자란 잔느와 달리 인생의 쓴맛을 골고루 맛보고 갓 태어난 손녀를 품에 안은 채 새 삶을 꾸려갈 찰나 로잘리는 이렇게 말한다. "인생은 사람들이 말하는 것처럼 행복한 것도 그렇게 불행한 것도 아니랍니다." 불행하고 고단한 인생을 산 것으로 따지면 로잘리가 오히려 잔느보다 더하다. 잔느는 그나마 귀족의 딸로 태어나 경제적으로 풍요롭게 살았지만, 로잘리는 자기 의사와는 상관없이 주인집 사위의 아이를 출산하고 평생 하녀와 농부의 아내로 고단하게 살지 않았는가.

그런데도 로잘리는 불행에 비관하지 않고 꿋꿋하게 자신의 삶을 개척한다. 세상에는 완벽한 행복이 존재하지 않는 것처럼 완벽한 불행도 없는 법이다. 아무리 큰 불행이 닥치더라도 한 줄기 희망이 반드시 존재한다. 로잘리 같은 사람들의 인생처럼.

소소한 한마디

"종업원을 대하는 방식을 보면
그 사람의 됨됨이를 알 수 있다."

오늘은 좀 매울지도 몰라 강창래 · 문학동네 · 2018

요리가 어렵게
느껴질 때

아내가 유방암에 걸렸다. 한 시어머니 이야기가 생각난다. 며느리가 제사 이야기를 꺼내자 지낼 필요가 없다고 손사래를 쳤다고 한다. 이유를 물어보니 이렇게 말했다. "내가 평생 제사를 열심히 지냈는데 유방암에 걸렸잖니? 제사 그런 거 다 필요 없다." 내 아내만큼 운동 열심히 하고 건강한 식습관을 지키는 사람을 나는 별로 보지 못했다. 아내는 자신이 왜 암에 걸렸는지 이해하지 못해 괴로운 눈치였다. 아픈 가족이 생기면 일상이 무너진다. 그리고 겪지 않았던 상황에 마주해야 한다. 내가 깔끔쟁이 아내의 머리를 감겨주고 세수를 시켜주는 날이 오다니!

수술을 마치고 몸에 피가 흐르는 줄을 몇 개나 주렁주렁 달고 나온 아내는 혼자서는 할 수 없는 일이 많았다. 내가 말 그대로 아내의 수족이 되었다. 아내 병상을 지키다가 코피를 흘리기도 했지만 힘들다고 생각한 적은 없다. 결혼 후 25년 동안 아내의 보살핌만 받다가 반대의 처지가 된 것이 보람 있기까지 했다. 난생처음으로 남편으로서 일종의 자기효능감을 맛보았다고 할까.

아내의 화장실 출입까지 도운 내가 도저히 해주지 못한 일이 있었다. 암 환자 아내를 위한 요리였다. 요리는 남성의 힘이 꽤 유용한 영역에 속한다. 불과 칼, 무거운 조리 도구들을 다루는 일이지 않은가. 그런데도 늘 요리는 아내의 몫이었으니 입이 열 개라도 할 말이 없다. 그런 면에서 『오늘은 좀 매울지도 몰라』를 쓴 강창래 선생을 존경하지 않을 수 없다. 병으로 영원한 이별을 앞둔 아내가 부엌일을 할 수 없게 되자 남편 강창래는 매일 아내를 먹일 음식을 차렸다. 할 줄 아는 요리라고는 라면밖에 없으며 채소를 씻는다는 것을 마치 손을 씻는 것처럼 비누칠해서 문지르다가 찬물로 헹궈내는 것으로 알고 있던 강창래 선생은 침샘과 눈물샘이 동시에 젖는 『오늘은 좀 매울지도 몰라』라는 요리책을 펴냈다.

아무리 요리를 해보지 않은 남자일지라도 적어도 요리책을 냈다면 요리에 재능이 있거나 뭔가 비법이 있을 것이라는 선입견을 떨치기 어렵다. 그러나 강창래 선생은 확실히 요리에 재능이 있지도 않고 비법도 없다. 먹거리를 씻을 때 그 작고 많은 이파리를 어떻게 하나하나 문질러야 하는지 당황하거나 콩나물국 같은 간단한 요리를 할 때 조리법을 봐가면서는 대충이라도 하겠는데 다시 해달라고 하면 뭘 어떻게 해야 할지 몰라서 머리가 하얗게 된다는 장면을 보노라면 확실히 그는 요리에 문외한이었던 것이 맞다. 주방에 들어서면 언제나 천 길 벼랑이 앞을 가로막고 있었다는 말도 요리를 할 줄 모르는 사람의 전형적인 고백이다.

신혼 때 아내 생일을 맞아 난생처음 아내가 좋아하는 미역국을 끓이겠다고 마트에서 산 미역 한 봉지를 통째로 냄비에 넣고 끓였다가 미역 화산 폭발이라는 대참사를 몸소 겪은 나로서는 너무나 공감이 잘되는 요리 문외한의 모습이다. 하도 궁금해서 직접 강창래 선생에게 연락해 이토록 요리를 잘하게 된 비법이 뭐냐고 물었다. 실망스럽게도 선생의 대답은 책과 인터넷으로 배웠다는 것이다. 책과 인터넷에서 배운 대로 아내를 위한 요리를 해나가던 강창래 선생은 글로 남겨둬야겠다고 생각해 소셜 미디어에 하나씩 올리기 시작한 것이 『오늘은 좀 매울지도 몰라』가 되었다.

이 책에는 요리 이야기만 있는 것이 아니다. 아내를 간호하면서 겪은 이야기, 요리 일을 시작하면서 배운 점, 암 환자를 보살피면서 감내해야 하는 가시밭길에 찾아오는 짧지만 기쁜 이야기가 섞여 있다. 말하자면 이 책은 요리책일 뿐 아니라 죽음을 눈앞에 둔 아내 간병기로 읽히기도 하고 가족의 일상을 다룬 이야기로도 읽힌다. 아내가 주변 정리를 하면서 남편에게 소원을 말한다. 자신이 죽고 나면 남편이 어떻게 살지 알고 싶다며 가장 잘하고 세상

사람들에게 도움이 되는 일을 시작하라고 부탁한다. 아내는 죽기 전에 남편이 어떤 일을 어떻게 할지 분명한 그림을 보고 싶어 했다. 그래서 행복한 상상을 하면서 죽을 수 있도록 해달라는 것이다. 이 대목을 읽고 눈물을 흘리지 않을 사람이 있을까?

나는 이 책을 역시 암에 걸린 아내를 간병하면서 곁에 두었다. 내 아내는 '죽느냐 사느냐'를 걱정할 만큼 위중한 상태는 아니었다. 그래서 이 책이 더욱더 위로가 되었는지 모르겠다. 아내가 병상에 실려 수술실로 향할 때, 수술을 시작한 지 몇 시간이 지났는데도 '수술 중'이라는 불이 꺼지지 않았을 때, 수술 부위와 연결된 줄을 네 개나 단 상태로 간호사를 간절한 눈으로 바라보며 줄을 떼라는 말을 기다릴 때 아내가 너무나도 가여웠다. 그럴 때마다 『오늘은 좀 매울지도 몰라』를 들추며 자기 위안을 했다. 타인의 더 큰 불행을 생각하면서 자신의 불행을 애써 자위하는 인간의 이기심에서 비롯된 일이라 부끄러울 따름이다.

그런가 하면 이 책은 나도 노력만 하면 아내를 위해 요리를 하는 남자가 될 수 있다는 용기를 주기도 했다. 강창래 선생도 나처럼 요리라곤 라면밖에 할 줄 모르는 남자가 아니었냐는 말이다. 비록 내 요리가 강창래 선생의 그것처럼 몸에 좋고 맛있지는 않겠지만 아내만을 위한 요리를 했다는 자체가 아내에게 큰 위로가 되지 않을까. 몇 년 전에 아내는 생일 선물로 노사연의 〈바램〉이라는 노래를 불러달라고 했다. 타고난 음치인 데다 죽기보다 싫은 것이 남 앞에서 노래 부르기인 나에게는 가혹한 과제였다.

어쩌겠는가. 아내의 소원이라는데 시늉은 해야겠다 싶었다. 도저히 아내 앞에서는 못 하겠고 녹음해서 들려주겠다고 했다. 우선 가사를 적고 노래를 반복해 들어가며 한 소절 한 소절 연습했다. 한나절을 연습하고 나서 집에 가 녹음했는데 노래가 아니고, 낭독이었다. 더 연습한다고 나아질 기미가 보이지 않고 아내 생일이 지나가고 있으니 노래 파일을 보낼 수밖에.

결과는 뜻밖이었다. 아내가 감동하는 눈치가 역력했다. 딸아이도 모처럼 나를 칭찬했다. 꾸역꾸역 책 읽는 듯한 내 노래를 듣고 아내와 딸이 감동한 이유가 도저히 이해되지 않아 주변 여성분에게 물어보았다. 대답은 "단 한 사람 자기만을 위한 노래"이지 않느냐는 것이다. 몇 년이 지난 지금도 아내와 딸은 내 노래 파일을 실수로 지워버린 것을 아쉬워하고 또 아쉬워한다.

그러고 보면 아내를 위한 요리는 아내를 또 얼마나 행복하게 해줄 것인가? 강창래 선생의 부인은 질병의 고통 속에서도 매일 남편이 해주는 요리를 맛보면서 작은 행복을 느끼지 않았을까. 나 또한 아내가 시키는 대로 이것저것 해봤는데 요리가 생각보다 재미난 일이라는 걸 알게 되었다. 내 손으로 한 요리를 아내가 맛있게 먹는 장면을 바라만 보아도 행복했다. 그리고 후회했다. 평생 시장에서 산 떡이나 과일을 어머니에게 드리기만 했지 한 번도 어머니를 위한 요리를 해보지 않은 내가 그렇게 원망스러울 수가 없다.

 좋은 남편, 아버지, 아들이 되는 가장 확실한 방법은 바로 요리가 아닐까? 요리야말로 사람의 가장 중요한 생존 기술임에도 여전히 요리는 여성의 역할이라고 생각하는 사람이 있다. 헤더 안트 앤더슨이 쓴 『아침식사의 문화사』에 따르면 1965년만 해도 전 세계적으로 꾸준히 요리하는 남자는 5퍼센트에 지나지 않았다. 현재는 집에서 먹는 식사의 3분의 1이 남자 손으로 만들어진다.

 남성이 부엌으로 향하는 데 걸림돌이 된 것 중 하나는 요리책이다. 20세기 초반까지 대부분 요리책이 여성에 의해서 여성을 위해서 출간되었기 때문이다. 제2차 세계대전 이후 남성을 위한 요리책이 쏟아지기 시작했는데 이를 계기로 진정한 남성이라면 아내의 도움 없이도 베이컨 구이나 달걀부침 정도는 스스로 만들 줄 알아야 한다는 인식이 대두되기 시작했다. 이런 측면에서 남편이 아내를 위해 쓴 요리책 『오늘은 좀 매울지도 몰라』는 여러모로 의미가 큰 성과다. 애초 전통적으로 사냥을 하고 사냥감을 요리하는 것은 아버지의 역할이었다. 남자가 요리하지 말아야 하는 이유는 하나도 없지만 요리해야 하는 이유는 차고 넘친다.

 요리는 혼자 살아남기 위한 생존 기술이기도 하지만 누구나 배워야 할 생활 기술이기도 하다. 요리는 우리를 더 독립적이고 능력 있는 사람으로 만들어준다.

 요리하는 법을 배우면 돈을 아낄 수 있고 더 건강해질 수 있으며 가족들과 더 친밀해질 수 있다. 내가 몸소 겪은바, 가족을 위해 요리를 하는 것만큼 화해의 수단으로 효과적인 것은 없다. 아무리 아내에게 화가 나 있고 냉전이 길어졌더라도 아내가 요리해서 준비한 음식을 내밀면 도저히 화해하지 않을 수가 없었다. 요리의 다양한 장점은 모두에게 해당한다. 주말부부 생활을 하는 내 경우만 봐도 그렇다. 요리하기가 귀찮아서 편의점에서 간편식을 사 먹으면 비용이 많이 들뿐더러 자극적인 음식을 먹기 마련이다. 혼자서 식당에 가서 비싼 비용을 치르는 것보다 내 방에서 편안하게 내가 요리한 음식을 저렴한 비용으로 먹는 것이 좋지 않을까. 요리를 할 줄 알면 자신의 건강도 챙기고 음식물 쓰레기도 덜 만들 수 있고 비용도 절감할 수 있다.

남이 해준 음식을 먹는 것보다 자신이 요리하면 자기 몸이 요구하는 재료를 필요에 따라서 마음껏 사용할 수 있다. 무엇보다 자기 입으로 들어가는 음식의 재료가 무엇인지 정확히 잘 알고 먹지 않는가. 요리란 무해한 점이 전혀 없다. 건강과 행복을 원한다면, 우리 다 같이 요리를 하자.

소소한 한마디

"자신이 먹을 음식을
직접 만들 줄 아는 사람이 멋있다."

쇼펜하우어의 행복론과 인생론 아르투어 쇼펜하우어 · 홍성광 옮김 · 을유문화사 · 2023

삶 자체가
버거울 때

내가 『쇼펜하우어 인생론』을 읽은 것은 10대의 끝자락을 보내고 있을 때였다. 대입 시험을 마치고 읍내에 놀러 갔다가 서점에서 발견했다. 내가 책을 좋아하고 많이 읽는다고 자부하기는 해도, 여전히 쉽지 않은 분야가 있다면 철학이다. 그럼에도 고등학생 신분으로 철학책을 읽었다니 지금 생각해도 놀랍다. 더 놀라운 점은 통독까지는 아니어도 대충이나마 이 책을 실제로 읽었다는 사실이다. 아쉽게도 1986년 당시 내가 구매했던 판본을 보관하고 있지 않고, 인터넷 서점에서도 흔적을 찾아볼 수 없다.

  나는 왜 고작 고등학생 신분으로 『쇼펜하우어 인생론』이라는 묵직한 책을 샀을까? 우선 쇼펜하우어라는 이름이 주는 아우라 때문이었을 것이다. 어떻게 사람 이름이 쇼펜하우어인가 말이다. 발음이 경쾌하고 입에 착착 감긴다. 러브크래프트만큼이나 인상적인 이름이 아닐 수 없다. 윤리 교과서에서 염세주의 철학자라고 설명된 점이 강렬한 인상으로 작용했으리라는 짐작도 해본다. 뭣보다 1986년 당시 시골 읍내 동네 서점 매대에서도 쉽게 발견할 수 있을 만큼 쇼펜하우어가 널리 읽혔던 것도 내가 이 책을 구매한 이유 중 하나일 것이다. 최근, 출판가에는 쇼펜하우어의 인기가 굉장해 다양한 방식으로 그의 이름을 내세우는 책들이 출간되고, 한때는 다른 철학자에 비해 덜 주목을 받기도 했으나 그는 예나 지금이나 인기가 높다. 아마도 그의 책엔 생활 밀착형 지혜가 많이 담겨 있기 때문일 것이다.

지금 내가 소장한 책은 홍성광 선생이 번역한 『쇼펜하우어의 행복론과 인생론』초판(2013)과 개정증보판(2023)이다. 워낙 잘 팔리는 책이다 보니 여러 출판사에서 다양한 판본으로 나와 있지만 나는 독일어권 번역가로 홍성광 선생을 가장 신뢰한다. 독일문학의 대표작 중의 하나인 『마의 산』으로 박사학위를 취득하였고 좋은 번역으로 독자들 사이에서 신뢰가 두텁기 때문이다. 이 책이 얼마나 인기가 좋은지, 취직한 이후 책과 담을 쌓던 딸아이가 읽어보겠다고 해서 놀랐다. 취직하고 생활의 안정을 찾은 아이는 아빠와 딸로만 구성된 독서 클럽을 시작해보자고 제안했고, 모임의 시작 책으로 『쇼펜하우어의 행복론과 인생론』을 정했다.

물론 우리의 독서 토론회는 의기투합한 지 몇 달이 지나도록 한 번도 개최되지 못했다. 어쩌겠는가. 칼을 뽑았으니 아비로서 무라도 자르는 심정으로 혼자서 딸아이 몫까지 열심히 이 책을 다시 읽고 인생을 살아가는 데 도움이 될 몇 가지 조언을 추리기로 했다.

우선 『쇼펜하우어의 행복론과 인생론』을 처음 읽는 사람들은 쇼펜하우어가 육체적 건강을 강조한다는 구절을 읽고 깜짝 놀랄 것이다. 우리는 철학자 하면 정신노동에 몰두하는 사람들이라는 선입견이 있다. 육체 활동을 하는 철학자를 떠올려보라고 하면 매일 같은 시간에 산책했다는 칸트 정도일 확률이 높다. 그러나 가장 유명하고 영향력이 높은 철학자 중의 한 명인 쇼펜하우어는 우리의 행복은 99퍼센트 이상이 건강에 좌우된다고 단언한다. 건강하지 않으면 아무리 풍부한 자산이 있어도 도무지 즐기거나 발휘할 방법이 없다는 것이다. 우리가 다른 사람을 만나거나 헤어질 때 건강을 비는 습관이 우연히 나온 것이 아니다. 인간의 행복에 가장 큰 영향을 미치는 것은 건강이다. 이 말은 그 어떤 생계, 승진, 명예를 위해서든, 특별한 육체적 쾌락을 위해서든 건강을 희생시켜서는 안 된다는 말이다.

물론 실천하기가 만만치 않다. 가령, 내 딸만 해도 그렇다. 모 방송사에 입사한 아이는 본디 영상 제작에 관심이 많았고, 적성을 살려 피디가 되고자 했다. 그러나 피디나 기자를 구성원으로 하는 제작부서가 아니라 시청률을 분석하고 프로그램 배치 전략을 주 업무로 하는 편성팀에서 일하고 있다. 아쉬웠다. 아이가 좀 더 눈에 띄고 부와 명예가 따를 가능성이 높은 제작부서에 근무하기를 희망했다. 본인이 느낄 아쉬움이야 말해 무엇 할까.

  일을 시작하고 얼마 후, 아이와 이를 두고 대화를 하면서 나는 조금 놀랐다. 이제 아쉬움이 거의 없다는 것이다. 이유는 간단했다. 제작이 본인 적성에 맞고 좋아하는 일이긴 하지만 체력적인 부담을 감당할 수 없었으리라는 것이다. 편성 업무도 쉽지는 않지만 기자나 피디에 비할 바는 아니었다. 그들은 야근을 밥 먹듯이 하고 새벽에 퇴근했다가 이른 아침에 출근하는 것으로도 모자라, 주말 근무도 자주 한다는 것 아닌가. 제작부서에 있는 동기들은 스트레스와 과로에 시달려 원형탈모증을 일상적으로 겪는다고 한다.

  설명을 듣고 나니 고개를 끄덕일 수밖에 없었다. 적성과 흥미도 중요하지만 건강만큼은 아니다. 영상 제작이 정말 하고 싶으면 취미로 간단한 작품을 만들어 블로그나 유튜브에 게시하여 사람들과 소통하면 된다. 딸아이는 쇼펜하우어를 읽지도 않고 용케 그의 지혜를 실천하고 있었다.

  일반적으로 건강한 사람은 명랑하고 건강하지 못한 사람은 침울하기 쉽다. 건강한 육체에 건강한 정신이 깃든다고 하지 않는가. 가령, 소화불량이나 신경계에 문제가 생기면 우울해지고, 정도가 심해지면 사소한 일에도 죽고 싶어 할 만큼 큰 우울증에 시달리게 마련이다. 반면 사람은 건강할수록 명랑한 심성이 더욱 커진다. 물론, 신체가 건강하지 않아도 마음을 잘 다스려 몸 튼튼한 사람보다 더 정신이 건강할 수도 있지만 그만큼 큰 노력이 필요한 일이기에 쇼펜하우어도 누누이 건강의 중요성을 설파했으리라.

그렇다면 그가 말하는 건강 관리 비법을 살펴보자. 쇼펜하우어는 18세기에 태어난 사람답지 않게 인간의 건강에 관한 과학적인 통찰을 보여준다. 사람은 모름지기 건강할 때는 온몸과 신체 부위를 긴장시키고 압박을 주어 모든 종류의 나쁜 상황에 저항할 수 있는 습관을 길러야 하며 신경은 절대 긴장하지 않도록 해야 한다고 주장한다. 근육은 단련해야 하지만 신경, 특히 눈은 빛에 드러내거나 어두운 곳에서 혹사하면 안 된다는 것이다. 요즘 어른들이 아이들에게 흔히 하는 잔소리, 즉 자기 전 불을 끈 상태로 휴대전화를 오래 보면 안 된다는 점을 쇼펜하우어는 이미 19세기 저작을 통해 밝힌 셈이다.

아울러 사람에게 잠이란 시계의 태엽을 감아주는 것과 같은 역할을 한다며 수면의 중요성을 강조했다. "수면은 죽음의 일부다"라는 쇼펜하우어의 유명한 말의 의미는 우리가 잠을 자는 동안에는 아무런 외부 활동을 하지 않으니 죽음처럼 세상과 잠시 단절되긴 하지만 그와 동시에 새로운 활력을 위한 준비 시간이 된다는 뜻이다. 잠이라는 '잠시 멈춤'으로 우리는 새로운 생명력을 회복하고 아침을 맞이한다. 요즘 재미있게도 소셜 미디어에서 자주 보이는 "고통스러운 날엔 많이 먹고 일찍 자라"라는 쇼펜하우어의 말은 이런 통찰에서 기인한 것이다. 잠을 충분히 자지 않고 지나치게 정신력을 소모하면 어떤 결과가 초래될까? 쇼펜하우어는 정신력을 소모하는 것은 질병이나 육체적 고통이라는 부작용을 발생시킨다고 말했다. 쉽게 말해서 육체적으로 병이 들고 지친 것이나 정신적으로 지친 것이나 똑같이 우리의 건강을 해친다는 것이다. 월터 스콧이나 윌리엄 워즈워스가 60대에 이르러 정신적으로 우둔해지고 무능력해진 것도 모두 고액의 원고료에 현혹되어 자신을 혹사하며 저술했기 때문이라고 진단했다.

돈을 더 많이 벌고 싶은 욕심에 사로잡혀 정신력에 채찍을 가한다면 말년에 이르러 건강을 망친다는 쇼펜하우어의 말을 접하고 보니 도스토옙스키가 떠오른다. 원고 글자 수에 따라 원고료를 지급하는 19세기 유럽 출판계의 관행에 따라 빚쟁이 도스토옙스키는 그야말로 장편 소설 공장장이나 다름없는 평생을 보냈다. 3부작으로 계획했던 『카라마조프 씨네 형제들』의 1편을 완성하고 향후 20년간의 집필 계획을 세웠던 그는 얼마 지나지 않아서 세상을 떠나고 만다. 마침 그때 도스토옙스키의 나이가 월터 스콧과 워즈워스와 같은 60세였다.

반면 괴테나 『오베론』을 쓴 빌란트, 괴테의 친구이면서 왕실에서 개인 교사를 지낸 크네벨처럼 돈을 벌 욕심이 없이 바이마르 궁정에서 편안하게 글을 썼던 이들은 고령에 이르기까지 맑은 정신력을 유지하며 활발하게 작품 활동을 이어갔다. 도스토옙스키보다 겨우 일곱 살 아래인 톨스토이는 여든이 넘는 나이에 말을 타고 야생을 누비며 건강하게 살았다. 톨스토이는 수백 명의 농노를 거느린 귀족이었기에 도스토옙스키처럼 돈을 위해 글을 쓸 필요가 없었다. 쇼펜하우어가 말하고 싶은 것은 오래 살려면 돈이 많아야 한다기보다는 정신노동으로 인한 부작용 또한 병약한 신체 못지않게 건강에 해로우니 정신을 혹사하지 말라는 것이겠다. 삶이 고통스러운 날엔 많이 먹고 푹 자는 것이 만고불변의 진리다.

다음 쇼펜하우어의 행복론에서 눈에 띄는 그의 조언은 '인정'이다. 모든 인간관계에서 우리는 종종 화가 난 나머지 큰 소리로 말할 때가 있다. 직장에서뿐만 아니라 친구나 연인 사이에서도 자신의 답답함, 억울함, 분노를 표출하기 위해서 고함을 지른다. 자신이 옳다는 것을 증명하기 위해서다. 자신의 메시지를 강하게 전달하는 방법에는 두 가지가 있다. 침묵과 말이다. 쇼펜하우어는 침묵은 현명함의 문제이고 말은 허영심의 문제라고 말한다. 그러나 우리는 자주 말을 선택한다. 큰소리를 내지르면 잠깐이라도 속이 후련한 만족감을 느끼기 때문이다.

격한 어조로 말하는 것은 자기 말을 타인이 오해하도록 만들 뿐이다. 아무리 옳은 말을 하더라도 타인은 진의를 쉽게 파악하지 못하고 당신이 자리를 떠난 뒤에 한참을 생각해봐야 겨우 당신의 의도를 이해할 수 있다. 반면 예의 바르고 친절한 어조로 말하면 설사 무례한 내용이더라도 상대는 주의하여 당신의 말을 경청하고 수용하려고 애쓴다. 셰익스피어의 『줄러스 시저』(형설출판사, 1989)의 주인공 브루투스는 시저의 심복 안토니우스와의 일격을 앞두고 섣불리 대들지 않고 협상을 시도했다. 어설픈 공격보다는 상냥한 제안이 더 효과적이기 때문이다. 격한 어조로 말하는 것은 어설픈 공격으로 끝날 가능성이 크다. 교사로 일하면서도 느끼는 점이다. 화가 날수록 상냥하게 말하면 학생들은 모두 순한 양이 된다.

직장 초년생인 딸아이는 가끔 부모에게 억울함을 토로한다. 따로 하소연할 사람이 없으니 우리 부부에게라도 속 시원하게 말하고 싶단다. 최근에 딸아이가 토로한 민원은 한 직장 상사에 관한 건이었다. 분명히 어떤 업무를 지시받은 적이 없는데 상사는 본인이 지시를 내렸다면서 이행하지 않은 아이를 타박했다는 것이다. 딸은 차마 상사에게 반박하지 못했지만, 억울한 마음에 재차 삼차 여러 경로로 업무 지시 여부를 확인해봤고 역시 자신이 잘못하지 않았다는 결론에 이르렀다. 알고 보니 그 직장 상사는 본인은 결코 실수를 저지르지 않는 사람이라는 인식이 확고했고 어떤 착오가 생기면 분명 타인이 실수했다고 믿는 사람이라는 평이 자자했다.

쇼펜하우어는 모든 사람은 자연적으로 어떤 개성을 가지고 있으며 그 개성은 불변한다고 여겼다. 우리는 이 말을 사람은 절대 변하지 않는다고 이해하면 된다. 다만 어떤 사람의 개성이 도저히 수용할 수 없는 성격의 것이라면 어떻게 해야 할까? 쇼펜하우어에 따르면 '그런 이상한 사람도 있어야겠지요'라고 생각하면 된다. 이렇게 하기 싫으면 우리는 그 고약한 개성을 지닌 사람과 전쟁을 선포하고 싸울 수밖에 없다. 이 경우 절대로 반박할 수 없는 완벽한 증거를 들이밀며 얼굴을 붉혀가면서 다퉈야 한다. 사람의 인성, 기질, 인상은 그 누구도 바꿀 수 없으므로 이를 부정하면 우리는 그를 철천지원수로 여기고 싸울 수밖에 없다. 타인의 개성을 묵묵히 견디고 오히려 그의 개성을 역이용할 생각만 하면 된다는 것이 쇼펜하우어가 제안하는 해법이다. 이것이 본인도 살고 상대도 살리는 길이다.

물론 실천하기가 쉽지 않다. 타인의 괴팍한 개성에 대한 인내심을 좀 더 효율적으로 기를 수는 없을까? 사람에 대한 인내심을 기르는 가장 좋은 방법은 무생물을 대상으로 인내심을 기르는 것이다.

무생물은 사람의 말을 듣지 않으니 우리 뜻대로 움직여주지 않는다. 무생물이 조금 심심하다 싶으면 동물을 대상으로 인내심을 키울 수 있다. 강아지와 함께 살다 보면 사람 뜻대로 안 되는 일이

참 많다는 것을 저절로 터득하게 되리라. 이런 식으로 얻은 인내심을 고약한 사람에게 적용하는 법을 익히면 된다. 이런 경험이 쌓이면 고약한 사람의 고약한 행위에 분노하는 것은 마치 우리 앞으로 굴러오는 돌멩이를 보고 화를 내는 것이나 다름없는 일임을 깨닫게 되리라.

    건강과 인간관계는 동서고금 모든 사람에게 중요한 문제다. 병약할 것만 같고, 타인과의 관계에 무관심할 듯한, 염세주의 철학자라고 회자되는 쇼펜하우어가 이처럼 너무나 산뜻하게 건강의 중요성을 설파하고, 타인의 개성을 인정하라는 조언을 했다는 사실이 흥미롭다. 1986년 시골 읍내에서 한 시골 소년의 눈과 손을 이끌었듯 이후로도 계속 사랑받길, 내 책장에도 오래도록 남아 있길 바라본다.

소소한 한마디

"삶이 버거울 땐
좋은 음식을 먹고 많이 자자."

제르미날 에밀 졸라 · 박명숙 옮김 · 문학동네 · 2014

불행의 감정이 엄습할 때

나는 태생적으로 비극을 싫어한다. 아니다. 싫어한다기보다는 불편하다. 나이가 50이 넘도록 주인공이 비참한 시련을 겪는 드라마 장면을 보지 못한다. 유쾌한 장면이 많고 권선징악으로 끝나는 서사를 선호한다. 그런데도 내가 에밀 졸라를 좋아하는 것은 기적에 가까운 일이다. 내 서재에는 2024년 현재 에밀 졸라의 작품이 열두 권 소장되어 있다. 에밀 졸라는 인간의 비참함을 극한까지 사실적으로 묘사한 작가다. 『목로주점』의 매력적인 주인공 제르베즈만 해도 결국 썩는 냄새를 풍기는 시체로 묘사된다. 그런데도 책장은 술술 넘어가고 시간 가는 줄 모르게 읽게 되는 것이 에밀 졸라의 위엄이다.

『제르미날』이 묘사하는 프랑스 광부의 비참한 삶을 읽다 보면 『목로주점』은 로맨스 소설로 생각될 정도다. 우리나라에서는 『목로주점』이 가장 유명해 보이지만 사실 에밀 졸라의 대표작이면서 가장 유명한 작품은 『제르미날』이다. 『목로주점』이 노동자 개인의 비참한 삶을 사실적으로 묘사한 작품이라면 『제르미날』은 집단의식으로 뭉친 계급으로서의 노동 운동을 최초로 그린 하나의 서사시다. 요약하자면 『제르미날』은 프랑스 노동 문학을 대표한다. 이런 이유로 『제르미날』은 가장 널리 읽힌 19세기 세계 문학 중의 하나이며 여러 차례 영화로 재생산되었다. 에밀 졸라를 좋아하든 싫어하든 『제르미날』은 꼭 한번 거쳐 가야 할 관문이다.

우리는 에밀 졸라를 주로 『목로주점』을 쓴 자연주의 소설가로 인식하고 있지만 프랑스 현지에서는 소설가보다는 간첩이라는 누명을 쓰고 억울하게 옥살이를 한 프랑스 포병 대위 드레퓌스의 무죄를 주장함과 동시에 불의를 저지른 군부와 정부를 비판한 『나는 고발한다』라는 공개서한을 쓴 사회운동가로 더 유명하다고 한다.

『목로주점』이나 『나나』가 에밀 졸라가 소설가로서의 입지를 다지게 한 작품이라면 『제르미날』은 다분히 사회 참여적이고 행동가로서의 명성을 안겨준 작품이다. 『제르미날』을 조금이라도 읽어본 독자라면 이 작품이 자본가에게 저항하는 불쌍한 광부들의 투쟁기임을 알 수 있다. 자본가에게는 불편하기 그지없는 이 작품이 부르주아 신문에 처음 연재됐다는 사실은 이 작품의 위대함을 증명한다. 아울러 단행본으로 출간되고 나서 다시 사회주의 계열 신문에 연재되었다는 사실은 이 작품이 자본가와 노동자의 진영 논리를 초월한 작품인 것을 방증한다.

프랑스 사회의 가장 어두운 단면을 고발한 『제르미날』이 널리 읽히게 된 이유는 그 작품성과 함께 작가는 책을 팔아서 먹고살아야 한다는 에밀 졸라의 상업적 자세도 한몫을 차지한다. 작가는 모름지기 글을 잘 써야 하겠지만 자신의 글이 잘 팔리도록 홍보도 잘해야 한다는 것이 에밀 졸라의 지론이었다. 19세기 유럽 문학은 다른 그 어떤 시대보다 언론과 함께 발전했다. 당시 많은 유럽의 작가들은 자기 작품을 신문에 연재하고 나서 단행본으로 출간하였는데 여기에는 나름대로 이유가 있었다. 19세기 유럽 신문 연재는 우리가 생각하는 것 이상으로 위상이 컸다.

일반적으로 4면으로 구성되었던 19세기 유럽 신문은 보통 총 면수의 3분의 1을 연재 소설이 차지했다. 연재 소설은 당시 유럽 소설가로서는 독자를 만나고 소통하는 중요한 통로였다. 연재 소설은 단순히 자기 작품을 전달하는 데 그치지 않고 연재 전 광고와 연재 후 출간으로 이어지는 디딤돌 역할도 수행했다. 따라서 19세기 신문 연재 소설은 오늘날 인기 티브이 드라마처럼 대중에게 파급되었고 홍보 효과도 뛰어났다. 연재 소설의 특성과 홍보 효과를 가장 효율적으로 이용한 작가 중의 한 명이 에밀 졸라이며 신문 연재 소설의 대표작이 『제르미날』이다.

　19세기 중엽 프랑스 북부 지역 탄광촌을 배경으로 탄광 노동자의 비극적인 삶과 운명, 자본가들의 잔인하고 비도덕적인 착취, 자본가와 노동자 들의 치열한 투쟁을 사실적으로 묘사한 이 작품의 인기 비결은 지독하리만큼 현실을 잘 고증한 사실성에 있다. 손보다는 발로 글을 썼던 에밀 졸라는 이 소설을 쓰기 위해서 직접 앙쟁Anzin 광산을 찾아 탄광 노동 환경 실태, 생활 여건, 문화를 세밀히 파악하였다. 우리가 오늘날 『제르미날』을 자연주의 문학의 최고봉이라고 추앙하는 이유가 여기에 있다.

　자본과 노동자의 투쟁이라는 주제를 다루고 있기에 탄광 산업이 흥하던 19세기에도 사양길에 접어든 21세기에도 현실 문제에 적용할 수 있는 진행형 책이다. 자본이 지배하는 19세기 프랑스 사회와 마찬가지로 우리가 사는 현대도 자본이 지배한다. 따라서 우리는 이 책을 통해서 착취당하는 노동자의 해방은 이루어질 수 있는가, 가능하다면 어떤 방법으로 가능한가에 대한 에밀 졸라의 대답과 우리 자신의 대답을 비교하고 탐구할 수 있다.

　『제르미날』이 앞으로도 논쟁적인 책이 될 수밖에 없는 이유는 자본가와 노동자 어느 한쪽의 절대적인 지지나 찬양을 받지 못하기 때문이다. 자본가들은 자신들이 감추고 싶은 추악한 실태를 드러내서 불편할 테고 노동자 관점에서 보자면 장차 세상을 바꿀 혁명 주체로서의 노동자들을 지나치게 비인간적이고 동물적인 욕구 충족에 탐닉하는 존재로 그렸다고 생각할 수 있다. 한마디로 이 소설은 계층에 따라서 다양한 시각으로 해석되고 소비된다. 평범한 독자이건 전문적 학자이건 자신의 기호와 견해에 따라서 『제르미날』 속에서 특별한 그 무엇을 발견하고는 좋아하거나 비판한다. 우리는 『제르미날』의 궁극적인 비밀을 알 수 없으며 각자가 이 소설에서 보고 싶은 것만을 보고 있을 따름이다. 다만 이 소설에 관한 한 가지 분명한 사실은 노동자를 이야기한다는 것이다.

나는 『제르미날』을 우리가 행복해지는 방법을 알려주는 책으로 읽는다. 그렇다고 해서 이 책이 부귀영화를 누릴 수 있는 비법을 알려주는 것은 아니다. 오히려 이 세상에서 행복하게만 살 방법은 없다고 토로한다. 반드시 행복하게만 사는 인생이 필요하다면 돌도 아닌 모래알이 되어 사람들에게 짓밟히면서도 고통을 느끼지 않으며 살아가는 것만이 유일한 길이라고 말한다. 세상에는 완전한 행복도 존재하지 않으며 완벽하게 행복하기만 한 사람도 존재하지 않는다는 것을 깨닫는 것만으로도 좀 더 행복한 삶으로 향하는 길이 아닐까?

이 소설에 등장하는 탄광 노동자는 하루 종일 지하 554미터에서 목숨을 걸고 짐승처럼 석탄을 캔다. 그래 봐야 일용할 빵을 살 돈도 벌지 못한다. 되레 외상값을 갚을 기한을 연장하기 위해서 식료품 주인과 동침해야 하는 형편이다. 눈앞에서 자식이 굶어 죽는 것을 지켜봐야만 했던 탄광 노동자의 삶을 읽다 보면 우리가 별다른 감흥 없이 누리는 평범한 일상이 얼마나 큰 행복인지 실감하게 된다.

일자리를 구하지 못하면 당장 굶어 죽을 처지라 어쩔 수 없이 탄차 운반부로 일하게 된『제르미날』의 주인공 에티엔은 칠흑같이 어두컴컴한 갱도에서 두더지처럼 엎드려서 일한 몇 시간이 수년처럼 느껴졌다. 매일 그 짓을 반복해야 한다고 생각하니 역겨움을 느끼지 않을 수 없었다. 너무나도 부당한 대우를 받으면서 짐승처럼 일을 해야 한다고 생각하니 존엄성을 가진 인간의 자존심이 허락하지 않았다. 차라리 굶주리지만, 길바닥에서 누리는 자유와 삶의 주인이 자신이라는 만족감이 그리워질 것 같단 생각에 괴로워한다.

인간은 욕구를 가진 동물이다. 우리는 본능적으로 더 안락하고 부유한 삶을 꿈꾼다. 좀 더 많은 쾌락을 꿈꾸는 것을 탓할 수는 없다. 그러나 우리가 더 많은 것을 가진다는 것이 반드시 행복한 삶을 보장하지는 않는다고 에밀 졸라는 말한다. 더 많이 가질수록 더 많은 고민이 생기기 마련 아닌가.

한편 별다른 일을 하지 않으면서도 엄청난 월급을 받고 배탈이 날 정도로 포식하는 탄광 사장 엔보는 빵을 달라고 절규하는 노동자들을 향해서 어리석은 인간들이라고 비웃는다. 자신은 전혀 행복하지 않다는 것이다. 아내를 너무 사랑해서 불륜을 저지르는 것을 뻔히 알면서도 신분과 체면 때문에 내색도 하지 못하는 엔보는 자신이 가진 것을 모두 내놓더라도 차라리 노동자처럼 자유롭게 좋아하는 여자와 마음껏 사랑을 나누며 살고 싶어 한다. 엔보는 노동자들이 그토록 원하는 빵을 마음껏 먹을 수 있지만 그렇다고 해서 고통이 없는 것은 아니었다. 부의 분배가 모든 이에게 행복을 가져다준다는 주장은 허황한 꿈이라는 것이다. 물질이 충족된다면 사람은 그 이상의 욕구 충족의 노예가 되기 십상이라고 엔보는 절규한다.

이런 생각이 배부른 자의 행복한 고민이라고 할 수도 있다. 또 사람답게 살 수 있는 욕구마저 충족되지 않는 사람의 처지를 모르고 한 생각일 수도 있다. 더구나 엔보가 부러워하는 탄광 노동자의 자유로운 성생활은 따지고 보면 사생활이 보장될 수 없는 열악한 환경 때문이지 그들의 선택이 아니다. 탄광 노동자들은 무더운 열기 속에서 거의 반나체 상태로 뒤섞여 일하고, 부모들이 자식들이 보는 앞에서 성생활을 할 수밖에 없다. 성에 대한 본능이 일찍 발동될 수밖에 없는 환경이다. 성생활은 가난한 자들의 유일한 쾌락이기도 하다.

양쪽의 실상을 보면 인간으로 사는 일이 얼마나 힘겨운지 절감하게 된다. 탄광 노동자의 파업과 약탈로 몸살을 겪은 부르주아들이 밤만 되면 환청에 시달리면서 소스라치며 잠을 설치고 노동자들은 최소한의 여건도 갖추지 못한 채 지난한 투쟁에 임해야 한다. 극도의 가난도, 지나친 풍요도 인간의 행복을 방해하는 요인이 된다면, 개인 차원에서 지니면 좋을 마음가짐이 무엇일지 생각해보게 된다. 우리가 모래가 아닌 이상 언제나 더 안락하고 풍요로운 삶을 갈망하는 것은 어쩔 수 없다. 그렇다고 해서 과하게 타인의 삶과 자신을 비교하여 지나친 부를 좇다가 행복과 더욱 멀어지는 일은 없어야 하지 않을까.

소소한 한마디

"극도의 가난도, 지나친 풍요도
인간의 행복을 방해한다."

죄와 벌 표도르 도스토옙스키 · 김희숙 옮김 · 을유문화사 · 2012

인생이 통속으로
물들 때

명색이 도스토옙스키 팬이면서 『죄와 벌』에 대해서 이야기하지 않는 것은 일종의 직무 유기라고 생각한다. 『죄와 벌』은 도스토옙스키의 여러 작품 중에서 내가 남달리 좋아하는 작품인지라 단 하나의 판본만으로 읽기에는 아깝다. 출간된 지 오래되어서 저작권이 소멸한 고전 소설이 주는 매력 중의 하나는 다양한 출판사의 판본을 즐길 수 있다는 것이다. 같은 작품일지라도 번역에 따라서 다르게 읽히니 다른 맛을 느낄 수 있다. 따라서 나는 『죄와 벌』을 열린책들, 민음사, 을유문화사 판본으로 모두 소장하며 읽었다.

  내 서재를 물려받은 이는 이 또한 의아하게 생각하리라. 왜 같은 책을 여러 권 가지고 있냐는 의문이겠다. 내 대답은 명확하다. 우리가 감자를 튀겨서도 먹고, 삶아서도 먹고, 구워서도 먹듯이 『죄와 벌』이라는 재미난 책을 한 가지 번역으로만 읽기에는 너무 아쉬워서이다. 판본별로 번역을 비교해가면서 읽는 것은 원서와 번역서를 비교하며 읽는 것만큼이나 흥미로운 일이다. 여러 판본을 비교해서 읽어나가다 보면 좋은 번역과 나쁜 번역을 구분하는 눈이 생기기도 한다. 그래서 러시아어를 모를지라도 누가 더 좋은 러시아 문학 번역가인지를 알아차리게 된다.

『죄와 벌』은 문학이야말로 다른 어떤 대중 예술보다 고차원적이라는 점을 증명하는 소설이다. 우리가 매일 보고 즐기는 티브이 드라마를 생각해보자. 주인공은 대개 특별하게 잘생겼거나 예쁘다. 부자인 데다 성품도 좋다. 더러는 사회적 신분도 월등하다. 그러나 『죄와 벌』은 가난한 대학생과 창녀가 주인공이다. 어쩌면 세상에서 가장 비천한 주인공으로 세상에서 가장 고귀한 가치를 논하는 것이 도스토옙스키의 소설이다. 도스토옙스키는 이런 주인공들을 통해 동서고금을 막론하는 전 인류적이고 시대를 초월하는 근원적인 가치를 날카롭게 파헤쳤다. 말하자면 그는 인간 존재의 본질과 심리를 밝혀내는 데 평생을 바쳤다. 그래서 도스토옙스키 문학은 단 한순간도 세상의 비평가나 독자의 관심에서 멀어진 적이 없다.

내가 많은 도스토옙스키의 작품 중에서 유독 『죄와 벌』을 각별하게 생각하는 것은 또 다른 이유가 있다. 나는 그의 작품 세계만큼이나 그의 인간적인 면모를 좋아하는데 이 작품은 두 번째 아내 안나와의 진정한 첫 협업의 결과물이기 때문이다. 널리 알려졌다시피 도스토옙스키가 너무 배가 고파서 움직이지도 않던 시절, 기한 내에 원고를 완성하지 못하면 향후 집필하는 모든 작품의 출판권을 출판업자에게 넘긴다는 악마의 계약을 맺었다. 기한이 26일 남은 상황에서 다급하게 고용한 초보 속기사가 바로 그를 빚과 도박에서 구원한 안나였다.

안나의 헌신적인 도움을 입어 기적적으로 26일 만에 『도박꾼』을 완성한 도스토옙스키는 안나에게 청혼하였고 그녀는 그 자리에서 수락한다. 그리고 사랑을 약속한 도스토옙스키와 안나가 새로 시작한 프로젝트가 바로 『죄와 벌』이다. 말하자면 『죄와 벌』은 작가와 속기사가 연인이 되고 나서 완성한 첫 작품이다.

『죄와 벌』은 모두가 아는 유명한 소설이지만 막상 완독한 독자는 많지 않다. 어차피 고전이란 모두가 그 존재를 알지만, 그 누구도 읽지 않는 책이라고 하지 않는가. 어렵고 지루한 소설이라는 편견이 『죄와 벌』을 비켜 가지 않는다.

그러나 『죄와 벌』을 읽다 보면 마치 히가시노 게이고의 추리 소설을 읽는 듯한 긴장감과 반전의 묘미를 경험하게 된다. 사실 도스토옙스키의 대표작으로 『카라마조프 씨네 형제들』을 꼽는 사람이 많지만, 이 소설은 서사보다 오히려 종교, 철학, 정치, 심리에 대한 장광설이 난무한다. 완독하기가 쉽지 않다. 그러나 『죄와 벌』은 서사의 빈틈이 없는 소설이다. 200년 전에 쓴 작품을 읽으면서 현대 추리 소설을 읽는 듯한 전율을 느낄 수 있다는 것이 놀랍지 않은가. 말하자면 『죄와 벌』은 오늘날 고전 소설이라고 추앙받아서 왠지 어렵다는 편견이 있지만 따지고 보면 이보다 더한 통속 소설도 드물다는 점에서 놀라움을 안겨주는 작품이다. 그만한 이유가 있다.

『죄와 벌』이 출간된 당시 러시아는 사상 초유의 신문 산업 호황기였다. 책이나 잡지에 비해 가격이 저렴하고 누구나 읽기 쉬운 문체, 그리고 통속적이고 선정적인 주제를 다루고 있었기에 신문이 폭발적으로 출현하기에 이른다. 책이나 잡지가 일부 지식인에게만 읽힌 데에 반해 신문은 가십성 기사를 신속하고 싼 가격에 공급했으니 당연한 결과일지도 모르겠다. 그러니까 1860년대 당시 러시아는 21세기 현대에 범람하는 언론 매체처럼 다양한 신문이 흘러넘치는 시기였다.

신문이 흥하던 19세기 중엽 러시아는 오늘날 범람하는 언론사로 인해서 발생하는 현상을 똑같이 겪고 있었다. 현대 많은 언론사가 조회수에 급급해서 다른 언론사에서 배포한 기사를 복사다시피 해 게재하듯 당시 러시아 언론은 다른 신문사에서 낸 기사를 거의 그대로 신문에 게재했다. 가볍고 가십거리가 가득한 신문 기사는 무겁고 어려운 책이나 논문을 대신해서 대중의 읽을 거리로 자리 잡았다. 과열 경쟁에서 살아남기 위해서 당대 러시아 신문은 좀 더 자극적이고 과장된 가짜 뉴스를 양산할 수밖에 없었다. 소문난 신문 애독자였던 도스토옙스키는 이 세태를 두고 "뉴스가 없는 삶"이라고 한탄하는 지경에 이르렀다.

그러나 가난에 찌들어 오직 팔리는 소설을 써야만 했던 도스토옙스키는 신문 기사에서 작품 소재를 자주 채택했다. 우선 『죄와 벌』이라는 제목 자체가 1863년 〈시간〉이라는 신문에 실린 포포프의 칼럼 "죄와 벌, 형법의 역사에 관한 소고"에서 그대로 가져온 것이다. 첫 문장에서 시작해서 소설 전체를 관통하는 "찌는 듯한 무더위", "숨이 막힐 듯한 공기", "알코올 중독", "매춘", "도시 빈민", "살인" 등은 당시 러시아가 끊임없이 고민한 과제였으며 신문 기사 단골 주제였다. 또한 『죄와 벌』의 주인공 로쟈의 살인에 관한 생각, 즉 사람은 평범한 사람과 초인으로 구별되며 나폴레옹과 같은 초인은 살인을 포함해서 모든 행위가 허용된다는 주장 또한 1830년대 프랑스 사회를 뒤흔든 살인범 라세네르의 주장에서 영감을 얻은 것이다.

살인범 라세네르는 자신은 평범한 죄수가 아니라 "지적인" 살해자이며 사회에 만연한 불평등을 해소하기 위해 투쟁하는 전사이자 사회 부조리의 희생자라는 주장을 내세우면서 자신의 살인을 정당화했다. 도스토옙스키는 라세네르의 주장을 자신이 발행하던 잡지 〈시간〉에 게재하고 『죄와 벌』의 소재로 삼은 것이다.

이 소설의 주인공 로쟈는 신문에 보도된 기사를 토대로 자신의 살인을 계획하고 살인을 실행한 것이다. 당시 가장 대중적인 매체인 신문 기사를 빌려 쓴 『죄와 벌』이 대중적이지 않은 소설이 되기 어려운 이유다.

『죄와 벌』은 도스토옙스키 자신의 삶을 빌린 소설이기도 하다. 가령 다음 문장을 살펴보자.

> 아마도 우리의 인생에서 모두에게 의무 비슷한 것으로 여겨지는 어떤 사회적인 의식을 치를 때 다수의 가난한 사람들이 자신의 여력을 쏟아부어 객기를 부리면서 그저 '남들에게 뒤지지 않기 위해', '남들에게 욕을 먹지 않기 위해' 아껴둔 최후의 한 푼까지 다 동원해서 거기에 사용해버리고 마는 독특한 자존심이 여기에 제일 큰 영향을 준 것일 수도 있다.

남편의 장례식 비용조차 없어서 가난한 대학생 로쟈에게 적선받은 20루블을 추도식으로만 반을 써버리는 아내 카체리나 이바노브나의 행태를 두고 한 말이다. 도스토옙스키는 굉장히 가난한 사람이 이따금 알량한 자존심과 허영심 때문에 도저히 억제할 수 없는 욕구를 충족할 때가 있다고 지적한다. 다른 사람의 시선을 의식하거나 체면을 생각하지 않고 가난하면 가난한 대로 자신의 처지에 맞게 살아야 한다는 것이다.

더없이 좋은 말이긴 하지만 이는 도스토옙스키 본인 자신에게도 적용되는 말이다. 자수성가해서 겨우 하급 귀족인 의사로 사는 아버지를 둔 도스토옙스키는 학비를 아끼려고 입학시킨 공병학교에서 이미 도박과 사치로 점철한 생활을 하였다. 틈만 나면 아버지에게 용돈을 더 보내달라는 편지를 보냈는데 대부분 부유한 친구처럼 좋은 옷을 입고 술을 마시고 도박하기 위해서였다. 오죽했으며 그의 글쓰기 실력이 아버지에게 용돈을 보내달라는 편지를 쓰면서 얻어졌다는 말이 나왔을까.

로쟈가 연인이자 구원자인 소냐에게 한 말을 살펴보자.

> 소냐, 만약 모든 이가 영특해지길 기다린다면, 그건 지나치게 긴 세월이 걸릴 것이라고…. 그러고 나서 나는 또 알게 되었지. 그런 시대는 절대 도래하지 않을 것이다. 사람은 바뀌지 않으며, 누구도 그들을 바꿀 수 없고, 그러니까 괜히 애쓸 필요가 없다고 말이야!

그러니까 '사람은 고쳐 쓰는 것이 아니다'라는 명언을 200년 전 사람인 도스토옙스키가 한 것이다. 이 또한 자신의 이야기이기도 하다. 안나가 자신이 마련해 온 결혼 예물을 처분해서 마련한 여행 경비를 도박에 탕진하기도 하였으니, 그의 말대로 사람이 쉽게 고쳐지지 않는 것은 진리에 가까운 모양이다. 10대 후반에 시작된 도박과 사치벽은 그가 안나를 만나서 행복해지기까지 지속

되었다. 그러나 그의 낭비벽과 도박 중독이 고질병이었던 것처럼 가족을 무엇보다 사랑하는 그의 착한 심성도 그가 죽을 때까지 변치 않았기 때문에 안나의 도움으로 말년에 가서는 평생을 짓누르던 빚과 도박 중독에서 벗어날 수 있었다.

『죄와 벌』에 나타난 가장 자전적인 요소는 아무래도 이 구절이 아닐까?

> 여자의 마음에 불쌍하다는 생각이 자리 잡게 되면, 그건 본인에게 가장 큰 위험이 되는 일입니다. 그러면, 꼭 '구원하고' 싶다, 저 사람이 갈팡질팡하는 것에서 구출하고 싶다, 다른 사람으로 바꾸고 싶다, 더 고귀한 목적을 향하도록 설득하고 싶다, 새 삶과 활동을 시작하도록 되살리고 싶다, 뭐, 이런 종류의 상상에 빠지리라는 것은 자명합니다.

이제 막 스무 살이 된 안나는 당시에도 대문호였던 도스토옙스키를 경외하고 사랑했지만, 그가 의붓자식 딸린 홀아비에다 빚과 지병에 시달리는 처지라는 데에 적지 않은 동정심을 느꼈을 것이다. 그의 도박병을 고치고 빚에서 해방해주고 싶었을 것이다. 도스토옙스키는 안나에게 청혼하면서 자신의 처지를 고스란히 알려주었다. 어쩌면 타인에게 곤궁하고 불쌍한 자신의 처지를 있는 그대로 말하는 것은 용기 있는 행동이며 타인의 진정한 도움을 얻을 수도 있는 현명한 자세라는 것을 도스토옙스키는 통찰하였다. 극복하고자 하는 의지만 있다면, 자신의 약점을 솔직하게 고백하는 것은 가장 용기 있는 자가 할 수 있는 일일지도 모르겠다.

소소한 한마디

"아주 드물게는, 사람을 고쳐 쓸 수도 있다."

줄러스 시저 윌리엄 셰익스피어 · 이덕수 옮김 · 형설출판사 · 1989

누군가의 조언이 필요할 때

1960년대 후반에 태어난 나에게 고등학교 시절까지 책은 흔한 물건이 아니었다. 내 부모님은 내가 원하는 것은 웬만해서는 들어주셔서 내가 책을 사 보겠다고 하면 돈을 내주지 않을 분들은 아니었지만 우선 일상적인 내 행동반경에 서점이 없었다. 견물생심이라고 하지 않는가? 눈에 보이지 않으니, 욕심이 생길 수가 없었다. 10대 시절 독서란 내가 살던 동네에 돌아다니던 만화책과 아이들이 제 집에서 두어 권씩 가져와서 조성된 학급 문고가 거의 전부였다. 대학에 와서도 사정은 크게 달라지지 않았다.

시골에서 송아지 판 돈에서 보내주신 용돈으로는 교재 이외의 책을 살 여유가 생기지 않았다. 대학 도서관에 많은 책이 있었지만 대부분 서지 정보만 대충 보고 대출 신청을 하면 도서관 직원이 찾아서 내주는 식이어서 마음껏 구경하고 편안하게 읽을 환경이 아니었다. 결국 도서관 책은 남의 책이지 내 책은 아니다. 내 수중에 남은 책은 매 학기 필요한 교재였다. 교재는 버리지 않을 뿐이지 수집한다고 볼 수 없다.

나는 지금까지도 1987년, 즉 대학 신입생 시절에 사용했던 전공 교과서를 모셔두고 산다. 그러고 보니 내 전공이 영문학이었던 것이 책 수집 출발의 중요한 동기가 되었던 것 같다. 셰익스피어는 한 번 읽고 버리는 책도 아니고 유행도 타지 않으니까. 이런 사정으로 내가 책을 모으기 시작한 것은 직장인이 되어 매일 서점을 지나가고 책 살 돈이 생기면서부터다. 책이 많아질수록 낡은 책은 버리기 마련이다. 더구나 나는 헌책 수집에 관한 책을 쓴 바 있음에도 기실 엄격한 새 책 주의자다. 절판본이 아니고서는 헌책을 사지 않는다.

일반적으로 서재는 주인과 함께 나이를 먹는다. 가령 60대의 서재를 보면 그 나이대가 책을 가장 많이 읽었던 시대의 책이 주로 보인다. 누가 나에게 서재를 보여주면 쉽게 주인의 나이를 짐작할 수 있다. 나는 이런 경향을 경계했다. 내 서재는 끊임없이 업데이트되어야 한다고 믿었다. 낡은 책은 버리기 시작했고 새 책을 탐욕스럽게 사 모았다. 그 덕분에 나는 읽어야 할 책을 서점이 아니라 내 서재를 어슬렁거리면서 고른다. 이런 나의 서재라고 아쉬운 점이 없는 것은 아니다.

  에베레스트산을 정복하고 뒤돌아보지 않은 채 하산하는 등반가처럼 일단 정복한 다음 처박아둔 지 오래된 절판본을 가끔 들춰 보다가 가슴 먹먹한 전 주인의 메모를 발견하면 책 한 권으로 얻을 수 없는 추억과 감성이 휘몰아친다. 오래된 책은 그 시대의 감성을 온전히 느끼게 해준다. 오랜만에 꺼내 든 형설출판사의 『줄러스 시저』가 그랬다. 구매할 때 서점 주인이 입혀준 비닐 커버도 그렇고 매 쪽 교수님의 설명을 기록한 메모도 그렇다. 얼굴도 모르는 타인의 한 줄 메모에도 눈물이 날 정도로 아련한 추억이 떠오르는데 나이 60이 다 되어가는 내가 20대 초반 때 남긴 메모는 오죽하겠는가. 청춘의 그 시절 대학 강의실에서 이 책을 펼쳐두고 교수님의 강의를 듣던 풍경이 눈앞에 선해진다. 이처럼 오래된 책은 영상 기록 매체가 될 수도 있다고 생각한다. 서글픈 것은 청년 때는 맨눈으로 멀쩡히 잘 읽었을 이 책을 지금은 돋보기를 끼어야 간신히 볼 수 있다는 사실이다. 어쨌든 만약 먼 훗날 내 자식이 우연히 서재에서 이 책을 본다면 늙어서 쇠잔한 아버지가 아닌 피 끓고 꿈 많은 청년의 아버지를 상상할 수도 있겠다. 나로서도 20대 청춘 때 강의실과 도서관에서 학점을 따기 위한 공부를 해야 했던 텍스트를 나이 60을 코앞에 두고 단순히 독서용으로 펼쳤을 때의 감회는 말로 표현할 수 없이 묘하다.

  『줄러스 시저』의 줄거리는 폼페이우스를 쳐부수고 로마 권력을 독차지한 것으로 모자라 황제로 등극하려는 시저의 행태를 못마땅하게 생각한 브루투스가 시저를 암살하는 과정과 그 이후의 사건을 담고 있다.

내가 다른 셰익스피어 작품을 제쳐두고 『줄려스 시저』를 다시 펼쳐 든 것은 리어왕이나 햄릿처럼 가상의 인물이 아니고 실존한 인물의 실제 이야기를 다루기 때문이다. 시저는 공과를 떠나서 인간적으로도 다양한 면모를 소유한 매력적인 인물이다. 그뿐만 아니라 『줄려스 시저』 작품 자체도 셰익스피어의 작품 중에서 독특한 면이 많다. 우선 집필 시기(1599~1600년)를 비교적 정확히 알 수 있으며 셰익스피어의 모든 작품을 통틀어 유일하게 작품 제목이 주인공이 아니다. 이 작품의 서사는 브루투스 중심으로 흘러가며 더구나 시저는 3막에서 암살당해서 사라진다. 작품 중간에 사라지는 인물이 주인공이 되기는 어렵다. 물론 이에 대한 반론도 있다. 시저가 살아 있느냐 죽느냐가 중요하지 않고 작품 전체를 통틀어 일관되는 것은 시저의 정신이니 시저가 주인공이라는 것이다.

그러나 작품을 읽을수록 브루투스가 주인공이라는 주장에 동의하게 된다. 개인의 이익이나 영광을 위해서가 아니고 공화제라는 이상을 지키기 위해서 자신을 보살펴주고 총애한 시저를 살해했기 때문이다. 더구나 셰익스피어 비극의 공통점은 주인공이 내면적인 갈등을 반드시 겪는다는 것인데 과연 브루투스는 시저에 대한 개인적인 호감과 자신이 생각하는 이상과의 사이에서 깊은 고민을 하지 않는가. 따라서 『줄리어스 시저』는 역사적 사실을 소재로 하는 사극의 특징과 주인공의 내면적 갈등을 다루는 비극의 특징을 모두 갖춘 특이한 셰익스피어 극이다.

셰익스피어는 왜 이런 특이한 극을 썼을까? 내 오래된 『줄리어스 시저』에 기록된 은사님의 설명은 이렇다. 우선 셰익스피어는 자신의 후원자가 왕위 쟁탈전에 연루되어 투옥된 현실에 상당한 압박과 분노를 느꼈을 것이다. 이런 이유로 당시 영국 정치를 비판하거나 풍자하고 싶었는데 감히 당국의 정치 상황의 냉혹함과 부조리를 작품으로 묘사하기에는 한계를 느꼈을 터였다. 영국 왕실과는 관련이 없는 로마 시대의 인물 시저와 브루투스를 소재로 삼는 극을 집필하는 것이 안전하고 효과적이었을 것이다. 당시 영국 사회는 라틴어 교육을 열심히 했을 뿐만 아니라 영국인에게 시저나 브루투스는 잘 알려진 역사적 인물이었다. 16세기 영국에서 가장 유명한 옛날이야기는 '브루투스의 시저 암살'이었기도 했다. 셰익스피어로서는 시저 암살을 다룬 『줄리어스 시저』야말로 영국 정치를 비판하는 동시에 상업적 흥행도 거둘 수 있는 매력적인 카드였다.

본격적으로 작품으로 들어가보자. 시저는 여러모로 영웅적인 면모가 많지만, 이 극의 첫 대사가 돋보인다. 당시 기준에서 전 세계를 정복하다시피 한 전쟁 영웅 시저의 첫 대사는 아내의 이름이었다. 풍악을 울리면서 가마에 비스듬히 기대앉아 등장한 시저가 아내를 부른다는 것은 시저의 영웅적인 면모를 시사하기도 하지만 셰익스피어의 위대함도 상징한다.

셰익스피어가 활동했던 시대는 중세에서 근대로 넘어가는 갈림길에 서 있었다. 이 때문에 여성에 대한 인식에서도 중세와 근대가 공존했다. 중세에 여성은 단지 평생 집안일을 하며 남성에게 복종해야 하는 수동적인 존재로 인식되었다. 남편이 별다른 지위가 없거나 불한당일지라도 아내는 무조건 복종해야 했다. 근대에 들어서면서 여성은 복종해야 하는 수동적 존재가 아니라 스스로 생각하고 행동하는 존재로 주목받기 시작했다. 이런 여성에 대한 관점의 변화를 셰익스피어는 '캘퍼니아'라는 시저의 아내 이름 하나로 드러낸 것이다. 시저는 누구나 알다시피 자존감이 뇌를 지배한 사나이였다. 비겁한 사람은 죽기 전에 여러 번 죽지만 용감한 자는 한 번밖에 죽지 않는다는 말이 시저에게서 나온 것이다. 한마디로 세계가 자신을 중심으로 돌아간다고 생각한 인물이었다.

그런 시저가 운명의 3월 15일 원로원에 등원하려고 하자 그의 아내는 불길한 꿈을 꾸었다면서 만류한다. 시저는 처음에는 등원하겠다고 거절하지만, 아내의 간곡한 부탁을 들어주기로 한다. 물론 간교한 술책에 속아 결국 등원을 하고 암살당하지만 적어도 시저가 아내의 조언을 매우 중요하게 여겼다는 것은 분명한 사실이다.

 이런 경향은 암살자 브루투스도 마찬가지다. 암살 계획을 세우고 고민에 빠진 남편의 안색을 눈치챈 아내 포셔는 남편에게 걱정거리를 자신에게 털어놓으라고 간곡히 요청한다. 포셔가 브루투스에게 주장한 요지는 곧 셰익스피어의 여성관이라고 해도 무방하다. 포셔는 부부는 함께 자고 먹는데 중요한 이야기를 아내에게 하지 않는다면 아내는 창부와 다름없다고 말한다. 이에 브루투스는 아내에게 자신의 계획을 모두 솔직하게 말해주겠다고 약속한다. 셰익스피어는 시저와 브루투스의 아내의 입을 빌려서 여성을 남성과 평등한 존재로 그림으로써 성에 대한 근대적인 사상을 드러낸다고 볼 수 있다.

 이처럼 로마를 대표하는 두 영웅 시저와 브루투스가 아내의 조언을 존중했다는 사실은 우리에게 중요한 점을 시사한다. 많은 사람이 어려움이 닥치면 주로 친구에게 상담하고 조언을 얻는다. 그러나 나이가 들수록 친구는 줄어들며 그들의 조언은 신뢰성을 담보하기가 쉽지 않다는 문제가 발생한다. 같은 문제라도 각자의 사정과 성향에 따라 다른 해법이 필요한데 친구들은 세상에 떠도는 일반적인 해법을 제시하는 때도 많다.

 나만 해도 그렇다. 아내가 나에게 이런저런 조언을 하면 일단 잔소리로 치부하고 귀담아듣지 않는 버릇이 있다. 그렇지만 인터넷이나 매스컴에서 아내와 같은 조언을 하면 대뜸 실행하려고 덤

벼든다. 아내는 어김없이 화를 낸다. 왜 함께 사는 가족 이야기는 듣지 않으면서 생판 모르는 남 이야기를 신봉하냐는 것이다. 시저도 아내의 조언을 존중하고 따르려 했지만 결국에는 남 이야기를 따르다가 암살당하지 않았느냐는 말이다. 결국 최선의 조언자는 배우자다. 인생을 살면서 극복하기 어려운 일을 만나면 우리는 함께 살며 웃으며 우는 배우자에게 달려가 지혜를 구해야 한다.

다시 시저에게 돌아가보자. 시저는 자신의 심복이자 후계자 격인 안토니우스에게 여위고 굶주린 외모를 가진 캐셔스를 지목하며 자신의 주변에는 뚱뚱한 사람만 있도록 하라고 지시한다. 과연 캐셔스는 브루투스와 함께 시저를 암살하려는 음모를 계획 중인 사람이니 놀라운 혜안이 아닐 수 없다. 시저는 왜 뚱뚱한 사람을 곁에 두려고 했을까? 한마디로 시저는 여위고 굶주린 상을 한 사람은 생각이 많아서 위험하다고 판단했다. 시저에 따르면 여윈 사람은 책을 너무 많이 읽고 타인을 유심히 관찰한다. 놀이도 좋아하지 않으며 음악도 듣지 않는다. 여간해서 웃지도 않는다. 이런 사람일수록 자신보다 더 위대한 사람이 있으면 절대로 평온해지지 않는다는 것이 시저의 생각이다. 이 구절을 곰곰이 생각해보니 시저가 경계한 사람이 바로 나 아닌가? 나로 말하자면 허구한 날 책에 파묻혀 살면서 친구들과 어울려 춤과 노래하는 것을 싫어한다. 솔직히 말해서 위대한 사람이 보이면 배우고 본받아야겠다는 생각보다는 괜히 흠을 내고 싶은 생각이 앞설 때가 있다.

나에게 어려움이 닥치면 불운을 탓할 뿐 달라져야겠다는 생각은 뒷전일 때도 많다.

시저는 사람은 모름지기 뚱뚱해야 한다고 말하는 것은 아니다. 시저가 생각하기에 사람은 친구들과 자주 어울릴 줄 알고 음악으로 위로를 받으며 자신 앞에 영웅이 나타나면 그에게 뭔가 배우고 자기 행동을 변화시켜야 한다는 것이다. 나이가 들수록 자신의 위치는 그동안 자신이 내렸던 수많은 결정과 행동의 결과물인 것을 시저는 우리에게 일러준다. 어떻게 행동하느냐에 따라서 인간은 운명을 얼마든지 바꿀 수 있다.

> **소소한 한마디**
>
> "최선의 조언자는
> 나와 가장 많은 것을 함께하는 가족이다."

지란지교를 꿈꾸며 유안진 외 · 영학출판사 · 1986

시를 읽고
싶을 때

유안진, 이향아, 신달자 작가의 공동 저작 『지란지교를 꿈꾸며』를 볼 때마다 가슴이 먹먹하다. 이 책은 내가 고등학교 3학년에 재학 중이던 1986년에 나왔으니 내 풋풋한 청소년 시절의 감성과 추억을 내뿜기 때문이다. 아직 책이 보통 사람이 애용하는 매체였던 시절 유안진, 이향아, 신달자 작가는 청년들에게 우상으로 여겨졌다. 이 책이 내 손에 들어온 것은 대학 입학시험을 치른 얼마 뒤였다. 그러니까 나는 이 책을 거의 40년 가까이 쥐고 있는 셈이다. 더구나 『지란지교를 꿈꾸며』는 아마도 내 인생에서 처음까지는 아니더라도 세 번째 손가락 안에 드는 순번으로 선물 받은 책이다. 여러모로 사랑스럽고 애착이 가는데 한편으로는 나의 놀라운 수준의 우매함을 보여주는 책이기도 하다. 사정은 이랬다.

  2014년에 나는 우연히 이해인 수녀님과 연락이 닿는 행운을 누렸는데 너무 흥분한 나머지『지란지교를 꿈꾸며』를 이해인 수녀님의 저서로 착각하고 그분께 서명해달라고 요청하는 세기의 멍청함과 무례를 범하고 말았다. 쥐구멍으로 모자라고 지하 수백 미터까지 파고 들어가 숨고 싶을 만큼 수녀님 볼 낯이 없었다. 그런데 수녀님은 수백 번 혼꾸멍을 내도 모자랄 나를 책망하지 않으셨다. 대신 정말 정성스럽게 따듯한 글귀를『지란지교를 꿈꾸며』에 적어주셨다.

  박균호 선생님께
  주신 글 잘 보았어요. 아름답고 따스한 추억의 선물은 늘 힘과 위로가 돼요.『아주 특별한 독서』책도 감사히 받았습니다. 가르치는 일을 통해 보람 느끼시고 늘 건강하여지시길 기도할게요!

  나는 이 글귀를 읽을 때마다 은접시를 훔쳐 간 장 발장을 용서하며 오히려 은촛대까지 선물로 준 미리엘 주교가 생각난다. 다행스럽고 고맙게도 수녀님과 나는 지금까지도 좋은 인연을 이어가고 있다. 문제는 미리엘 주교의 은덕으로 새 사람으로 태어난 장 발장과는 달리 나는 여전히 바보로 살고 있다는 것이다.

  『지란지교를 꿈꾸며』를 다시 읽다 보니 유안진 작가의「매끄러운 남성들」이라는 글이 눈에 띈다. 한 여자에게 두 남자가 청혼한다. 그중 A 남자는 이렇게 말한다. 당신을 평생 행복하게 해줄 자신은 없다. 그래서 당신을 행복하게 해줄 보장은 없지만 나는 당신을 사랑하고 아내로 맞이하여서 한평생을 같이 살고 싶다. 반면 B 남자는 이렇게 말한다. 내 모든 것을 바쳐서 당신을 행복하게 해주겠다. 물론 당신을 행복하게 해줄 수 있고 그것만이 내 인생의 유일한 목적이다. 내 인생의 꿈과 목표의 성패는 오직 당신 결정에 달려 있다.

무남독녀 아버지의 관점에서 곰곰이 생각해봤다. 머리로는 좀 더 정직해 보이는 A가 믿음직스럽기도 하지만 역시 내 딸을 더 사랑하는 사람은 B인 것 같다. 내 딸이 B와 결혼하기를 원한다. 유안진 작가 글에 나오는 여자도 B를 선택했다. 유안진은 그 글 속 여자와는 달리 A를 정직한 남자로도 보지 않는다. 오히려 B를 정직한 남자라고 본다. 왜 그럴까? A는 정직하다기보다 매끄러운 남자다. 매끄러운 남자란 무엇인가? 세상에 그 누구도 한 사람의 행복을 완벽하게 책임질 수 없다. A는 이 사실을 잘 알고 자신은 없지만 평생 같이하고 싶을 만큼 사랑한다고 말할 정도로 냉정하고 똑똑하긴 하다. 그러나 그 똑똑함의 이면에는 언제라도 자신이 빠져나갈 수 있는 구멍을 열어두고 사는 사람이다. 이 남자와 결혼했는데 생각보다 행복하지 않아서 항의하면 서슴지 않고 이렇게 대답할 것이다.

'그래서 내가 당신을 행복하게 해줄 자신은 없다고 미리 말했잖아.' 이런 말을 들은 아내는 더할 나위 없는 배신감과 써늘함을 맛봐야 한다. 반면 B와 결혼한 아내가 결혼 생활이 기대한 것보다 행복하지 않다고 푸념하면 이렇게 말할 것이다. '미안해. 그런데 나는 최선을 다했고 지금도 당신을 사랑하는 마음은 변치 않아.' 이 경우 B 남자는 아내에게 죄책감을 느끼고 아내에 대한 애절함이 많을 것이다. 아내도 비록 남편이 약속을 지키지는 못했지만, 여전히 자신을 사랑한다는 것을 확인하고 결혼 전 남편이 한 약속을 한 편의 아름다운 추억으로 되새기게 된다. 결혼 전 남편이 모든 것을 다 바쳐서 자신을 행복하게 해주겠다던 약속이 결코 거짓이 아니었다는 것도 확인하게 되리라.

세상이 복잡해지고 발전할수록 내 모든 것을 다 바쳐 당신을 행복하게 해주겠다고 공언하는 상대는 줄어든다. 어쩌면 자신만만하게 자기 연인을 왕처럼 모시겠다고 공언하는 사람은 용감한지도 모른다. 최선을 다해보겠는데 잘 안 될 수도 있다는 것은 비즈니스의 대화이지 연인과 가족 사이에 나눌 대화는 아니다. 언제라도 빠져나갈 구멍을 마련하고 말하는 사람보다는 차라리 무모하더라도 반드시 뭘 해주겠다는 사람과 가까이하는 편이 낫지 않을까.

물론 고질적으로 허풍을 치는 사람도 많다. 내 지인 중에 그런 분이 있었다. 자신이 군 장성과 형 아우처럼 지내고 있으니 혹시 군대 생활 하다가 곤란한 일이 생기면 모두 책임지고 해결해주겠다고 공언했다. 정말 군대에서 사고를 친 내가 연락하자 그 양반은 이리저리 말을 돌리다가 전화를 끊어버렸다. 알고 보니 주변 사람들은 모두 그 양반이 허풍쟁이라는 사실을 알고 있었는데 나만 몰랐다. 이런 사람만 아니라면 이것저것 조건을 달고 공무원식 애매모호한 말을 하는 사람보다는 실현 가능성이 높지 않더라도 자신 있게 모든 것을 걸고 해내겠다는 사람이 더 진정성이 있다는 것을 기억해야 한다. 자신이 빠져나갈 구멍을 스스로 차단한 사람은 불굴의 의지를 불태우기 마련이다.

누가 뭐라고 해도 『지란지교를 꿈꾸며』를 대표하는 글은 표제작인 「지란지교를 꿈꾸며」라는 글이다. 저녁을 먹고 아무런 부담 없이 찾아가 차 한잔 같이할 수 있고 옷을 갈아입지도 않은 채 김치 냄새를 풍기더라도 흉보지 않는 친구가 곁에 있으면 좋겠다고 노래하는 이 글은 1980년대 감성을 대표하는 따뜻한 구절이다. 사람이라면 누구나 이런 친구를 원하지만, 모두가 이런 친구가 있는 것은 아니다. 이런 친구를 곁에 두려면 자신도 좋은 친구가 되어야 한다. 유안진 작가가 생각하는 좋은 친구를 두는 비결 중의 하나는 본인의 곤란을 피하려고 비록 사실일지라도 타인을 팔지 않는 태도다. 정말 실천하기 어려운 신조다. 사람이 가장 참기 힘들어하는 일 중의 하나가 타인의 오해를 사는 것이다.

내가 잘못하지도 않았는데 타인의 잘못으로 내가 잘못한 사람으로 여겨지는 것은 정말 고역이다. 사소한 일에서도 그렇다. 예를 들어 한 사회 교사가 수업에 필요해서 유튜브 영상을 잠시 보여준 일이 있었다. 마침 그 교실을 지나가던 다른 교사와 눈이 마주친 모양인데 굳이 다음 날 우연을 가장한 대화를 시도하면서 어제 수업에 필요해서 동영상을 보여주었다고 할 필요가 없는 변명을 하더라는 것이다. 그 사회 교사의 심정이 나는 이해가 되었다. 영어 교사인 나도 이런저런 필요 때문에 가끔 영화나 동영상을 아이들에게 보여주는 경우가 있는데 마침 지나가던 다른 교사와 눈이 마주치면 왠지 모르게 찜찜함을 없앨 수가 없다. 저 사람이 혹시 내가 수업하기 싫어서 아이들에게 영화를 보여주고 놀고 있다고 오해할 수도 있겠다는 생각에 사로잡혀 마치 무슨 잘못을 한 것 같은 마음의 짐을 떨치기 어렵기 때문이다. 타인의 잘못과는 상관이 없는 상황인데도 그랬다. 그래서 진실임에도 불구하고 자신의 곤란에서 벗어나기 위해서 타인의 잘못을 말하지 않는 것은 정말 대단한 배짱과 인내심이 필요하다. 현실에선 자기 잘못을 없애기 위해서 진실이 아닌데도 다른 사람을 파는 사람이 훨씬 많다.

내 친구가 정말 존경했던 대학원 스승이 있었다. 여러모로 따뜻하고 배려하는 분이라고 생각했다고 한다. 여차여차해서 우여곡절 끝에 논문 예비 심사를 받게 되었다. 다른 심사위원이 내 친구의 논문에 진즉 걸렸어야 할 오류가 있다는 것을 지적했는데 자연스럽게 1차로 논문을 심사한 지도교수가 멋쩍은 상황이 되어 버렸다. 이 순간 내 친구의 지도교수는 자신이 논문을 살피면서 그 부분을 발견하고 수정하고 싶었는데 내 친구가 뭘 잘못해서 그렇게 하지 못했다고 변명하더라는 것이다. 평소에 아무리 타인을 배려하는 사람일지라도 막상 자신에게 화살이 돌아오면 본능적으로 타인에게 잘못을 뒤집어씌우는 것이 인지상정이다. 그러니 자신이 화살을 맞을 각오를 하면서 친구의 허물을 덮어주는 사람은 얼마나 귀한가. 이런 사람은 당장은 불이익을 받을 수도 있고 억울할 수도 있지만 오래지 않아 진실은 밝혀지기 마련이다. 그리고 그 누구도 모든 사람에게 인정받는 좋은 친구가 될 수는 없는 법이다.

『지란지교를 꿈꾸며』에는 문필가의 아집이랄까 아니면 일종의 귀여운 성깔로 느껴지는 부분도 있다. 유안진 작가는 야구 글러브를 사달라는 아이에게 어린이날 선물로 시집을 사주며 외우라고 시킨다. 한 권으로 끝나지 않고 한 달이 지나고 확인해 다 외우면 다시 새로운 시집을 사주며 외우라고 시킨다. 시집은 어른도 읽기 쉽지 않은 장르인데 한참 밖에서 친구들과 뛰어놀기 좋아할 아이가 다 외울 턱이 있나. 당연히 아이는 엄마에게 항의했다.

작가는 기업이 체육관은 걸핏하면 지어주면서 왜 도서관은 지어주지 않는지 그리고 왜 텔레비전은 허구한 날 스포츠 중계를 해서 아이들의 시간을 독차지하는지 한탄한다. 아이들이 책은 읽지 않고 공을 발로 차고 방망이를 휘두르며 자라니 앞으로 세상이 어떻게 되겠느냐는 걱정이다. 더구나 고함을 지르며 거친 몸짓을 하는 스포츠 응원 문화가 사람들을 상스럽게 만든다고도 염려한다. 한마디로 스포츠는 사람을 세련되게 만드는 것이 아니고 격하한다는 것이다. 유안진 작가는 거친 스포츠 대신에 운율과 은유 그리고 상징의 멋과 맛을 갖춘 시를 암송한다면, 사무실에 선동적이고 자극적인 문구 대신에 아름다운 시 한 구절이 붙여진다면, 스포츠 중계를 보는 것보다는 아버지와 아들이 손을 잡고 다정하게 시 한 수를 주고받는다면 사람은 여유를 찾고 품위 있는 인생을 살 수 있다고 조언한다.

스포츠가 사람을 거칠게 한다는 유안진 작가의 말에는 동의하기 어렵지만 시를 암송하면 인생이 풍요로워진다는 주장에는 격하게 동의한다. 시를 암송하면 여러 가지 장점이 생긴다. 유안진 작가가 지적한 것처럼 리듬과 암기 능력이 타 영역에도 발휘될 것이며 세련된 화술과 문장력 향상에도 도움이 된다. 그뿐인가? 정서가 순화되며 감성은 세련되게 바뀐다. 세계적인 언어학자 노엄 촘스키는 외국어든 뭐든 암기하면 우리 몸은 스스로 익히는 능력을 배양한다고 주장했고 사실로 입증되었다. 유안진 작가도 지적했지만, 영어 공부도 문장이나 글을 통째로 암기하는 것이 가장 효과적이다. 예를 들어 가정법 과거를 공부한다며 "If+주어+동사의 과거형~, 주어 + 조동사의 과거형 + 동사원형"이라는 공식을 외우기보다 "If I were a bird, I could fly to you"라는 예문을 암기하는 것이 여러모로 수월하다. 중학교 2~3학년 정도의 영어 교과서를 통째로 암기한다면 영어의 기본 틀은 완벽하게 익히게 된다.

시詩를 읽는 것 자체로도 너무 훌륭하지만 시를 눈으로만 읽는다면 마치 악보를 눈으로만 읽는 것이나 마찬가지다. 시는 직접 소리를 내어 읽고 암송해야만 메시지와 문장의 힘을 제대로 흡수하게 된다. 시는 사람의 마음을 움직이는 힘이 있는데 반복해서 소리를 내어 암송해야 시에 담긴 의미를 이해하게 된다. 시를 소리 내 읽으면서 다른 생각을 하기가 매우 어렵기 때문에 전반적인 집중력 향상에 도움이 될 수밖에 없다. 시는 기본적으로 누군가의 삶을 담는다. 따라서 시를 암송한다면 인간의 삶을 노래함으로써 통찰력도 쌓게 된다.

나는 대학 시절 영문학을 전공했는데 원전에 밑줄을 쳐가며 교수님이 말씀하신 내용을 열심히 받아 적은 수많은 시간보다 아무 생각 없이 암기한 시 몇 수가 더 오래 기억에 남아 있다.

> **소소한 한마디**
>
> "본인의 곤란을 피하려고 비록 사실일지라도
> 타인을 팔지 않는 배짱 있는 사람이 되자."

소립자 미셸 우엘베크 · 이세욱 옮김 · 열린책들 · 2009

폭력에
맞서야 할 때

아내에게 서재를 검열받을 때가 있다. 검열이 있으니 당연히 금서로 지목되는 책도 있다. 그러면 그 책은 바로 폐기해야 한다. 개인 서재에 검열이라니 무슨 말인가 의아할 수도 있겠다. 아내는 내 책장의 면면에 특별한 관심이 없는데 간혹 서재 구경을 왔다가 문제 삼는 책이 있다. 딸아이가 청소년이 되어갈 시점이었을 것이다. 어느 날 아내가 큼직한 다큐 사진집 몇 권을 들고 지적했다.

나는 한때 열렬한 사진집 수집가였는데 유난히 다큐 사진집을 좋아했다. 가끔 사진 한 장이 역사책 한 권보다 더 생생하고 많은 이야기를 전달하기 때문이다. 다큐 사진의 특성상 전쟁, 기아, 질병, 실업 등을 소재로 하는 경우가 많았다. 아내는 이런 사진을 보면 한참 좋은 것만 보고 자라야 할 딸아이에게 그다지 좋은 영향을 주지 않으리라 생각했다. 현실을 조금 천천히 알아가도 좋지 않겠느냐는 의견이었다. 일리가 있다 싶어서 딱히 반박은 하지 못했다.

내 입장에서는 다행히도 아내가 미처 살피지 못한 사진집이 있었다. 아라키 노부요시의 『Yoko my love』를 비롯해서, 패션 사진작가 헬무트 뉴튼의 사진집들이었다. 노부요시의 책엔 아내와의 정사 장면을 촬영한 사진이 포함돼 있으며, 뉴튼은 평생 여성의 몸매를 탐구하여 사진으로 남긴 작가였다. 모두 거금을 들여서 장만한 책들인데 아내의 불호령이 떨어지면 눈물을 머금고 내쳐야 했을 것이다. 물론 아내의 서슬 퍼런 검열을 피한 이 사진집들은 눈에 띄지 않는 깊고 어두운 구석으로 피신시켰다. 이 장면을 떠올리면 독서의 재미난 효용성을 생각하게 된다.

가령, 블라디미르 나보코프의 『롤리타』, 헤르만 헤세의 『나르치스와 골드문트』의 처지는 다르다. 『롤리타』는 중년 남성이 10대 의붓딸과 사랑을 나누는 장면이 다수 포함된 책이고, 『나르치스와 골드문트』는 골드문트의 성적 욕구를 채우는 방랑기에 대한 내용이 많다는 점에서 공통점이 많지만, 앞의 책은 지하철에서 자랑스럽게 읽기가 조심스럽고 뒤의 책은 그렇지 않다. 『롤리타』는 공공장소에서 스마트폰으로 야한 동영상을 보는 것과 비슷한 취급을 당할 위험이 있지만 『나르치스와 골드문트』를 읽고 있다면 교양인으로 칭송받을 수 있는 것이다. 미셸 우엘베크의『소립자』는『나르치스와 골드문트』와 같은 지위에 있다. 제목만 봐도 기초 과학서 같고 그렇지 않나. 다만 이 책은 제목만 봐서는 내용과 인물을 도저히 짐작할 수 없다는 강력한 특징이 있다.『소립자』라는 제목은 물리학적 최소 단위 개념이기도 하지만 철저하게 분리되어 고독하게 살아야 하는 인간의 운명을 뜻하기도 한다.

1958년에 태어난 현대 프랑스 작가 미셸 우엘베크는 대부분의 작품에서 여성 육체에 대한 저속한 묘사, 외설성으로 인해서 여성 혐오자라는 낙인이 찍힌 작가다. 그럴 만도 한 것이 그의 소설에는 소아성애, 윤락, 동성애 혐오, 근친상간, 섹스 관광 등 성과 관련된 거의 모든 논쟁이 담겨 있다. 우엘베크의 작품에서 묘사된 여성의 육체는 포르노 영화배우의 몸과 마찬가지로 철저히 남성 중심 시각에서 대상화된다. 더욱이 그의 작품에 나오는 성행위 장면은 사랑이 아닌 오로지 욕구 충족만을 의미하는 경우가 많다. 한마디로 여성을 남성의 욕구 충족 대상으로 전락시킨다. 이뿐만 아니라 이슬람교에 대한 혐오적인 표현을 그대로 드러냄으로써 끝없는 소송에 휘말리기도 했는데 일각에서는 책 판매를 위해서 일부러 노이즈 마케팅을 일으켰다는 비난을 사기도 했다.

그의 두 번째 소설『소립자』에도 남자 주인공의 문제적 성향이 확연히 드러난다. 주인공 브뤼노는 성적 강박증으로 지하철 안에서 자위하고 일상적으로 매춘부를 찾으며 연인과 스와핑 클럽을 전전한다. 그럼에도 내가 『소립자』가 내 책장에 남길 바라는 이유는 상당 부분 다음 문단 때문이다.

> 희생과 애정으로 평생 일하고 성실하게 일하는 사람들, 말 그대로 자신의 인생을 희생과 애정의 정신으로 타인에게 헌정한 사람들, 그러나 또 한편으로는 자신을 희생한다는 생각을 품지 않는 사람들, 희생과 애정의 정신으로 다른 사람에게 자기 삶을 바치는 것 말고는 다른 삶의 방식을 생각하지 않는 사람들. 사실 이런 사람들은 대부분 여성이었다.

내가 위 구절을 인상 깊다고 말한 이유가 현대 여성도 1956년생인 우엘베크가 묘사한 이 소설의 여성들처럼 희생하면 좋겠다는 뜻에서는 아니다. 그가 존경을 표한, 자신이 이타적이라는 생각도 하지 않는 여성상은 더 이상 권장되지 않는다. 당연하다. 누군가의 희생을 어떻게 마냥 좋게 말할 수 있겠는가. 다만 나는 내가 지금 누리고 있는 삶이 그런 분들, 특히 그런 여성들 덕분이었음을 기억하고 있으며, 이후 세대의 삶이 현재보다 조금 더 나아진다면 그것 역시 현시대의 그런 '사람'들 덕분이라는 점을 잊고 싶지 않다는 말이다.

위 구절은 『소립자』의 또 다른 주인공 제르진스키의 할머니를 통해서 발견한, 당대 여성이 지녀야 했던 이타주의 성향을 상징하며 동시에 우엘베크가 생각하는 여성상을 대표한다. 그의 가정사와 연결할 수 있는 대목이기에 어쩌면 더 마음에 와닿았는지도 모른다. 『소립자』에는 우엘베크의 가정사가 꽤 반영되었는데 소설 속 제르진스키처럼 우엘베크도 부모가 이혼한 후 할머니 슬하에서 자랐다. 제르진스키의 할머니에 대한 소회는 자기 경험을 토대로 한 진심이 담겨 있다고 짐작해볼 수 있다. 소설 속 제르진스키처럼 우엘베크에게 여성이란 할머니처럼 자기를 희생하고, 도덕의식이 투철한 데다, 타인을 사랑하고 공감하는 능력이 남성보다 우월한 존재다. 이런 여성성이 소위 남성성을 기반으로 한 약육강식과 욕구 충족의 문제를 해결할 수 있다고 생각하는 것이다.

물론 이러한 접근도 여전히 많은 논란을 낳을 수 있다는 점을 인지하고 있다. 그럼에도 불구하고 많은 사람이 『소립자』야말로 최근 30년 동안 출간된 프랑스 소설 중에서 가장 파격적이며 걸작이라고 평가한다. 여러 논란을 낳은 고수위 성행위 묘사는 전체 스토리텔링에 필요한 일부에 불과하고 인간 문명과 종교 그리고 인생에 대한 통찰이 가득해 영화감독 박찬욱을 비롯한 많은 지성인이 추천하고 있다. 괜히 21세기 고전 후보에 오를 만한 소설이라고 칭송받는 것이 아니다.

다음으로 내가 『소립자』에서 주목한 부분은 학교 폭력에 관한 이야기였다. 아마도 내 직업이 교사인 탓인 듯하다. 1968년으로 설정된 주인공 브뤼노의 학교 폭력 피해 사건은 요즘 우리나라 사정과 놀랍도록 흡사하다. 화장실에서 알몸에 똥 칠갑을 당한 채 발견된 브뤼노는 많은 학교 폭력 피해자처럼 가해자의 이름을 밝히지 않는다. 자기 부모에게조차 피해 사실을 끝내 말하지 않는다.

우엘베크는 학교 폭력 문제를 강자가 약자를 지배하는 동물 사회에 널리 퍼져 있는 현상이라고 말한다. 그에 따르면 몇몇 동물 사회에서는 지배를 넘어 별다른 이유 없이 가혹 행위를 하는 경우가 발생하는데 이런 현상은 침팬지 사회에서 서서히 조짐이 나타나다가 원시 인간 사회에서 극대화된다. 이는 인간 사회가 진화해도 마찬가지다. 아동과 청소년 세계에서는 원시 사회에서나 볼 수 있는 현상이 일어난다. 연민, 즉 타인의 아픔을 자신의 아픔으로 여기는 현상은 어른이 되어서야 나타나게 된다는 것이 우엘베크의 진단이다. 말하자면 인간은 생존하기 위해서 폭력을 행사하기도 하지만, 단지 재미를 위해서도 폭력을 가한다는 것이다. 간혹 학교에서 잔혹한 폭력이 일어나는 이유가 여기에 있다.

브뤼노가 폭력을 당한 기숙사의 사감을 통해서 우리는 우엘베크의 인간에 대한 중요한 통찰을 엿볼 수 있다. 사감은 모름지기 사람이란 법률의 제약 없이도 선하게 행동할 수도 있다는 생각이 헛되다고 판단해 부임 이후 죽 규정으로 학생들을 통제해 자신을 두려운 존재로 인식시켰다. 그는 학생들이 어떤 행동을 하더라도 처벌하지 않는 존재로 인식되는 것을 허락하지 않았다. 브뤼노가 당한 폭력 사건을 철저하게 조사하고 가해 학생들에게 엄격한 처벌을 내린 것이다.

  우엘베크는 브뤼노가 당한 학교 폭력 사건을 통해 인간은 법의 통제를 받아야 죄를 저지르지 않는 존재라고 말하고 있으며, 이는 작가가 서구 사회를, 철저하게 약육강식의 논리가 지배하는 체제라고 생각했기 때문이기도 하다. 그는 인간이란 존재는 마치 야생의 법칙이 지배하는 정글처럼 포식자가 지배하는 동물성이 있으며, 심지어 자연계에서도 흔치 않은 동종 살해까지 자행하는 종이라고 생각한다. 무질서하고 야만적인 인간 사회를 인도주의적인 세상으로 만들기 위해서는 법률, 도덕, 질서가 필요하다는 것이다. 이런 측면에서 타인 연민이 부족하며 폭력성이 절정기에 이른 청소년의 행동을 통제하기 위해서는 반드시 규칙이 필요하다는 결론에 이른다. 물론 아이들이 언제나 통제 대상이 되어야 한다는 뜻이 아니라 꼭 필요한 때가 있다는 말이다.

  요즘 부모들이 골치 아프게 생각하는 휴대전화 사용 문제를 생각해보자. 부모가 자식을 믿고 아이들의 자율에 맡겨두면 아이들은 휴대전화를 오남용하기 쉽다. 특정한 시간과 장소를 지정하여 그 틀 속에서 사용하도록 하는 편이 좋지, 막연하게 휴대전화 사용을 줄이도록 훈계하거나 조언하는 것은 그다지 실효성이 없다. 자신의 가치관을 확립하기 어려운 혼란의 시기를 보내는 청소년이 어른들이 체감하는 가치를 받아들이도록 하기 위해서는 규칙을 세밀하게 설정하고 그것을 준수하도록 하면서 양자가 소통하는 방법이 최선일 때가 많다.

구성원이 어떤 잘못을 해도 너그럽게 넘어가고 별다른 제재를 하지 않는다면 결국 그 조직은 와해할 확률이 높다. 가령, 출근 시간이 오전 8시로 정해져 있는데 8시 3분에 출근한 직원이 겨우 3분 지각했을 뿐이니 지각 처리를 하면 너무 가혹하지 않으냐고 항의할 수 있다. 이런 경우 항의를 받아들여 지각 처리를 하지 않는다면 8시 5분, 8시 10분에 출근한 직원도 지각 처리를 할 수 없다. 이렇게 되면 회사는 질서가 없는 상태로 전락할 것이다.

미셸 우엘베크와 『소립자』가 많은 논쟁거리를 안고 있음에도 내가 흥미를 느끼는 지점이 바로 이것이다. 변태적이라고 느껴질 정도로 높은 수위의 성행위 묘사, 여성을 단지 성적 대상으로 여기는 듯한 내용, 특정 종교에 대한 배타적인 자세를 담고 있으면서도 궁극적으로 독자에게 전하고자 하는 메시지나 이야기가 그리 단순하지만은 않다.

『소립자』는 한 번 읽고 7년 뒤 다시 읽을 만큼 재미있었고, 나머지 그의 저작들도 모두 읽고 싶어졌다. 허겁지겁 그의 다른 작품을 모두 온라인 서점 장바구니에 담아두고, 결제를 며칠 미루었다. 만만치 않은 책값에 구매를 잠시 망설인 게 얼마나 다행이었는지 모른다. 며칠 뒤 서재를 정리하다가 우엘베크의 나머지 저작들을 발견했기 때문이다. 단 한 권도 빠짐없이 그 책들이 내 서재 구석에서 잠자고 있었다. 어찌나 성실하게 우엘베크의 책을 한 권 한 권 갖춰놓았는지 책 수집에 관한 나의 꼼꼼함에 감탄하게 되었다. 또한 이런 나의 욕심으로 집 안의 가장 큰 방을 내어준, 우리 가족의 희생과 애정에 새삼 감사를 표하고 싶다. 내 삶이 조금씩 나아진 것도 모두 당신들 덕분임을 결코 잊지 않는다.

소소한 한마디

"모든 조직이 제대로 굴러가기 위해서는
규칙이 지켜져야 한다."

철학의 즐거움 민병산 · 신구문화사 · 1990

확실한 행복을
얻고 싶을 때

오프라인이든 온라인이든 헌책방 순례는 즐겁다. 어린 시절 즐겼던 보물찾기 놀이를 하는 기분이다. 언제 어디서 보물을 만나게 될지 모른다는 기대감에 설렌다. 그런데 헌책방 순례를 하다 보면 슬플 때가 있다. 오랫동안 구하려고 애썼던 책을 눈앞에서 다른 사람이 먼저 사 가거나, 너무 비싸서 차마 지갑을 열 수 없을 때다. 20년 전, 모든 헌책 수집가의 로망이었던 김구 선생의 자필 서명본을 발견했는데 내가 감당할 수 없을 만큼 비싸서 사지 못한 순간이 잊히지 않는다. 지금은 가격이 몇 배 더 올라서 훨씬 더 속상하다.

가장 슬픈 순간은 결코 헌책방 시장에 나와서는 안 되는 책을 발견하는 경우다. 내 서재에는 저자가 힘든 나날에 위로와 도움을 주었던 이에게 구구절절 감사의 마음을 담아 쓴 글이 있는 서명본이 있었다. 마치 다른 사람의 소중한 추억을 빼앗은 죄책감이 들 정도여서 아마도 나는 그 책을 처분한 듯하다. 자필 서명본을 받은 사람이 인터넷에서 쉽게 신원을 확인할 수 있을 만큼 유명한 인사인 경우도 있다. 저자가 부부 이름을 공손히 써서 증정한 서명본도 그렇다. 자필 서명본이 아니더라도 책 주인이 수십 년 동안 매만진 흔적이 역력한 책도 그렇다.

한 지인은 겨우 마흔에 시한부 선고를 받고 마지막으로 자신의 병세를 알지 못하는 부모를 찾아 아버지가 평생 보고 또 보았던 국어사전을 수리해주고 밤 기차를 타고 다시 떠났다고 한다. 몇 달 뒤면 세상을 떠날 아들이 정성껏 수리한 아버지의 국어사전이 헌책방에 나왔다고 생각해보라. 그 국어사전의 사연을 알지 못하는 사람일지라도 한눈에 누군가의 반려 책이었다는 것을 눈치챌 것이다.

나 또한 반려 책이 있다. 책 수집의 시작을 알린 윤구병 선생의 『숨어사는 외톨박이』, 첫사랑과 처음 손을 잡았을 때의 설렘을 그대로 느끼게 해주었던 이윤기 선생의 『하늘의 문』, 너무 재미나서 판본별로 사들였던 조지수 선생의 『나스타샤』 등. 그리고 저자의 유족에게서 받은 민병산 선생의 『철학의 즐거움』과 과거 영어 공부의 바이블이었던 『성문종합영어』도 절대로 헌책방에 가서는 안 되는 책들이다. 『철학의 즐거움』과 『성문종합영어』는 모두 2021년에 내가 낸 『그래봤자 책, 그래도 책』과 관련된 인연으로 받았다. 『성문종합영어』의 저자 송성문 선생은 자신이 성문출판사를 차리고 성문 시리즈를 내 평생 번 돈으로 문화재를 수집하여 국립박물관에 기증한 분이다.

『그래봤자 책, 그래도 책』에는 송성문 선생의 아름다운 일화와 그분이 남기신 시가 수록되어 있는데 모두 그분의 장남 송철 선생이 도와주고 양해해준 덕분이다. 고등학교 시절, 마치 다른 세상에 있는 분처럼 느꼈던 송성문 선생의 시를 내가 쓴 책에 담았다는 감격을 무엇과 비교할까. 송철 선생은 여전히 출간 및 판매하고 있는 부친의 대표작에 정성스럽게 서명해서 보내주셨다. 그리고 충청도 대부호의 아들로 태어나 평생 책, 바둑, 저술, 이웃과 함께한 거리의 철학자이자 한국의 디오게네스로 불린 민병산 선생의 유고 산문집 『철학의 즐거움』에는 양아들인 민영기 선생의 정성스러운 서명이 담겨 있다. 민영기 선생은 『철학의 즐거움』에 서명을 해주셨을 뿐만 아니라 서예에 조예가 깊었던 민병산 선생의 붓글씨 작품을 감사하게도 나에게 선물하셨다.

민병산 선생은 대체 누구였을까? 선생은 잘생기지도, 권력가이지도, 지도자를 자처하지도 않았지만, 성품이 겸손하여 모두에게 존대했고 술 한잔 못 하면서도 스스럼없이 술자리에 끼어 당신만의 필체로 가다듬은 붓글씨를 나눠 주는 일을 일상으로 삼았다. 1950년대 후반부터 1990년도에 이르기까지 고즈넉한 찻집과 기원에서 후배들을 앞에 두고 혼탁한 시대를 살아갈 철학적인 조언을 들려주어서 수많은 문인, 화가, 책방 주인, 나그네들까지 제자이기를 간청하신 분이기도 했다. 『철학의 즐거움』은 선생이 세상을 떠난 지 2주기인 1990년 생전 선생을 존경하던 사람들이 뜻을 모아 선생이 남긴 철학, 바둑과 붓글씨, 인생론, 국가론에 대한 글을 집대성한 책이다.

『철학의 즐거움』을 살펴보다가 깜짝 놀란 것은 이 책이 출간 3년 만에 재쇄를 찍었다는 사실이다. 비록 신경림을 비롯한 당대 문인이나 출판업자들과 교류가 깊었지만, 세상 사람들이 다 아는 유명인이 아닌 사람의 유고집이 3년에 걸쳐 꾸준히 판매되었다는 것은 민병산 선생을 흠모하고 존경한 독자가 그만큼 많았다는 것을 증명한다. 1990년에 출간되었지만, 수록된 글 대부분은 1960년대에 쓴 것인데 읽을수록 선생의 지성과 유머 그리고 통찰이 돋보인다. 민병산 선생은 대학교에 적을 두었을 뿐 학교에 거의 나가지 않았고 독서와 주변 사람과의 교류를 통해서 인격을 성장시킨 것이며 『철학의 즐거움』은 누구의 직접적인 가르침이나 도움 없이 오로지 독서에 의한 결과물임을 고려하면 더욱 놀라운 저작이 아닐 수 없다.

눈에 띄는 통찰을 말해보자면 우선 한반도의 모습을 토끼의 모양으로 보는 시각은 일본이 우리의 의지를 억압하기 위한 술책으로 나왔으며 원래 우리 조상은 이 땅의 윤곽을 도약하는 호랑이로 보아왔다고 지적한 부분을 짚어야겠다. 1960년에 한 말이라고는 도저히 믿기지 않는다. 나는 1970~1980년대에 걸쳐 초중등 교육을 받았는데 줄곧 선생님들은 우리나라는 토끼처럼 생겨서 강대국의 좋은 먹잇감에 불과하며 조선 사람은 3일에 한 번씩 두들겨 맞아야 말을 듣는다고 세뇌하다시피 했기 때문이다. 학창 시절 내내 이스라엘과 일본 그리고 서양 선진국은 늘 배우고 본받아야 하는 대상이며 우리 민족은 열등하고 무질서하며 매로 다스려야 한다고 배우지 않고 민병산 선생과 같은 분께 가르침을 받았다면 좀 더 빨리 세상을 바르게 보는 눈을 키우지 않았을까.

억압당하는 계급의 비애와 인고를 상징하는 고려청자의 비색이 조선에 이르러 현실주의적인 주자학의 영향으로 보수적인 색깔인 백자로 변신하였다는 이야기도 흥미롭고, 서양과 동양의 가옥 구조를 설명하면서 서양의 문^{door}은 개인을 단위로 하여 개인의 룸이 사회와 연결되어 있고 우리의 대문은 가족을 단위로 하여 가정과 사회를 격리한다는 대목도 재미있다. 그러나 이런 사회적인 맥락의 접근보다는 민병산 선생의 개인적인 이야기에 더욱 공감하게 되었다.

1973년 〈세대〉라는 잡지에 기고한 글에 따르면 민병산 선생은 당시까지 13년 동안 여러 잡지에 대략 200편의 글을 발표했으며 이 모두가 편집자가 제목, 분량, 기한을 정해준 것이었다. 거창한 사회적 지위가 없는 한 독서가에게 13년 동안 끊임없이 원고 발표의 기회가 주어진 것은 뭇사람이 보면 행운이겠지만 선생은 삶을 되돌아보게 하는 동기로 여겼다. 민병산 선생은 원고료의 많고 적음을 따질 수 없는 빈곤한 처지의 저자로서 글을 기고하는 동안 자기만의 원칙을 정했다. 우선 언제라도 출판사와 연락이 닿아야 하고, 마감을 철저히 지킨다는 것이었다. 이에 더해, 편집자가 수정을 요구해도 가타부타 항의하지 않으며, 제목에 대해서도 웬만하면 수긍하고, 특출하지 않지만 제법 상식적이고 무난한 의견을 내는 것도 포함된다. 13년간 일감이 끊이지 않았던 비결이 이런 방법으로 편집자의 시중을 들어주었기에 가능했다는 설명이다.

여기까지 쓰고 보니 완전히 내 이야기 같다. 나도 민병산 선생처럼 거창한 직함이 없는 그저 평범한 독서가 주제에 2011년 첫 책 『오래된 새 책』을 낸 이후로 일일이 거명하기 어려울 정도로 많은 매체에 기고하고 연재했으며 무려 열여섯 권의 책을 냈다. 지금도 중앙 일간지에 3년째 칼럼을 연재 중이다. 나는 민병산 선생과 같은 이유로 특별한 성과가 없이 13년째 저자로서의 생명을 유지하고 있다. 민병산 선생과 내가 다양한 매체에 글을 파는 유랑자 또는 편집자의 시중 노릇을 하게 된 것은 순전히 전문 분야가 없기 때문이다. 이 글을 쓰는 이 순간에도 내 신문 칼럼 담당자는 '낙하산 글'이 있어서 이번 달에 실릴 내 글이 다음 달로 미뤄졌다는 메일을 보내왔다. 메일을 읽어본 나는 '아! 낙하산 인사만 있는 줄 알았는데 낙하산 글도 있구나'라며 감탄만 할 뿐 '이런 법이 어딨소?'라고 따지는 답장을 보내지 않는다.

민병산 선생이 어린 시절부터 철학과 역사서를 많이 읽었듯이 나도 역사와 문학을 많이 읽었다. 독서 취향은 뚜렷했다. 그러나 취향을 전문이라고 주장할 수도 없고 인정받을 수도 없다. 전문은 국가나 사회로부터 그 분야에 관한 위촉을 받을 만큼 공공성을 확보하거나 변호사만큼 번듯하지는 않더라도 나름의 사회적 직위를 얻어서 간판을 내걸 수 있어야 한다. 민병산 선생이 말한 것처럼 헌법, 고고학, 의상 디자이너와 같은 전문가 직함이 없으면 나는 편집자나 출판사로부터 '그냥 책을 좋아하는 사람, 어떻게든 그럭저럭 글을 만들어내는 사람'이라는 이미지에서 벗어날 수가 없다. 앞으로 아무리 글을 많이 써도 나의 글쓰기는 그저 취미에 불과한 것이다. 민병산 선생이 선택한 전문가의 길은 전기 책 수집이었다. 청소년 자기계발에 도움이 되며, 사람들이 그리 몰리지 않는 분야이고, 남의 영토에 침범하지 않는다는 이유를 들었다. 과연 민병산 선생의 혜안은 적중했다. 현재 출판이나 글쓰기 분야에서 전문가의 책이 주목받지 않는가.

나처럼 '그저 나쁘지 않은 결과물을 꾸역꾸역 만들어내는 사람'이 아닌 사회적으로 비약을 하려면 보편적인 것보다는 전문적인 것을 추구해야 한다. 너무 늦기 전에 "집중해라! 그게 싫으면 일찌

감치 죽어버리라"라는 쥘 미슐레의 경고를 귀담아들어야 한다.

민병산 선생은 여러 분야에서 활동했지만 역시 본업은 철학자다. 선생의 유고 산문집 제목이 『철학의 즐거움』인 이유가 여기에 있다. 민병산 선생은 형이상학적인 사유에 머물지 않고 생활에서 실천할 수 있는 철학을 논했다. 그가 말하는 행복론도 생활 철학에서 기인한다. 한 시대의 풍속과 도덕은 그 당시 사람들이 '행복'에 대해서 생각하는 이미지에 따라 움직이는 법이라는 선생의 진단은 참으로 명쾌하고 정확하다. 선생이 관찰한 1968년 우리나라 사람들이 생각한 행복의 기준은 다분히 자기중심적이고 '외부화'를 추구한다. 개인적인 쾌락과 "다른 사람보다 더 많이"를 좇는다는 뜻인데 2025년 현재와 별다른 것이 없다. 외부를 향한 이런저런 쾌락에 의해 스스로 포위되었다는 것이 민병산 선생의 생각이다. 지나치게 자기중심적인 행복은 오히려 자아의 위축을 초래하며 외부적인 향락, 즉 남에게 자랑하기 위한 행복 추구는 자기 몸과 마음을 위축시키는 결과를 만든다는 것이다. 사람을 가장 행복하게 만드는 것은 타인을 배려하고 봉사하는 활동에서 비롯된다는 행복 심리학자의 말을 굳이 빌리지 않더라도 과시하고 자기중심적인 태도는 사람을 더욱 피폐하게 만들 뿐임은 누구나 인정하는 진리다.

단테의 『신곡』에 나오는 지옥에서는 폭력을 저지른 자들이 벌을 받고 있다. 사람을 죽이고 상처를 입히며 시설을 파괴한 사람

뿐만 아니라 자신과 자기 재산을 낭비한 사람도 지옥에서 영원한 고통을 받는다. 단테가 생각하기에 재산을 낭비하고 사치하는 것은 자신에게 가하는 폭력이며 결국 불행해질 수밖에 없다. 민병산 선생이 지적한 1968년이나 현재 우리가 좇는 물질적이고 과시적인 행복은 하늘이 원치 않는 경향이며 우리에게 진정한 행복을 가져다주지도 않는다.

그렇다면 민병산 선생이 생각하는 확실히 아름다운 미래를 가져다주는 행복은 어떤 태도에서 만들어질까? 우리가 사는 세상이 누구 한 사람의 것이 아닌 모든 사람이 더불어 사는 곳이라고 생각하고 이에 필요한 일을 실천하는 것이다. 좀 더 쉽게 말하면 타인을 배려하고 봉사하는 삶이다.

소소한 한마디

"자신만의 전문 분야를 찾아
갈고닦아야 한다."

파르마의 수도원 스탕달 · 원윤수 임미경 옮김 · 민음사 · 2001

타인의 불행과
마주했을 때

나는 "하나를 보면 열을 안다"라는 격언을 철저하게 독서에 적용하는 독자다. 즉 한 작가의 한 권을 읽고 좋다 싶으면 그 작가의 전작을 모두 사버려야 직성이 풀린다. 지금까지 이 신념을 꾸준히 적용해왔고 실망한 경우는 드물었다. 스탕달의 『적과 흑』을 너무 재미나게 읽어서 국내에 번역된 모든 작품을 구매했더랬다. 아무래도 『적과 흑』과 비견될 만큼 유명한 작품이 『파르마의 수도원』이라서 서둘러 읽었다. 생각보다 이 책을 완독하는 데에는 꽤 긴 시간이 걸렸다. 『적과 흑』의 아류작을 읽는 듯한 느낌도 잠시 들었다. 『파르마의 수도원』과 『적과 흑』은 공통 분모가 너무 많았기 때문이다. 완독에 꽤 긴 시간을 투자한 것도 이런 이유 때문이다.

우선 이 두 소설은 주인공이 역사에 남을 만한 미남으로 설정되어 있다. 『적과 흑』의 주인공 쥘리앵과 『파르마의 수도원』의 주인공 파브리스는 모두 순정 만화에 나올 법한 미소년으로 자라면서 뭇 여성의 선망 대상이었다. 제재소 막내아들이라는 미천한 신분이었지만 쥘리앵은 신분을 초월하여 귀족 여성들과 사랑을 나누며, 파브리스는 급기야 절세미인인 고모의 추앙과 후원을 누린다. 얼마나 잘생겼으면 고모가 조카에게 반해서 짝사랑하겠는가. 두 주인공은 금지된 사랑을 시도하다가 비극적인 결말을 맞이한다는 점도 같다. 쥘리앵은 귀족 유부녀를 유혹하고 사랑을 나누다가, 파브리스는 애인이 있는 배우를 유혹하다가 돌이킬 수 없는 위기에 처한다. 게다가 파브리스는 가톨릭 성직자 신분으로 여인을 사랑하며 나아가 유부녀인 클렐리아와의 사이에서 자식까지 낳는다.

이 미남 주인공들의 또 다른 공통점은 당대의 영웅 나폴레옹을 추앙한다는 점이다. 신분이 하찮은 쥘리앵은 비록 시작은 미미하였으나 창대한 성공을 이룬 나폴레옹을 흠모한다. 나폴레옹을 원수로 여기는 귀족 사회에서 발을 디디고 아등바등하면서도 그는 남몰래 나폴레옹을 추앙하고 그의 전기를 신줏단지 모시듯 간직한다. 이 당시 서민 가문 출신의 야심 찬 청년에게 나폴레옹은 그야말로 이상적인 롤모델이기는 했지만, 쥘리앵은 나폴레옹의 추종자인 것이 발각된다면 한순간에 자신의 인생이 나락으로 갈 수 있는 위험을 아랑곳하지 않는다.『파르마의 수도원』의 주인공 파브리스는 한술 더 떠서 신분과 나이를 속이고 나폴레옹 군대에 입대하여 워털루 전투에 참전한다. 비록 그의 무모한 참전은 패배와 환멸로 점철되었고 결국 군인의 길을 포기하기에 이르지만 말이다.

무엇보다『파르마의 수도원』과『적과 흑』이 공유하는 가장 중요한 설정은 종교적 원칙이나 도덕적 우월함이 없이 오직 출세나 욕구를 추구한 두 주인공이 결국 감옥에 갇히고 사형될 운명에 처한다는 것이다. 대부분 독자는 이 두 소설이 야망과 사랑의 소설로 마감되기를 기대하겠지만 결말은 감옥의 소설로 변신한다.

『파르마의 수도원』의 주인공 파브리스는 대주교의 보좌 주교라는 성직자 신분이면서 애인이 있는 배우와 사랑에 빠졌다가 결국 연적을 살해한 혐의로 한번 갇히면 죽어서야 나올 수 있다는 교도소 독방에 갇힌다. 이 두 소설에서 감옥은 주인공들이 살아온 궤적에 대한 일종의 심판 장소라고 할 수 있는데『파르마의 수도원』이 묘사한 감옥의 면면은 가혹하기 그지없다.

파브리스가 갇힌 감옥은 한 걸음을 옮겨도 벽과 마주했고 천장은 손만 뻗으면 닿을 듯 낮아서 죄수들은 마음대로 일어서거나 앉지도 못한다. 게다가 하루 200그램의 빵으로 연명해야 하며 무거운 쇠사슬에 묶여 지내야 한다. 더욱 가혹하게도 매주 금요일은 하루 종일 굶어야 한다. 파브리스를 사랑하는 그의 고모는 그를 탈옥시키기 위해서 모종의 음모를 꾸며 감옥지기이자 대공인 파비오 콘티에게 독약이나 다름없는 약을 먹여 사경에 빠트린다. 결국 파브리스는 탈옥에 성공하지만 감옥지기 파비오 콘티가 간신히 건강을 회복하면서 나를 포함한 그 어떤 독자들도 예상치 못한 상황이 전개된다. 이 장면 하나만으로 나는 『파르마의 수도원』을 인생을 바꾼 책 중의 하나라고 여기게 되었다. 단순히 책 한 권을 시간 가는 줄 모르고 재미나고 감동적으로 읽었다는 차원이 아니라 삶의 방식과 태도를 바꾸게 된 계기가 되었다는 뜻이다.

파비오 콘티는 꿈속에서조차 자신이 감시하는 죄수 한 명이 탈옥하는 일을 겪을 정도로 평소 수감자들을 혹독하게 다루고 감시하는 사람이었다. 그토록 증오하던 감옥지기가 건강을 회복하자 죄수들은 실망 대신 십시일반 돈을 모아 감사 예배를 연다. 심지어 죄수 두세 명은 감옥지기를 위한 위로의 시를 쓰기도 했다. 타인의 불행을 삶의 가장 큰 낙으로 여기는 많은 사람은 좀처럼 이해하기 힘든 장면이다.

궁핍하고 불쌍한 사람들이 오히려 타인의 불행에 동정심을 가진 사례는 역사에서도 찾을 수 있다. 중세 유럽이 역병으로 고통받을 때 고아들을 입양한 사람이 누구였는지 아는가? 가난한 사람이었다. 민중사를 연구하는 학자들이 접하는 가장 충격적이고 중요하며 뚜렷한 민중의 특징은 가난하고 비참한 환경 속에서도 너그러운 마음과 착한 심성을 지켜왔다는 것이다. 자신도 불쌍하고 핍박받는 존재이면서도 자신보다 더 불쌍하고 큰 불행이 닥친 사람에 대한 연민과 희생을 보여주는 태도야말로 인간을 다른 동물과 구별되게 하는 가장 뚜렷한 특징이 아닐까?

많은 사람이 타인의 불행을 자기 행복으로 여긴다. 직장 생활을 하는 가장 큰 낙이 동료 뒷담화인 사람도 많다. 이는 가족이나 친족도 예외가 아니라는 것을 인생을 좀 살아본 사람이라면 누구나 인정한다. 언젠가 인터넷 한 커뮤니티에서 공익 신고를 취미라고 밝힌 사람을 보았다. 그는 한 달에 수백 건씩 주차 위반 차량을 행정안전부 신고 애플리케이션으로 신고한다고 한다. 이쯤 되면 취미라기보다는 직업에 가까울 지경이다. 물론 주차 위반은 타인에게 피해를 줄 수 있고 공공질서를 어지럽히는 행위다. 또 법과 원칙이 지배하는 현대 사회에서 법규를 위반한 사례를 그냥 넘기지 않고 적극적으로 신고하는 행위는 어떤 면에선 바람직해 보이기도 한다. 타인의 불법 행위를 억제하며 지방자치단체 재정에 미약하나마 기여를 한 셈 아닌가. 이 사람을 두고 많은 사람이 참 대단하다고 감탄하는 것도 이해가 된다. 그런데 한 사람이 홀연히 나타나 이런 댓글을 남겼다. "나도 건널목 같은 장소에 불법 주차한 차량을 보면 신고하고 싶다는 생각을 잠깐 한다. 그러나 그 행위가 나에게 어떤 업보로 다가올지 두려워 그렇게 하지 않는다." 한 달에 수백 건씩 불법 주차 차량을 신고하는 사람도, 불법 주차한 차량을 보고도 굳이 타인에게 해코지하지 않겠다고 생각하는 사람도 특별히 비난할 것까지는 없다. 각자 나름의 인생관에 따라 처신한 것이다.

다만 나는 타인의 불법 주차를 신고함으로써 자신에게 어떤 액운이 닥칠 것으로 생각한 댓글을 보고 이 사람은 정말 타인에게 조금의 해코지를 하지 않는, 법 없이도 살 수 있는 사람이겠다는 생각을 하게 되었다. 타인의 불행을 내심 고소해하고, 공공연히 그 일을 이야기하면서 즐거워하거나 타인에 대한 뒷담화를 즐기는 것은 보통 사람이 가지고 있는 특별한 것 없는 속성이다. 나도 예외는 아니다.

『파르마의 수도원』에서 수감자들은 그런 면에서 달랐다. 자신들을 혹독하게 다뤘던 감옥지기의 불행을 자신의 것으로 여기고 그의 회복을 진심으로 기원하는 모습을 보면서 나는 동료들의 뒷담화 대열에 동참하는 것이 왠지 더욱 꺼려지기 시작했다.

나는 우리가 사는 현대는 과학과 합리적 사고에 의해서 유지되고 발전된다고 확신한다. 초자연적인 절대자나 사후 세계가 있다고 믿지도 않는다. 그러나 나 역시 죽음이라는 운명을 두려워하고, 초자연적인 행운을 은근히 기대하면서 사는 인간인지라 종종 과학적으로 설명할 수 없는 보이지 않는 힘이 존재한다고 믿을 때가 있다. 그 대표적인 경우가 바로 타인을 비방하고, 타인의 불행을 나의 행복으로 여긴다면 바로 나 자신에게 똑같은 불행이 닥친다고 믿는 것이다. 내가 타인에게 해코지하면 나도 언젠가는 똑같이 해코지당한다고 믿는다. 실제로 나는 살아오면서 이런 경우를 자주 겪었기에 가끔이라도 동료들의 뒷담화에 끼어들기라도 하면 범죄를 저지른 듯한 죄책감이 든다.『삼국지』에 나오는 조조는 막강한 권력을 얻자, 허울만 남고 아무런 권력이 없는 한나라 왕실을 마치 자기 신하처럼 함부로 대하고 구박한 끝에 위나라를 세웠다. 조조는 미처 알지 못했다. 자기 신하였던 사마의의 후손이 힘이 빠진 위나라 왕실에 조조가 한나라 왕실에 가한 것보다 더 큰 모욕을 가하게 되리라는 것을 말이다.

 사람들은 왜 종종 타인의 행복을 진심으로 축하하지 않고, 타인의 불행을 즐기는 것일까? 아마도 이런 처신은 자신이 가지지 못한 행복이나 행운을 누리는 타인을 질투해서가 아닐까? 자신은 타인처럼 행복하지 못하다는 사실이 불안하며 그 불안감을 겉으로 표출하는 것은 아닐까? 그렇다. 타인의 불행을 좋아하는 사람은 자신이 행복하지 않은 경우가 많다. 자신이 행복하지 않은 사람은 자신의 불행을 함께할 동반자를 간절히 원하기 때문에 타인의 불행을 그토록 즐기는 것이다. 불행은 동반자를 좋아한다고 하지 않는가? 누군가 우리 앞에서 타인을 비방하고 타인의 불행을 고소해한다면 그 사람은 자신과 함께 불행해질 사람을 찾는다고 보고 배가 암초를 피하듯 멀리해야 한다.

 우리가 좀 더 행복해지기 위해서는 타인을 비방하고 타인의 불행을 진심으로 연민하지 않은 사람으로부터 멀어져야 한다. 타인의 행복을 진심으로 축하하고 타인의 불행을 나의 불행으로 여기는 사람을 가능한 한 많이 곁에 두어야 한다. 우리가 흔히 말하는 지식인은 많이 배우고 많이 아는 사람을 의미하지 않는다. 타인의 불행을 나의 불행으로, 사회의 불행을 나의 불행으로 여기는 사람이 지식인이다.

> **소소한 한마디**
>
> "결코 타인의 불행을
> 즐기지 마라."

크라센의 읽기 혁명 스티븐 크라센 · 조경숙 옮김 · 르네상스 · 2013

재미있게 영어 공부
하고 싶을 때

딸아이는 직장에서 제공하는 복지지원비로 헬스클럽과 전화 영어 학습을 등록했다. 사회 초년생인 딸은 직장 생활이 녹록지 않은지 거의 무료로 먹을 수 있는 회사 식당을 마다하고 집에 와서 저녁을 먹는다. 회사에서 저녁 먹을 시간에 집에 일찍 가서 쉬고 싶다는 뜻이다. 그런데도 그 귀중한 자유 시간을 쪼개서 원어민과 전화로 영어 공부를 하는 걸 보면 취직해서도 영어 공부에 대한 필요성이 절실한 모양이다. 영어 때문에 고군분투하는 아이에게 추천하고 싶은 책이 있다. 『크라센의 읽기 혁명』이다.

영문학을 전공한 나는 학부 시절 셰익스피어 강의를 지겹도록 들었다. 학부를 졸업하고 10년 뒤 입학한 대학원 영어교육과에서는 스티븐 크라센이라는 이름이 무한 반복됐다. 최근 이분에 대한 정보를 알고 싶어서 포털에서 검색했더니 인물 정보보다 이분의 이름을 딴 영어 학원 목록이 주르르 떠서 놀랐다. 확실히 요즘 영어 습득 이론의 대세로 자리 잡은 인물이라고 봐야겠다.

대학원 시절에 이분의 영어 교육 이론은 사실 시험을 치르기 위한 용도여서 따분하고 지루하다고 생각했다. 그런데『크라센의 읽기 혁명』은 중학생 수준이면 누구나 읽을 수 있을 만큼 쉽고 명료하다. 한마디로 외국어 습득을 하기 위해서는 책을 읽고 나서 아무것도 하지 않는 자율 독서가 최선이라는 주장을 피력하는 책이다. 영어로 쓰인 책을 내키는 대로 골라 읽는 것이 가장 효율적인 영어 공부법이라고 주장한다. 영어를 수학처럼 공부하는 학생이 많다. 수학 공식 암기하듯이 영어 단어와 문법 규칙을 암기한다. 크라센에 따르면 언어는 자연스럽게 습득하는 것이지 수학처럼 의도적으로 노력해서 학습하는 것이 아니다.『크라센의 읽기 혁명』은 영어를 잘하기 위해서는 자유롭게 영어책을 많이 읽으라는 주장을 담은 책이며 영어책을 더 많이 읽기 위해서는 어떤 환경을 조성해야 하는지 자세한 방법을 안내한다. 따라서 이 책은 영어 습득뿐만 아니라 독서법으로 고민하는 사람을 위한 해답서로 읽힐 수도 있다.

영어책이든 우리말로 된 책이든 본인이 좋아하고 재미를 느끼는 책을 많이 읽으면 좋다는 것은 알겠는데 문제는 어떻게 책에 접근하느냐다. 다독하다 보면 글도 잘 쓰게 되는 것은 자명한 이치니 『크라센의 읽기 혁명』은 영어 잘하는 방법, 책을 많이 읽는 방법, 글을 잘 쓰는 방법을 아우르는 책이다. 내 아이가 좀 더 많은 책을 읽으면 좋겠다는 부모에게도 이 책은 큰 도움이 된다.

우선 책을 많이 읽기 위해서는 집에 책이 많아야 한다. 독서를 많이 하는 아이는 반드시 집에 책이 많다. 어린 시절 동화책 읽는 것을 좋아했던 내 딸아이는 중고등학생이 되면서 입시에 시달리느라 독서를 게을리하는 듯 보였다. 집에 오면 제 방에 틀어박혀 공부하기 바쁘니 산더미처럼 책이 쌓인 내 서재에 들어올 시간조차 없었을 것이다. 그렇다면 집에 책이 많으면 아이가 책을 많이 읽는다는 크라센의 주장이 틀릴까? 나도 그런 줄 알았다. 그런데 어른이 된 딸아이가 서재에 들어와서는 감회가 새롭다는 듯이 이 책 저 책을 쓰다듬길래 넌 도무지 아빠 서재에 있는 책을 안 읽지 않았냐고 타박했더랬다. 딸의 대답은 의외였다.

이 책 저 책을 가리키면서 중고등학생 때 모두 읽은 책이라고 했다. 내 눈에 띄지는 않았지만 아이는 입시 공부를 하는 가운데서도 서재 구석에 앉아 본인이 재미있다고 생각한 책을 섭렵한 것이 아닌가. 요즘처럼 치열한 입시 환경에서 수험생이 독서하겠다고 일부러 시간을 내서 서점에 들러 책을 고르는 것은 물리적으로 불가능에 가깝다. 딸은 내 서재 덕분에 자투리 시간이 나면 잠깐이라도 독서를 한 것이다. 책이 많은 집에서 자란 아이는 일찌감치 열성적인 독자가 될 확률이 높다.

교사는 더욱 손쉽게 아이들이 독서가가 되도록 도움을 줄 수 있다. 학급 문고를 활성화하면 된다. 아이들은 손이 닿는 곳에 책이 있고 빌린 책을 집으로 가져갈 수 있도록 허용될 때 스스로 책을 더 많이 읽는다. 학교는 일반적으로 일과 중에는 학생이 휴대전화 사용이 불가능하니 학급 문고가 풍성하다면 이보다 더 좋은 독서 환경은 드물다. 요즘은 학교 예산의 일부를 도서 구매에 사용하도록 규정하고 있는 만큼 중고등학교 도서관도 만만찮은 장서를 갖춘다. 도서관에 가자면 아무래도 '책 읽을 결심'을 해야 하는데 학급 문고에는 손만 뻗으면 책이 있으니 독서 장려에 이보다 더 좋은 방법은 없다. 따로 대출 장부를 만들지 않고 자유롭게 읽고 싶은 책을 집에 가져가서 읽도록 하면 더 좋겠다.

우리 아이에게 한 권이라도 책을 더 읽히고 싶다면 '분실될 결심'이 필요하겠다. 책은 반드시 반납받아야 한다는 압박감에서 교사가 먼저 해방되면 좋겠다. 교사가 얼핏 보기에 아이들이 학급 문고를 장식품처럼 여기는 듯싶겠지만 아이들은 어른이 보지 못하는 순간에 책을 읽는 때가 많다. 내 경험으로 보증한다.

좀 더 적극적인 교사라면 도서관에 학생들을 데리고 갈 것이다. 매일 아이들과 도서관에서 15분 정도 독서하는 것만으로도 어휘력, 독해력, 문해력, 문장력을 향상시켜줄 수 있다. 물론 도서관에 장서가 많고 개방 시간이 길수록 책을 읽는 학생도 많다. 부모도 마찬가지다. 아이와 함께 서점에서 책을 고르거나 도서관에서 책을 같이 읽는다면 훌륭한 자식 교육의 장에 들어선 것이다. 누가 봐도 아름다운 장면이기도 하다. 집에 책이 없거나 학교 도서관이 빈약하더라도 부모가 자주 아이를 데리고 공공 도서관이나 서점에 가서 읽힌다면 아이를 독서가로 성장시킬 수 있다.

아이를 책으로 인도하는 또 하나의 좋은 방법은 가벼운 책을 읽게 해주는 것이다. 만화야말로 가벼운 읽을거리의 대명사인데 어쩐지 학교에서는 잘 다루지 않고 부모는 권장하지 않는다. 과거에는 만화를 너무 많이 보면 성적이 떨어지고 진지한 독서를 방해한다고 믿는 사람이 많았다. 그러나 저학년 아동에게 만화는 다독력을 키우고 어휘력을 확장하는 데 도움이 된다. 영어판의 경우이지만 크라센에 따르면 현재 만화책은 평균 2,000개의 단어가 실려 있다고 한다. 아이들은 공부하라고 하면 진저리를 칠 새로운 어휘를 만화로 자연스럽고 재미나게 익힌다.

만화는 어떻게 아이들의 문해력을 확장하는가? 우리가 책을 읽다가 모르는 단어를 만나면 사전을 찾아보기보다는 앞뒤 문맥으로 그 단어의 뜻을 추측하면서 읽어나가는 것이 어휘력 향상의 지름길이다. 그림이 아이들이 모를 수도 있는 단어의 뜻을 추측하도록 도와준다. 일단 읽기 시작하면 내려놓지 않고 몰입하는 경험을 만화가 더 쉽게 제공하는 이유가 이것이다.

아동이 많이 보는 쉬운 만화에도 우리의 일상생활이나 티브이 드라마에서 잘 사용하지 않는 단어가 등장한다. 만화는 아동의 문해력을 증가시키고 또 다른 독서로 향하는 왕도다. 나도 어릴 적에는 만화에 열성적이었지만 어른이 되어서 책을 많이 읽고 있잖은가. 어른에게도 만화는 여러모로 좋은 효과가 있다. 마치 걷기의 운동 효과가 미미하다면서 종일 아예 걷지 않고 지내는 사람보다는 매일 30분이라도 걷는 사람이 훨씬 건강한 것과 같다.

문학 평론가 김현 선생이 밝혔듯이 분명 만화는 문학이다. 그런데 왜 만화조차 읽지 않는 어른이 많을까? 왜 부모는 자녀가 만화를 읽는 것을 탐탁지 않게 생각할까? 제법 세련된 문화를 오래 누려온 민족은 본능적으로 자신의 문화와 만화는 어울리지 않는다고 생각하는 경향이 있다. 한국인에게 만화가 그렇다. 만화는 수준이 낮은 매체라는 선입견이 아직 기세를 잃지 않는다.

이런 이유도 있다. 슬프지만 나의 경우다. 시간을 때워야 할 때 가벼운 읽을거리가 눈에 띄는데 주변에 사람이 있으면 사뭇 진지하고 지적으로 보일 수 있는 책을 집어 드는 경우가 있다. 눈은 이노우에 미노루의 『남편도감: 어쩌다 아내란 걸 하고 있을까?』라는 호기심을 자극하는 책으로 향하는데 타인의 시선 때문에 찰스 다윈의 『종의 기원』을 마지못해 집어 든다. 뭐랄까, 독서에서도 타인의 시선을 의식하는 소심함이랄까, 아니면 어려운 책을 읽는 사람이 교양 있게 보이리라는 선입견이랄까. 내 개인 서재에서는 만화를 읽으며 키득키득 웃지만 아무리 빨리 읽고 싶어 현기증이

나는 만화가 있더라도 다른 사람이 있는 자리에서는 꺼내 들지 않는다.

그렇다고 너무 기죽을 일은 아니다. 우리나라를 대표하는 독서가이자 평론가였던 김현 선생도 나와 비슷한 경험이 있다. 만화를 너무 좋아해서 차라리 만화를 먹는다고 말한 김현 선생은 장거리 여행을 하거나 한가할 때 눈은 만화로 가는데도 손은 일간신문으로 향한다고 토로했다. 만화는 어린아이나 보는 것이라는 통념에 굴복한 결과다. 한때 만화를 즐겨 읽었고 좋아하는데도 만화는 하급 문화라고 무시하는 것은 건강한 생각이 아니다.

책만 많다고 해서 아이가 반드시 열렬한 독서가가 된다는 보장은 없다. 이 가설이 사실이라면 돈이 많고 집이 넓은 집 자식은 누구나 독서가가 되어야 한다. 현실은 그렇지 않다. 부모나 교사는 책이 많은 환경에 약간의 요소를 더 준비해야 한다. 어려운 준비가 아니다. 아이들은 편안하고 안락한 베개와 의자, 카펫이 있을 때 좀 더 많은 책을 읽는다. 독서는 즐거운 활동이지 공부가 되어서는 안 된다.

마치 수도사처럼 딱딱한 의자에 앉아 곧은 자세로 책을 읽을 필요는 없다. 아이들이 잠자리에서 책을 읽을 수 있도록 허락받는다면 좀 더 많은 책을 읽는다. 시력이 나빠진다는 이유로 잠자리에서 책을 읽지 말도록 강제하는 부모가 많은데 요즘은 성능이 좋은 독서등을 쉽게 구할 수 있다. 아이들이 낮잠이나 밤잠을 잘 때 부모가 책을 읽어준다면 금상첨화겠다. 집이나 학교에서 규칙적으로 책 읽어주기를 경험한 아이들은 그렇지 않은 아이보다 독서뿐만 아니라 학업 성취도에서도 더 뛰어난 결과를 거둔다.

부모가 아이에게 해줄 수 있는 더 좋은 선물은 부모 스스로 책을 많이 읽는 것이다. 다른 사람이 책 읽는 모습을 자주 본 아이는 더 많은 책을 읽는다. 책 읽는 다른 사람이 부모라면 더할 나위가 없다. 다만 여기에서 주의해야 할 점이 있다. 오로지 내 개인적인 생각인데 부모가 책을 많이 읽는다면 책에서 익힌 지식과 교양을 적재적소에 자녀에게 들려주고, 책에서 배운 대로 자녀에게 모범이 될 만한 처신을 하면 좋다는 것이다. 자녀로서는 책의 효능감을 몸소 체험하는 셈이니 책과 독서에 날개를 달아주는 격이다.

도스토옙스키의 『카라마조프 씨네 형제들』 결말 부분에서 어린 시절에 부모와 함께하는 추억이야말로 가장 좋은 교육이며, 그 추억 하나가 그를 커다란 악에서 지켜준다고 단언하는 말이 나온다. 자식들은 자기 부모와 다른 부모를 은연중에 비교한다고도 한다. 그렇다면 자신과 함께 책을 읽은 부모를 그 어떤 부모와 비교해서 부족하다고 느낄 수 있을까?

> **소소한 한마디**
>
> "영어 공부도, 독서도
> 만화로 시작할 수 있다."

나르치스와 골드문트 헤르만 헤세 · 배수아 옮김 · 그책 · 2018

이성과 감성 사이에서 고민될 때

프랑스의 대문호 발자크는 작가는 모름지기 속이 빤히 들여다보이는 성공을 보증하는 희한한 제목을 정해서 거둘 수 있는 이익을 포기해야 한다고 말했다. 발자크의 이 주장은 많은 작가나 출판사 입장에서는 실천하기가 만만찮다. 일반 독자들이 책을 고를 때 중요하게 고려하는 요소 중의 하나가 제목이다. 그래서 독자들은 종종 "제목력이 좋은 책"이라는 말을 쏟다. 출판사나 작가는 제목을 정할 때 상당한 고심과 노력을 하기 마련이다. 어떻게 하면 독자들의 시선을 끌 수 있는 제목을 고를지를 두고 글 전체 내용만큼이나 머리를 싸매는 경우가 많다. 이런 사정은 번역서도 다르지 않은데 멀쩡한 원래 제목을 놔두고 좀 더 상업적인 성공이나 독자들에게 친근감을 주기 위해서 원제와 다른 제목을 정하는 경우도 심심찮게 있다.

가령 에밀리 브론테의 『Wuthering Heights』라는 소설에 나오는 저택은 바람이 많이 부는 지역에 있는 언쇼 가문의 집 이름이다. 제목을 『워더링 하이츠』라고 붙이면 국내 독자들은 제목에서 아무런 감흥이나 기대를 할 수 없어서 우리나라나 일본에서는 『폭풍의 언덕』이라는 제목으로 많이 출간했다. 같은 이유로 모파상의 『여자의 일생』 또한 원래 제목은 『Une Vie』이며 우리말로는 '한 인생' 또는 '어떤 일생'쯤이 되겠다. 확실히 심심한 제목이다.

헤르만 헤세의 『Narziß und Goldmund』는 소설 속 두 주인공의 이름을 그대로 제목에 쓴 것인데 우리나라에서는 과거 『지와 사랑』이라는 제목으로 출간된 경우가 많았다가 요즘은 주로 원제를 살려 『나르치스와 골드문트』로 출간한다. 확실히 『지와 사랑』보다는 심심하고 소설이 무슨 내용인지 짐작하기 어려운 제목이다. 그런데도 발자크처럼 얄팍한 제목으로 독자들의 시선을 좀 더 끌어보겠다는 생각보다는 담백하고 직관적인 제목을 선택한 원저자의 의도를 반영한 것으로 보인다.

독일 문학은 딱딱하고 난해하다는 의견이 많은 상황에서 제목마저 아무런 상징이나 은유 없이 우리에게 익숙지 않은 독일 이름으로 정한 『나르치스와 골드문트』는 선뜻 손이 가지 않는 소설이다. 그러나 막상 읽기 시작하면 이보다 더 재미나고 주인공에게 연민과 공감을 하게 해주는 고전 소설도 드물다. 그래서 나는 우리나라 독자에게 『데미안』보다는 『나르치스와 골드문트』로 헤르만 헤세에 입문하기를 추천한다. 이 소설을 완독하고 나면 헤세의 전작주의자가 될 것이 분명하기 때문이다. 독일 독자들은 책을 선택하면서 제목은 크게 고려하지 않는 모양이다. 주인공 이름을 제목으로 지은 『나르치스와 골드문트』는 헤르만 헤세가 살아생전에 가장 큰 성공을 한 작품이다. 『데미안』과 함께 주인공이 자아를 발견해가는 과정을 서술한 교양소설이자 성장소설의 표상이기도 하다.

이 소설은 중세를 배경으로 하여 각각 지성과 감성을 상징하는 두 주인공 나르치스와 골드문트의 우정과 사랑을 다룬다. 지성과 감성이라는 상반된 가치를 추구하지만, 두 주인공의 대립보다는 감성을 대표하는 골드문트가 수도원을 버리고 속세에서의 욕구 충족과 방황을 거친 후 자아를 찾고 예술가로 성장하는 과정을 자세하게 묘사했기 때문에 마치 『달과 6펜스』처럼 예술가 소설로 읽히기도 한다. 물론 이 소설이 철없는 소년이 예술혼을 불사르는 예술가로 변모해나가는 성장소설로만 읽히는 것은 아니다.

헤세는 어떤 면에서 소심했지만 결국 제 뜻을 관철하는 외유내강형의 작가였다. 언제나 출판사와 인세 문제로 다투면서 자신의 인지도를 내세워 다른 작가보다 많게는 서너 배의 인세를 관철했던 괴테와는 달리 헤세는 대놓고 인세에 대한 불만을 출판사에

표출하지 않았다. 다만 자신의 원고를 다른 출판사에 맡겨 출판하는 것으로 불만을 표출한 작가였다. 나치가 집권했을 때 헤세는 대놓고 전쟁이나 나치 정권에 반대하는 글을 쓰지는 않았다. 그러나 1939년 제2차 세계대전이 발발하자 나치 정권은 헤세를 반전주의 소설가로 분류하여 그의 소설을 금서 목록에 올리고 헤세의 작품이 출간되는 것을 방해하였다. 헤세가 전쟁 동안 주로 가벼운 에세이 책만 출간한 것이 이런 이유에서였다.

그런데도 나치 정권 동안 헤세의 저서 20여 종이 대략 48만 1,000부가 판매되었다. 그만큼 당시 헤세의 인기는 대단했으며, 출판사는 나치의 경고를 무시하고 헤세의 작품을 적극적으로 유통했다. 결국 나치 비밀경찰이 출판사에 들이닥쳐 증거 자료를 확보하여 국가 전복죄로 출판업자를 포로수용소에 감금하기에 이르렀다. 이에 헤세를 비롯한 당시 독일 유명 작가들은 출판업자를 위한 탄원서를 제출하여 결국 석방되었다.

『나르치스와 골드문트』의 어떤 내용이 나치를 불편하게 했을까? 정답은 14장에 있다. 14장은 유럽에 흑사병이 창궐하여 많은 사람이 죽고 시신을 마치 물건처럼 처리하는 장면이 자세하게 묘사되어 있다.

주인공 골드문트는 이 광경을 지켜보면서 흑사병이 지나간 마을을 마치 전쟁의 화마가 거친 상황과 비슷하다고 언급했다. 소설 속 흑사병이 창궐할 때 핍박받는 유대인은 제2차 세계대전 당시 박해받은 유대인과 비슷한 처지를 연상시킨다. 헤세는 각기 다른 시기의 유대인의 상황을 연결해 간접적으로 나치를 비판했다. 소설 속에서 유대인이라는 이유로 아버지와 집을 잃은 소녀 레베카를 다독거리고 동정 어린 시선으로 바라보며 그녀의 분노에 귀를 기울인 주인공 골드문트는 작가인 헤세가 사실상 유대인을 박해한 독일을 대신하여 사죄한 모습으로 비치기에 무리가 없다.

헤세의 셋째 부인 니논이 유대인이기도 했지만, 그는 본질적으로 극단적 민족주의와 인종차별에 반대하는 사람이었다. 소설 속 흑사병 장면이 자칫 나치 정권에 대한 비판으로 비칠까 두려워한 출판사가 이 부분을 삭제하자고 요청했을 때 헤세는 수정하지 않겠다는 의지를 굽히지 않았다. 1946년 헤세가 노벨문학상을 수상한 것은 당연한 귀결이었다.

소설의 큰 줄거리는 지식인이자 학자의 길을 걷는 나르치스와 감성과 예술을 대표하는 골드문트 사이의 우정과 사랑이다. 소설 전반에 걸쳐 두 사람은 서로를 아끼고 사랑하지만, 정반대 길을 걸으며 세상을 바라보는 눈도 확연히 달라진다. 가령, 점성술에 대한 두 사람의 상반된 견해에서 엿볼 수 있다. 짐작할 수 있듯이 비과학의 영역인 점성술을 나르치스는 인정할 수 없었다. 그가 평생 몸담으며 학문을 탐구했던 수도원에선 점성술이 금지돼 있기도 했다. 골드문트는 그와 반대 견해를 가지고 있었다. 진리는 오직 학문과 이성으로만 도달할 수 있다는 나르치스와 달리 골드문트는 점성술, 꿈, 초자연적인 미신 등에 흥미를 느끼고, 진리는 학문과 이성만으로는 이해할 수 없다고 생각했다. 이 장면은 단순히 점성술을 넘어서 이성과 감성이라는 두 인물의 상반된 세계관을 상징적으로 보여준다.

점성술에 대해서라면 흥미로운 얘깃거리가 많다. 중세 시대 수도원에서조차 학문적 탐구 영역이 아니었던 점성술이나 무속 문화가 21세기에도 여전히 그 위력과 영향력을 잃지 않고 있는 흔적을 곳곳에서 발견할 수 있다. 아직도 미국인 약 40퍼센트는 점성술을 과학적이라고 생각하며, 프랑스인의 과반수가 정신력만으로 쇠붙이를 휘게 만든다는 염력이나 텔레파시가 실존한다고 믿는다. 더구나 일찍부터 무속이나 사주팔자에 친숙한 우리 민족은 아무리 세상이 달라져도 여전히 전생 체험, 꿈 해석, 최면, 귀신에 관한 얘기를 화제에 자주 올리며 자신의 사업, 진로, 건강 등 중차대한 문제를 사주팔자나 무속에 의존하는 경우가 적지 않다. 한민의 『숭배하는 자들, 호모 피델리스』(저녁달, 2024)에 따르면 2004년 57퍼센트였던 종교 인구가 2023년에는 36.6퍼센트로 줄어든 반면 2000년대 초반 20만 명이던 무속인은 2023년 80만 명 이상에 이르렀다. 기성 종교가 현대 사회의 다양한 문제에 대안을 제시하지 못하는 사이 무속이 그 자리를 파고든 결과다.

사실을 토로하자면 나도 한때는 고민을 털어놓고 향후 대처 방안을 문의했던 무속인이 있었다. 그 무속인을 만날 때마다 가족의 건강과 성공을 기원하고 그 방법을 물었는데 한번은 어머니 사주를 보다가 3년 이내에 돌아가신다는 말을 들었다. 기겁해서 좀 더 오래 사실 방법을 묻자 그 무속인이 부적을 하나 만들어주었다. 긴 실타래를 어머니가 사용하는 침대 아래에 묶어둔다면 좀 더 오래 사실 수 있다고도 했다.

나는 당장 마트에 가서 실타래를 사서 요양원에서 생활하시는 어머니 침대 아래 단단히 묶어놓았고 어머니께서 병실을 옮길 때마다 혹시 침대가 바뀌진 않았는지 확인했다. 우연인지 실제로 주술이 효과가 있었는지 다행스럽게도 어머니는 3년 이상은 더 사셨다. 그러나 내가 그 무속인을 계속 믿고 따른 것은 아니다. 그가 조언한 처신과 결정을 실행했다가 회복할 수 없는 어려움에 부닥친 것이 한두 번이 아니었기 때문이다.

사업을 하는 내 친구도 언제나 용한 무속인을 찾아 나서는데 새로운 무속인을 만날 때마다 '설렌다'고 한다. 얼마 전 그 친구에게 용한 무속인이 혹시 있더냐고 물었더니 뜻밖에도 '모두 의미 없다'라는 것이었다. 최첨단 과학이 지배하는 세상이 펼쳐질수록 역설적으로 무속이나 과학적으로 증명되지 않는 역술에 현혹되는 사람이 많아진다.

19세기 인물이었던 나르치스의 통찰이 그래서 돋보인다. 그가 말하길 점성술은 각자 천차만별인 사람의 성격과 처지에 질서와 체계를 적용하는 시도이다. 이 말은 내가 한때 즐겨 찾았던 무속인으로 설명이 된다. 그 무속인은 의뢰인의 생년월일시를 묻고 두툼한 책자를 펼쳐 해당 생년월일시를 찾은 다음 점괘를 말해준다. 동시에 태어난 사람일지라도 각자 타고난 성품이나 성향이 다르기 마련이다. 그런데도 무속이나 점성술은 사람의 개성을 무시하고 기계적으로 점괘를 도출하는 오류를 범한다.

굳이 나르치스의 통찰을 꺼내 들지 않아도 많은 사람이 신봉하는 점성술이나 무속은 과학에 대한 무지, 확증편향, 선택적·희망적 사고, 주관적 평가 등이 교묘하게 결합한 사이비 과학에 지나지 않는다. 더구나 재미 삼아 보는 점성술사의 별자리는 현재의 별자리와는 전혀 다른 2,000년 전의 허술한 자료로서 인간의 미래나 운명에 관한 그 어떤 합리적인 예상을 할 수 없다. 우리는 종종 헤어날 수 없을 것 같은 절망에 빠졌을 때 과학이나 합리적 사고가 제공하지 않는 견해에 의지한다. 그런 견해가 개인적 욕구에 대한 환상을 심어주고 정신적 허기를 채워주기 때문이다. 한마디로 사이비 과학은 막연한 환상에 속기 쉬운 인간의 약점을 파고들며 감정적 욕구에 호소한다.

이처럼 이성보다는 감성에 치중했던 골드문트는 오랜 방랑 끝에 연적을 살해하는 죄를 저지르고 만다. 당장에라도 교수형이 집행될 찰나 초인적인 의지로 간신히 버티고 있던 골드문트 앞에 과거 그토록 아끼고 사랑했던 나르치스가 그를 구출하기 위해서 유령처럼 나타난다. 골드문트는 이 기적과도 같은 상황에서 펑펑 눈물을 흘리며 나르치스에게 안기고 싶었지만, 자존심 때문에 차마 그러지 못하고 덤덤하게 반응한다. 감정적인 그의 성향이 되레 절실하게 마음의 표현이 필요할 때에 방해가 되고 만 것이다. 많은 사람이 펑펑 울고 싶고 이성을 잃을 수도 있는 어려운 상황을 맞이하면서도 자존심 때문에 차마 주변 사람에게 도움을 요청하지 못한다. 그래서 종종 무속에 의지한다. 자신의 어려움을 솔직히 토로하고 주변 사람에게 도움을 요청하는 것도 이성에 기반한 용기이며 이 용기를 실행한다면 무속인의 조언을 따르는 것보다 훨씬 쉽게 일이 풀릴 확률이 높다.

소소한 한마디

"감성은 적재적소에 작동할 때
아름답고 유용하다."

꼴 보기 싫은 상사와 그럭저럭 잘 지내는 법 안우광 · yeondoo · 2021

지속 가능한
직장 생활을 도모할 때

독서가의 서재는 한정되어 있고 사고 싶은 책은 무한에 가깝다. 시간이 문제이지 독서가의 서재는 언젠가 반드시 난장판이 된다. 감당할 수 없을 정도로 책이 많아지면 선택지는 적다. 버리거나 더 큰 집으로 이사하거나. 나만 해도 2년 전에 집을 고치면서 책을 대거 처분했지만, 독서가는 서재에 조그마한 빈틈이 생기면 상어가 물고기를 삼키듯 탐욕스럽게 금방 다른 책으로 채우기 마련이다. 아무리 고르고 골라서 책을 산다고 해도 늘 서재 공간은 부족하다. 결국 주차 구역이 부족한 구축 아파트 단지처럼 책을 이중 삼중으로 꽂아둘 수밖에 없다. 깔끔하게 정리된 서재는 열렬한 독서가가 갈 수 없는 길이다. 이룰 수 없는 꿈이다.

의외로 이중 삼중 주차한 책꽂이의 장점이 없는 것도 아니다. 우연히 제일 바깥쪽 책을 빼내면 수천 년간 인간의 손길이 닿지 않은 원시림의 내부처럼 신비로운 풍경이 눈에 들어온다. 저절로 감탄하게 된다. "아! 내가 이런 책을 가지고 있었지"라는 탄성과 함께 수십 년 만에 우연히 친구를 만난 듯한 반가움이 밀려온다. 마치 오랫동안 입지 않은 옷에서 5만 원짜리 지폐를 발견하는 기분이랄까.

불편하고 볼썽사납긴 해도 이중 삼중 책꽂이의 또 다른 장점이 있다. 감추고 싶은 책의 은신처로 활용할 수 있다는 점이다. 이런저런 책을 탐욕스럽게 사다 보면 남에게 보여주기 민망한 책도 산다. 내 경우를 들자면 『코 파기의 즐거움』 같은 책이다. 혹시 그 어떤 서재 방문자에게 『코 파기의 즐거움』이 발각된다면 제목만 그렇지, 이상하거나 지저분한 내용이 아니라는 사실을 증명해야 할 것만 같다. 지금 이야기하려는 『꼴 보기 싫은 상사와 그럭저럭 잘 지내는 법』도 이런 책에 속한다. 이 책을 우연히 발견했을 때 나는 분명 꼴 보기 싫은 상사를 두고 있었다. 마치 초능력 비법서를 발견한 듯한 감격과 함께 그 자리에서 바로 구매했던 기억이 선연하다.

마침 직장으로 배송받았는데 대놓고 '꼴 보기 싫은 상사와 함께 일하고 있다' 광고할 일이 없어서 캐비닛에 넣어두었다. 읽지 않아도 마치 직장 생활의 비단 주머니처럼 든든한 책이었다. 소장하고 있다는 것만으로도 든든해서였는지 읽지 않은 채 오래 묵혀 두었다. 간혹 걱정은 됐다. 혹시 내 직장 상사가 발견하면 어떡하지? 불길한 일은 종종 현실이 된다. 이 글을 쓰는 중에 잠시 어딜 다녀왔더니 『꼴 보기 싫은 상사와 그럭저럭 잘 지내는 법』 옆에 다소곳이 직장의 행사 기념품이 놓여 있었다. 어떤 동료가 가져다두었는지는 모르겠으나 민망함이 차올랐다.

그도 이해하리라 믿는다. 꼴 보기 싫은 상사가 없는 직장인이 있을까? 34년 차 직장인이라는 이 책의 저자 안우광도 이 말에 동의한다. 자신도 부하 직원으로 오래 생활했기 때문에 좋아하는 상사가 눈앞에 '짠' 하고 나타나는 일은 없다고 단언한다. 저자의 직장인 딸도 부하 직원들은 상사 그 자체가 다 싫고 대부분 꼴 보기 싫은 상사라고 토로하며 아버지의 눈치를 살핀다. 아빠는 직장에서 혹시 사랑받는 상사라고 굳게 믿고 있는 것은 아닌지 걱정하는 눈치이다. 따라서 이 책은 꼴 보기 싫은 상사와 함께하는 고통을 겪는 세상의 모든 부하 직원뿐만 아니라 자신은 존경받고 사랑받는다고 착각하는 세상의 모든 상사도 읽어야 할 필독서다.

부하 직원은 아무리 상사가 싫더라도 대놓고 표현할 수 없어서 직장 상사는 퇴직할 때까지 본인이 존경받는다고 착각하면서 회사 생활을 할 수 있지만 부하 직원은 사정이 다르다. 상사의 꾸지람과 온갖 괴팍한 개성을 온몸으로 받아내면서 직장 생활을 해야 하므로 『꼴 보기 싫은 상사와 그럭저럭 잘 지내는 법』 같은 책을 읽어야 한다. 다소 내키지는 않지만, 상사에 관한 연구를 해야만 한다. 사람은 누구나 자기의 관점에서 세상을 바라본다. 많은 부하 직원이 자신이 해당 업무에 능숙하고 경험이 많으며 나름 성과도 잘 내고 있다고 생각할 수 있다. 그런데도 상사가 자신이 생각한 만큼 인정해주지 않아 억울할 수 있고, 이런 생각을 하게 된 순간부터 상사가 탐탁지 않다.

내 딸도 비슷한 경험을 말한 적이 있다. 딸아이 직장은 자율 좌석제라서 일찍 출근한 사람이 아무 자리에나 앉으면 된다. 직장 초년생으로서 옆자리에 상사를 두지 않을 수 있다는 점에서 매우 쾌적한 제도인데 단점도 있다. 아이는 잦은 야근으로 고생하고 있다고 생각하는데 아무도 그 사실을 아는 사람이 없어서 속상하다는 것이다. 내가 보기에 야근 자체보다 자신의 성실함과 책임감을 아무도 모르고 지나간다는 것에 더 화가 나는 듯하다. 상사의 눈엔 부하 직원이 처리하는 업무가 우선순위에 없을 수 있고, 정말 중요하지 않은 업무일 수도 있다.

상사가 우선순위가 아니라고 평가하는 업무를 잘하거나 그 일로 성과를 내는 부하 직원을 높게 평가할 가능성은 낮다. 이는 직장인은 상사의 관점에서 생각하는 습관을 조금만 더 들이면 훨씬 더 쾌적한 직장 생활을 할 수 있다는 말과도 같다. 부하 직원과 상사의 관점이 다를 때 회사는 당연히 상사의 관점을 우선시하므로, 아무리 꼴 보기 싫어도 상사를 알아가야겠으며 그 첫 단계가 그의 머릿속을 탐구하는 것이다. 상사는 적이 아니지만 그를 알고 나를 알면 승리자가 된다.

일상에서 부하 직원이 생각하는 상사의 이미지를 하나씩 살펴보자. 우선 상사는 참을성이 부족하고 성격이 급하다. 서울에서 홀로 자취하며 생활하는 내 딸은 금요일이 되면 설렌다. 집에 가서 맛있는 것을 먹고 푹 잘 생각을 하거나 김천 본가에 올 생각에서다. 그런데 퇴근 시간 5분 앞두고 상사가 급하게 업무를 지시해온다. 딸은 이날 본가에 간다는 말도 못 하고 기차표를 취소했다. 그 직장 상사를 원망하며 울면서 일을 할 수밖에 없었다. 그 상사가 내 딸아이를 특별히 미워해서 그런 것이 아니다. 업무 마감에 시달리는 상사는 언제나 마음이 급하고 부서를 대표해서 책임을 져야 하니 민폐인 줄 알면서도 급하게 일을 지시한 것이다. 자리가 자리인지라 언제나 신경이 날카로운 편이다. 상사라고 해서 원래 날카롭게 태어난 것이 아니다.

게다가 상사들은 때로 지나치게 꼼꼼하기도 하다. 교사인 내 친구가 영어 시험 원안지를 제출했는데 관리자가 한글 맞춤법을 지적하며 수정을 요구해서 속상해하는 것을 보았다. 또 어떤 교장은 도덕 교사 출신임에도 불구하고 교사가 출제한 수학 문제를 직접 풀이하며 정답이 맞는지 확인한다며 혀를 내둘렀다.

상사는 부하 직원의 실수가 곧 자신의 실수이며 나아가 직장의 실수가 된다고 여기기 때문에 꼼꼼하게 서류를 살피는 것이 당연하다. 사소한 실수가 큰 차이를 만든다는 것을 잘 알기에 훌륭한 상사일수록 세밀한 데에도 신경을 쓴다. 그러므로 세밀한 부분에 대해서 꼼꼼하게 점검하는 상사를 미워할 것이 아니라 내 실수를 미리 파악해서 더 큰 실수를 막아주는 예방 주사쯤으로 생각하면 좋다. 실수를 지적하지 않는 상사에게서는 배울 점이 적다.

왜 무능력한 사람이 높은 자리에 있을까? 우리가 직장 생활을 하면서 자주 하는 생각이다. 심지어 전문성이나 스펙이 본인보다 훨씬 못한데 운이 좋아서 승진한 듯 보이는 상사를 볼 때면 화가 날 지경이다. 그러나 겉으로 보기에 무능력하거나 스펙이 좋지 않더라도 승진을 빨리 했다면 그 상사는 우리가 모르는 강점을 보유하고 있다. 내가 모르는 것을 그 상사는 알고 있을 확률이 높다. 현재 부하직원이 하는 업무를 그 상사는 수백 번도 더 해보고 나름의 성과가 냈었기에 남보다 일찍 높은 자리에 있는 것이다.

물론 상사라고 언제나 옳은 것은 아니다. 대표적인 예가 능력도 없고 똑똑하지도 않지만 부지런한 상사다. 이런 상사는 걸핏하면 잘못된 지시를 한다. 그렇다고 해서 그 자리에서 반대하기보다는 다음 더 적절한 기회에 안 되는 이유를 설명하는 편이 좋다. 이런 상사는 사주와 친인척 관계일 수도 있으므로 너무 친하게도 적대적으로도 지낼 필요가 없다. 모든 인간관계가 그러하듯이 말이다.

업무 능력도 없고 게으른 상사도 있다. 이런 상사와 함께하는 직장 생활이 제일 편하다. 한 가지 아쉬운 점은 배울 점이 없다는 거다. 이런 상사의 가장 큰 특징을 꼽자면, 통이 크다. 부하 직원에게 아주 통 크게 뭐든 위임한다. 상황이 이렇게 되면 부하 직원은 크게 위임받은 그 업무를 적극 자기 방식대로 추진하여 이후 직업 전선에 큰 도움이 될 만한 경력을 쌓을 수 있다.

간혹 '내가 왜 상사에게 굽신거리고 잘 보여야 하지? 난 내 일만 잘하면 그만이야'라고 생각하는 사람이 있다. 내가 이 유형에 속한다. 실제로 지금 일하고 있는 학교는 수평적 집단이기 때문에 일반 직장과는 분위기가 다르다. 다른 사람 눈치를 그다지 보지 않고도 무난하게 직장 생활을 할 수 있다. 그러나 학교가 아무리 수평 사회라 할지라도, 관리자가 아무리 간섭을 많이 하지 않더라도 엄연히 인사권과 결재권을 가지고 있다. 아무리 승진에 대한 욕심을 버려서 무서운 것이 없는 원로라 할지라도 관리자와 원활한 관계를 유지하지 못하면 피곤해지고 신경 써야 할 일이 많아진다. 만약 내가 몸담은 직장이 상명하복으로 굴러간다면 상사의 특성과 요구를 파악하고 충족시키는 게 더 필요하다. 이른바 '상사 관리'라는 개념이 필요하다.

상사의 출신 학교, 전공, 나이, 고향, 가족 관계, 취미, 건강 상태를 비롯한 개인 신상 정보부터 성격, 정치 성향, 종교, 윤리의식을 비롯한 가치관과 더불어 업무 처리 성향을 파악하는 것이 상사 관리의 기본이다. 내가 존경하는 한 지인은 회사의 의사 결정을 하는 임원들의 종교를 파악하여 해당 종교의 취향을 저격하는 문구와 설득 방식을 구사해서 자신이 원하는 결정을 끌어내기도 한다. 부하 직원의 능력을 판단하는 상사의 기준을 안다는 사실만으로도 직장 생활에 큰 도움이 된다. 어떤 상사는 정확성을, 다른 상사는 신속성을, 또 다른 상사는 성실함과 도덕성을 중시할 수 있다.

상사가 아무리 꼴 보기 싫어도 부하 직원이 상사의 성격이나 업무 스타일을 바꿀 수 없다. 상사 관리라고 해서 상사를 부하 직원의 스타일대로 바꾸려는 것도 아니다. 상사 관리는 부하 직원과 상사와의 관계를 긍정적으로 변화시키기 위한 전략이다. 하늘이 도와서 본인과 상사의 가치관, 업무 방식이 같다면 좋겠지만 대개는 그렇지 않을 터이므로, 자신의 태도와 방식을 상사에 맞게 조금씩이라도 조율하는 편이 성공적인 직장 생활의 지름길이다.

물론 상사의 모든 것이 무조건 진리라는 신념으로 직장 생활을 할 필요는 없다. 『꼴 보기 싫은 상사와 그럭저럭 잘 지내는 법』저자도, 가령 상사가 개인적으로 식사를 하자고 하면 거절하는 편이 좋다고 말한다. 다소 의외의 조언이라고 느낄 수도 있겠으나 내 개인적인 경험을 봐도 상사와 지나치게 개인적 친분을 쌓으려 노력할 필요는 없다. 직장은 냉정한 곳이어서 상사와의 사적 친분이 독이 되는 경우가 많다. 동료의 시기와 견제라는 덤도 따른다. 그렇다면 어떤 마음가짐이어야 상사와 그럭저럭이라도 지낼 수 있을까? 손광성 선생의 『작은 것들의 눈부신 이야기』에서 말하는 이웃 이야기를 들려주고 싶다.

  손광성 선생은 무려 26년 동안 한 이웃과 야트막한 담을 사이에 둔 단독주택에 살았는데 서로 숟가락이 몇 개인지도 모르고 술 한번 같이 마신 적이 없다. 다만, 선생의 이웃은 5월이 되면 왕벚나무에 달린 대추만 한 버찌를 푸짐하게 담아 담 너머로 건넸고 손광성 선생은 추석 때쯤 되면 자기 집 대추나무에 달린 대추를 소쿠리에 담아 담 너머로 보냈다. 그들은 그 정도의 연례행사를 통해서 26년 동안 좋은 이웃으로 살았다. 좋은 이웃이 각별한 사이여야만 하는 것은 아니다. 각별한 사이는 여차하면 서로에게 짐이 될 수도 있다. 직장 생활도 마찬가지다. 상사든 동료든 너무 가깝게도 너무 멀게도 지낼 필요가 없다. 대추 한 소쿠리와 버찌 한 소쿠리 정도의 친분과 배려만으로 충분히 행복한 직장 생활을 할 수 있다.

소소한 한마디

"꼴 보기 싫은 상사에게 대추 한 소쿠리를 건네면
그가 버찌 한 소쿠리를 건넬지도 모른다."

근대서지 근대서지학회 · 소명출판 · 2010

쌓아두고
버리지 못할 때

베스트셀러 위주로 읽거나 책을 좋아하지 않는 사람들이 내 서재를 둘러본다면 도무지 읽을 만한 책이 보이지 않을 가능성이 높다. 많은 사람이 어렵고 지루하다고 생각하는 고전이나 참고 자료용 책이 서재 대부분 자리를 차지하기 때문이다. 그나마, 제목 정도는 알고 있는 고전이나 제목만 들어도 어떤 내용인지 짐작이 가는 책이라면 다행이다. 이건 대체 무슨 책인가라는 의문과 함께 들춰 볼 생각이 들지 않을 책이 안방 서재에 적잖이 있다. 자랑은 아니다. 책 수집가라는 종이 본디 이 모양이다.

내 서재 책장 세 칸을 차지하고 있는 〈근대서지: 반년간〉은 책에 관심이 없는 사람이라면 정체를 파악하기 힘든 이상하고 괴물 같은 잡지다. 소명출판에서 낸 총 스물다섯 권의 〈근대서지〉를 한마디로 요약하면 근대 시기 관련 문서와 서지를 다루는 잡지다. 이 잡지는 근대기 인쇄 및 출판 자료에 관심이 많은 수집가와 연구자 들이 2009년 7월 창립한 근대서지학회의 학회지에 가깝다.

그렇다고 해서 〈근대서지〉를 흔해빠진 논문집으로 여기면 곤란하다. 이 잡지는 근대 서지 자료, 책, 미발굴된 희귀 자료 전문 수집가와 연구자 들의 경험담과 서지에 대한 여러 생각을 한자리에 모은 광장이라고 할 수 있다. 궁금하기는 하다. 조선 시대도 아니고 현대도 아닌 왜 하필이면 근대 서지에 주목했을까? 〈근대서지〉의 주역인 근대서지학회 오영식 회장의 설명을 요약하면 이렇다. '조선시대 한지로 만든 책은 오히려 보관성이 매우 강하며 기본적으로 책을 귀하게 여기던 시대였다. 반면 근대 서적은 상대적으로 저평가되어 빨리 소실된 경우가 많다. 따라서 근대서지학회는 근대 서지 자료의 수집과 보존에 힘써서 연구자들이 좀 더 수월하게 근대를 연구하도록 돕는 가교의 역할을 하고자 했다. 따라서 〈근대서지〉의 생명은 권말에 게재된 영인본 근대 서지 자료다. 이 자료는 대부분 근대서지학회가 처음 발굴한 자료이며 이를 〈근대서지〉에 게재함으로써 연구자들에게 도움을 준다.'

오영식 회장만 해도 서울 보성고등학교 교사로 재직하면서 무려 45년간 수집한 고서와 근대 자료가 3만 권이 넘는다고 하니 그에 얽힌 사연은 또 얼마나 많겠는가. 나도 말석이나마 책 수집가 노릇을 하고 있지만 〈근대서지〉를 읽으면서 접한 근대서지학회 회원들의 수집 목록과 규모 그리고 소장 가치는 마치 천상계에 사는 신선의 경지와 같다. 나 같은 초짜 수집가들은 평생 구경도 못 한 희귀본을 이분들은 서로 꺼내 들며 그 보관 상태와 판본을 가지고 우열을 논한다.

평균 잡아 1,000쪽에 달하는 무지막지한 이 잡지는 표지 자체가 귀중한 서지 자료다. 기본적으로 알려지지 않은 작품을 우선하고 작가의 지명도가 높으면서도 회화적으로 탁월한 것을 표지로 삼는다. 이 기준에 따라 2010년에 나온 〈근대서지〉 1호의 표지는 〈새벗〉의 표지로 결정되었다. 〈새벗〉은 1952년 창간한 어린이 잡지로 〈아이생활〉(1926~1944)의 후신이다. 그리고 시인이자 화가인 이상이 장정한 김기림의 시집 『기상도』를 선택한 2014년 출간 10호의 표지는 당시나 현재나 누가 봐도 획기적이고 세련된 작품이다. 이런 이유로 〈근대서지〉는 그 내용뿐만 아니라 외적인 모습만 따져도 소장 가치가 매우 뛰어난 잡지다. 개인적으로 나는 이 잡지와 인연이 있다. 영광스럽고 운 좋게도 역대 〈근대서지〉 중에서 가장 표지 디자인이 수려하고 아름답다고 생각하는 10호에 '나의 애정서'라는 주제 필진으로 참여했다. 〈근대서지〉는 내용뿐만 아니라 수록되는 생생한 사진 자료만으로도 가치가 뛰어난 잡지다. 특히 10호에서는 이상이 그린 김기림 시집 『기상도』

표지와 장정을 최대한 실제 모습에 가깝게 보여주고자 애쓴 흔적이 보인다.

10호에 실린 글 목록만 살펴보아도 〈근대서지〉의 정체를 가늠할 수 있다. "근대적 독서 공간", "서재의 탄생과 영향", "수집가 열전", "경찰에 압수된 김광섭의 애장서", "경성일보라는 매체와 이광수의 일본어 글쓰기", "해방기 출판사의 로고와 인지 디자인", "북한 아동 그림책에서의 한국전쟁", "난파 홍영후의 새로운 자료 소개". 하나같이 〈근대서지〉가 우리나라 서지학의 토양을 제공하는 저수지와 같은 존재임을 증명한다.

2024년 현재 인터넷 서점에서 검색되는 소명출판의 출간 목록은 2,000권에 육박한다. 더구나 소명출판은 국문학을 비롯한 학술서를 주로 낸다. 같은 책을 종이책과 전자책 2종으로 출간하는 요즘의 추세와는 달리 소명출판은 전자책 없이 종이책만 만든다. 대형 출판사도 아니면서 이 정도 많은 책을 냈다는 자체가 얼마나 소명출판이 문학에 진심인지 알 수 있는 지점이다. 〈근대서지〉가 책의 형태로 세상에 나올 수 있는 것은 소명출판 발행인인 박성모 대표가 국문학 전공자이고 근대서지학회 회원이면서 우리나라를 대표하는 근대 서지 자료 수집가이기 때문이다.

그러나 열정과 노력만으로 극복할 수 있는 현실적 어려움은 존재하기 마련이어서 2010년에 1호로 시작한 〈근대서지〉는 2022년 상반기에 나온 25호를 마지막으로 더는 서점에서 판매하지 않는다. 기실 나는 틈날 때마다 〈근대서지〉를 인터넷 서점에서 검색해봤고 26호가 보이지 않자 드디어 이 대단한 잡지가 폐간되었다고 생각했다. 그러나 이 글을 쓰는 계기로 좀 더 검색을 해보니 폐간된 것은 아니었다. 25호부터 소명출판이 손을 떼고 민속원이라는 출판사에서 제작 출간했는데 무슨 이유인지 모르겠지만 26호부터는 인터넷 서점에서는 볼 수 없고 민속원 출판사 홈페이지에서 판매하는 것으로 확인된다. 한 가지 더 놀라운 사실은 6개월마다 정확히 새 호를 출간하고 있다는 것이다.

   나는 소장하고 있는 〈근대서지〉 총 25권을 볼 때마다 그렇게 흐뭇할 수가 없었다. 1,000쪽을 넘나드는 극소수만이 소장하는 근대 서지 자료가 아닌가. 사실을 토로하자면 나는 은근히 이 잡지가 폐간되었으면 좋겠다고 생각했다. 나 자신이 근대서지학회 회원이면서 할 말은 아니지만 내가 소장한 자료가 가능한 한 희귀했으면 좋겠다는 수집가의 본능은 어쩔 수 없다. '반년간'이라고는 하지만 불규칙적으로 출간되는 이 잡지를 혹시나 잊고 제때 구매하지 못하면 어떡하냐는 걱정을 달고 살았다. 나처럼 완벽을 추구하는 수집가는 한 호라도 빠져서 구색이 맞춰지지 않으면 평생 해소되지 않은 가려움증에 시달리게 될 것이다. 그리고 이 잡지가 계속 발간되면 어차피 둘 공간도 부족해지지 않겠느냐는 걱정도 한 만큼 26호 발간 소식을 관계자에게 문의하면서 은근히 종간 소식을 기대하였다.

나의 이런 옹졸한 생각을 뉘우치게 하는 근대서지학회 오영식 회장의 마지막 목표이자 꿈을 접하고 쥐구멍에라도 숨고 싶은 심정이다. 수집가에게 가장 행복한 순간은 찾아 헤매던 책을 구한 순간인데 오영식 선생 본인은 그 설렘을 충분히 만끽했으니 그 기분을 다른 사람도 느낀다면 더 큰 행복이 아니겠느냐는 것이다. 따라서 본인이 소장한 희귀본을 헌책방에 가서 돈으로 바꿔 친구들과 막걸리 한잔하며 또 다른 누군가가 그 책을 사 가면서 본인이 느꼈던 행복을 느끼도록 하자는 것이다.

사실 내 서재에도 몇 년 동안 찾아 헤매던 책을 구했다는 즐거움만 안겨주고 그냥 보관 중인 책이 많다. 다른 판본으로 그 책의 내용을 누렸다면 굳이 보관하지 않고 헌책방에 넘기든가 다른 수집가에게 양보함으로써 다른 사람들도 같은 행복을 느끼도록 하는 것이 수집가의 마지막 사명이 아닐까?

한 호당 100부도 팔리기 힘든 1,000여 쪽 분량의 잡지를 한 해에 두 번 펴내는 민속원이라는 출판사의 정체를 조금 알아보기로 하자. 1977년 전통문화를 발굴하고 사라져가는 민족의 얼을 보존하며 올바른 학문적 이론이 확립되어야 한다는 이념으로 설립되었는데 국학 관련 도서만 3,900여 종을 출판했다고 한다. 대부분 상업성이 없어 연구자 이외에는 수요가 없는 책은 물론이고 단 한 사람의 연구자에게라도 필요하다고 판단되면 출간한다는 이념으로 운영되는 출판사다. 민속원 창립자 고 홍기원 선생은 현재 민속원을 이끄는 아들 홍종화 대표에게 "절대로 출판사를 그만두지 마라. 천벌 받는다"라는 유언을 남겼다. 그야말로 〈근대서지〉를 위한 출판사다. 현실 세계가 아닌 이상 세계에나 존재할 만한 이상적인 출판사가 아닌가. 〈근대서지〉는 절대 폐간되지 않으리라는 확신이 들었고 미처 갖추지 못한 26, 27, 28호를 주문하기로 했다.

나는 〈근대서지〉를 바라보면서 이런 생각을 하곤 한다. 버리기에도 나름의 기준이 있어야 한다고. 비록 책 수집이 내 취미이기는 하지만 버리는 책이 더 많다. 요사이 유행하는 미니멀리즘처럼 지나치게 간소한 것을 좋아하는 사람만 있다면 〈근대서지〉라는 문화유산은 탄생할 수 없었다. 오래전 나의 한 지인은 신문 구독료를 납부하지 않았다는 이유로 신문사 직원이 찾아오자 무려 6년 치의 구독료 영수증을 내밀며 간단히 사태를 해결했다고 한다. 아마도 그 지인은 왜 케케묵은 몇 년 전 영수증을 굳이 보관하냐고 식구들로부터 타박도 받았을 터였다.

온라인으로만 알고 지내던 공중파 사장 출신 한 인사를 처음 만났을 때 나는 깜짝 놀랐다. 그분이 무려 8년 전에 우리가 나눴던 메시지 내용을 상기해주었기 때문이다. 그분도 물론 나와의 대화 내용을 잊고 있었을지도 모른다. 그러나 그는 '기록'해두었기 때문에 이 인연을 각별하게 상기해주었다.

업무상 기록은 말할 것도 없고 사적인 관계에서도 확실히 '버리기'보다는 '갈무리'가 중요하다는 것을 갈수록 확신하게 된다. 나는 꼭 필요한 것이 아니라면 버리기에 탐닉했다. 연락처, 온라인 대화 내용, 개인적 기록물, 사진 등등. 그러나 내가 그렇게 버린 것들이 나중 꼭 필요했던 것임을 깨닫고 낭패를 본 일이 한두 번이 아니다. 무엇이 꼭 필요한 기록물이나 물건인지 당장은 알 수 없다. 무엇을 무조건 버리거나 쌓아두기보다는 잘 정리해서 간수하는 습관이야말로 사회적으로나 개인적으로 성공의 중요한 발판이 된다.

굳이 '버리기'와 '쌓아두기' 중에 하나를 선택해야 한다면 나는 조금의 망설임도 없이 '쌓아두기'를 선택할 것이다. 뭔가 복잡하고 어수선할 수는 있지만 꼭 필요한 기록이나 물건이 없어서 낭패를 볼 일이 현저하게 줄어든다. 물론 최선은 '갈무리'다. 그런 의미에서 그 안에 다루고 있는 내용에서나 분량 면에서나 〈근대서지〉는 잘 정리하는 갈무리의 상징처럼 여겨진다.

소소한 한마디

"무작정 버리기보다 현명한 방식의 쌓아두기가
인생에 더 도움이 된다."

| **그 많던 싱아는 누가 다 먹었을까** 박완서 · 웅진출판 · 1992 |

기록의 습관을
들이고 싶을 때

박완서 작가가 쓴 『그 많던 싱아는 누가 다 먹었을까』에는 내 청춘의 흔적이 남아 있다. 1992년에 출간된 이 책을 나는 1993년에 구매했다. 초판 20쇄본이었다. 박완서 작가가 1992년에 어린 시절 추억을 소환하고 즐겁게 글을 써 내려가는 동안 나는 사상 최악의 취업 시장이라는 뉴스에 기겁하며 허겁지겁 이곳저곳에 입사 원서를 제출하고 있었다. 이 책을 산 1993년 늦가을의 어느 오후를 선명히 기억한다. 나는 당시 대구 달서구 송현동에 있는 첫 직장에 다니고 있었고 이 책을 점심을 먹은 뒤 근처에 있는 서점에서 샀더랬다.

당시엔 서점에서 책을 사면 주인이 보기 좋게 포장을 해주고,

독자는 책 내지에 구매 연월일시와 간단한 소회를 적곤 했다. 소위 말하는 386세대의 감성이 그렇다. 그러나 나는 책에 어떤 메모를 남기지 않는 독자였고 이 책에도 아무 흔적이 없다. 가끔 이 책을 볼 때마다 흔적을 남겼으면 얼마나 좋았을까 하는 아쉬움이 든다. 내 서재를 물려받은 이가 이 책을 보면 그저 옛날 책에 지나지 않겠지만 내가 간단한 메모라도 남겨두었다면 좀 달리 보이지 않겠는가. 메모 한 줄엔 별것 아닌 물건을 특별한 물건으로 만드는 힘이 있다.

요즘 독자들은 이런 흔적을 남길 건더기가 없다. 대부분 인터넷 서점에서 구매하니 책을 만난 물리적인 공간에 대한 추억이 존재하지 않을뿐더러 책을 선물하는 일도 예전만큼 흔하지 않으니, 지인을 향한 짧은 글귀도 책에 쓸 일이 적다. 그래서 나는 내가 산 것은 아니지만 1980~1990년대에 구매했던 전 주인들이 남긴 책에 남긴 메모를 마치 유산처럼 소중하게 여긴다.

내 서재에 있는 『그 많던 싱아는 누가 다 먹었을까』는 1990년대 사회생활 초년병이었던 추억이 고스란히 담겨 있다. 물론 내 머릿속에만 존재하는 추억이다. 직장 생활을 막 시작한 나는 월급을 받으면 이월 상품을 파는 의류 할인점에 가서 양복을 한 벌 사고 주말이면 동료들과 볼링을 쳤으며 길을 걷다가 서점이 보이면 책을 둘러보는 일상을 보냈다. 서재에 꽂힌 이 책을 볼 때마다 그 시절이 마치 영화처럼 머릿속에서 흘러간다. 어쩌면 내 인생에서 가장 걱정 없이 보낸 시절이었다. 이토록 나에겐 그리운 추억을 소환해주는 책이지만 아주 오랫동안 '싱아'를 '상아'로 생각했다.

부끄럽지만 이 책을 사기만 하고 오랫동안 읽지 않았다. 새삼한 독자의 일화가 생각난다. 집을 정리하다가 18년 전에 사두기만 하고 읽지 않은 책을 한 권 발견했는데 제목이 『미루는 습관 극복하기』였다나. 아주 오랜 뒤에야 '상아'가 아니라 '싱아'임을 알게 된 나와 참 비슷한 사례다.

시골에서 자랐지만 '싱아'는 듣지도 보지도 못했다. 오랫동안 '상아'라고 생각한 데에는 이런 이유가 있었다. 대체 싱아가 무엇인지 하도 궁금해서 나보다 몇 살 많은 시골 출신 지인들에게 물었는데 모두 몰랐다. 인터넷에 검색해보니 여러해살이풀이고 질긴 껍질을 벗겨내면 부드러운 속살이 나오는데 이를 먹는다고 한다. 새콤하고 시원한 맛이라는 설명만으로 도통 모르겠다. 한가지 위안이 되는 것은 '싱아'를 아는 사람은 드물며 대부분 나처럼 소설 제목으로 접했다고 한다.

싱아가 무엇인지는 몰라도 『그 많던 싱아는 누가 다 먹었을까』가 박완서 선생의 아름다웠던 어린 시절을 추억하는 책이라는 사실은 잘 안다. 나는 박완서 선생보다 비록 한 세대 뒤 시골에서 어린 시절을 보냈으나, 이 책이 내뿜는 시골 감성과 정서에 매우 공감한다. 이 책은 1930년대 박완서 선생이 유년기부터 시작해 1950년대 대학 입학 직후에 이르는 경험담을 소재로 한 서사를 담고 있다. 박완서 선생과 비슷한 시기를 시골에서 보낸 사람이라면 누구나 공감할 만한 이야기다. 평화롭고 인정이 넘치는 선생의 고향 개성의 박적골, 그곳에서의 삶을 청산하고 무작정 시작한 어머니와의 서울 생활, 작가의 오빠 이야기가 해방 이후의 이념 갈등, 한국전쟁과 1·4 후퇴까지 걸쳐 다루어진다. 거의 모든 서사가 작가 자신의 경험담을 기술했기 때문에 자전 소설이라고 할 수도 있고 주인공이 계속 성장하므로 성장소설이라 해도 크게 틀리지 않는다.

　이 책을 통해서 한 가지 더 확신하게 되는 것은 좋은 책을 사두면 언젠가는 반드시 읽게 된다는 것이다. 사실 제목이 그다지 맘에 들지 않아서 오랫동안 펼쳐보지도 않았는데 막상 읽어보니 너무 재미나서 그동안 읽지 못한 박완서 선생의 다른 모든 저작을 주문하게 되었다. 나는 이 책에서 선생의 독서 생활을 유심하게 읽었는데 해방 직후 일본인이 버리고 간 38권짜리 문학 전집을 운 좋게 손에 넣었고 그 전집을 처음부터 끝까지 읽어야 한다는 어떤 사명감을 느꼈다는 부분에 특히 공감했다. 나는 여러 글에서 세상에는 재미난 책이 차고 넘치니 굳이 재미없는 책을 붙잡고 씨름하지 말고 과감하게 던져버리라고 조언했지만 정작 나 자신은 한번 잡은 책은 이해하든 그렇지 않든 완독하고야 말겠다는 고집 비슷한 것이 있다.

　박완서 선생의 글에서는 진솔함이 느껴진다. 『쿠오 바디스』나

『몬테크리스토 백작』은 깨가 쏟아지게 재미났지만 『신곡』이나 『파우스트』는 반드시 읽어야 한다는 맹목적인 사명감이 아니라면 도저히 읽지 못하겠다고 토로한다. 무슨 말인지는 모르겠고 일단 완독하긴 했는데 다시 읽지는 않았으며 다른 사람이 『신곡』이나 『파우스트』를 칭찬하면 정말 저 책들을 다 이해하고 좋다는 것인지 의심했다는 부분에선 빙긋이 웃었다. 한국 문단을 대표하는 작가 중의 한 명인 박완서 선생도 우리 평범한 독자와 다름없는 생각과 강박관념에 시달렸다니 재미나지 않은가. 일본어로 출간된 어린이용 『레 미제라블』이 너무 재미나서 다 읽지 못한 채 도서관을 나설 때면 마치 자신의 혼을 반쯤 도서관에 남겨두고 오는 것과 같았다는 구절은 얼마나 독서가의 가슴을 울리는가.

  이 모든 내용보다 박완서 선생의 독서에 관한 천재적인 통찰은 따로 있다. 그는 책을 읽는 재미는 어쩌면 책 속에 있지 않고 책 밖에 있다고 말했다. 책을 읽다가 문득 푸르게 우거진 숲을 보면 늘 봐온 평범한 그것들하고는 완전히 다르게 보인다는 것이다. 그 낯선 풍경에 작가는 희열을 느낀다고 한다. 독서에 관한 이보다 더 독특하고 천재적인 통찰이 있을까? 그러고 보면 나는 유난히 아파트 1층 우리 집 창밖에 보이는 푸른 나무와 잔디를 사랑하는데 이 또한 내가 책을 그나마 열심히 읽었기 때문이 아니겠는가 생각하게 된다.

  박완서 선생 스스로 『그 많던 싱아는 누가 다 먹었을까』를 두고 이런 글을 소설이라고 불러도 되겠느냐는 의문을 표했다. 과연 이 소설은 우리가 교과서로 배운 소설의 구성, 즉 발단, 전개, 위기, 절정, 결말이 뚜렷하지 않고 그저 세월의 흐름에 따라 작가 자신에게 일어난 서사를 담담히 써 내려갈 뿐이다. 일종의 회고담이라고 하면 더 어울릴 법하다. 순전히 기억에만 의지해서 썼다고는 하는데 이 소설을 읽다 보면 도저히 믿기지 않기 마련이다. 기억만으로 어떻게 50~60년 전의 일을 이토록 세밀하고 구체적으로 서술했는지 궁금하다. 그러나 믿을 수밖에 없다. 작가가 산 시대에는 기록할 만한 매체와 도구가 넉넉지 않았을 것이며 설사 기록했다고 해도 여러 난리 통을 거치며 온전히 남기기 어렵지 않았겠는가. 순전히 기억에 의존해서 썼다고 보는 수밖에 없다.

  나는 박완서 작가가 순전히 노력만으로 그 반열에 오른 작가라고 생각하지 않는다. 시대를 초월하는 명작을 남긴 작가는 대부분 천재였지 노력형 인재는 아니었다. 평범한 사람이 노력한다고 해서 누구나 톨스토이나 박완서가 될 수는 없다.

  그렇다고 천재만이 글을 쓰고 책을 남기는 것은 아니다. 현 시대는 누구나 작가가 되고 책을 내는 시대다. 평범한 사람이 쓴 평범한 글도 베스트셀러가 된다. 그렇다면 천재가 아닌 평범한 사람이 좀 더 좋은 글을 쓰는 비법은 기록에 있다. 맛있는 요리를 하기 위해서는 다양한 재료가 필요하듯이 좋은 글을 쓰기 위해서는 풍부한 글감이 필요하다. 우리는 생각만으로 수많은 글감을 떠올릴 수가 없다. 우리의 글감은 머릿속보다는 스스로가 남긴 기록에서 나온다.

나는 가족여행을 갈 때 다른 사람처럼 많은 사진을 찍고, 나중엔 무척 마음에 드는 사진을 제외하고 삭제한다. 수백 장 중에 A컷 몇 장만 휴대전화에 저장한다. 아내와 딸은 이런 내 습관을 무척 싫어해서 내가 사진을 찍을라치면 "한 장이라도 지우지 마"라고 외친다. 반면 딸아이는 외부 저장 매체를 모두 채우고도 늘 휴대전화 저장 용량을 초과해서 울상을 지을 만큼 모든 일상을 사진으로 남기고 한 장도 지우지 않는다.

수년이 지나서 잘 나온 일부 사진만 남은 내 사진첩은 아무런 서사가 없는 반면 매 순간을 기록으로 남긴 딸아이 사진첩은 일종의 거대한 가족 박물관이어서 적재적소에 우리 추억을 소환하는 사진을 내놓는다. 아름다웠거나 자랑스러웠던 기록과 마찬가지로 부끄러운 순간까지 기록으로 남기는 습관이야말로 평범한 우리를 비범한 작가에 가깝게 만들어주는 비결이 아닐까. 기록이라고 해서 거창하게 생각할 필요는 없다. 휴대전화 메모 애플리케이션에 남기는 간단한 글도 기록이고 방구석 일기도 장차 멋진 글을 쓸 수 있는 훌륭한 기록물이다.

물론 기록만 많이 남긴다고 해서 좋은 글을 쓴다는 보장은 없다. 박완서 선생이 '작가의 말'에서 분명 기억력에만 의지해서 써보았다고 했지만, 소설이라는 장르의 형태를 갖추기 위해서 많은 기억 중에서 내용을 취사선택했고 잊힌 기억의 자리를 잘 메꾸기 위해서 상상력이라는 연결 고리가 필요했다고 토로했다. 누구나 박완서 선생만큼의 작가적 상상력을 발휘할 수는 없다. 내가 생각하기에 현대 출판의 흐름은 아름다운 문장이라는 그릇보다는 내용물이 더 중요하다. 독창적이고 특이한 경험을 담은 글이라면 작가적 상상력, 즉 문장력이 다소 떨어지더라도 독자들은 충분히 그 글을 사랑한다.

사소한 것이라도 기록하는 습관은 비단 글쓰기에만 도움이 되는 것은 아니다. 가정에서건 직장에서건 무슨 분란이나 문제가 생겼을 때 최종 승자는 언제나 그 문제에 관해 어떤 형태로라도 기록을 해둔 자다. 자신의 일상생활이나 업무에서 당장은 사소해 보이더라도 일단 보관하고 기록하는 습관을 들인다면 인생에서 후회할 일이 크게 줄어들 것이다.

소소한 한마디

"기록하는 습관을 들이면
후회할 일이 줄어든다."

경마장을 위하여 하일지 · 민음사 · 1991

누군가에게 단 한 줄의
글을 남기고 싶을 때

나는 새 책 주의자다. 대학생 시절 학교 도서관을 애용할 때도 다른 사람이 빌려 간 흔적이 없는 신착 도서를 주로 빌려 보았다. 새 책 냄새가 좋다. 모 대형 서점에서 서점 향이 나는 방향제를 판매하는 것을 보니 잉크 냄새를 나만 좋아하는 것이 아닌 모양이다. 아무리 새 책을 좋아한들 새 책으로 구할 수 없는 희귀본이 있다면 어쩔 수 없이 헌책으로 눈을 돌릴 수밖에 없다. 내가 헌책을 자주 사는 이유다. 헌책을 사다 보면 전 주인의 흔적을 만나게 된다. 밑줄도 있고, 저자가 남긴 서명도 보이고, 책을 사들이면서 남긴 간단한 감상도 운이 좋으면 만날 수 있다. 물론 나는 마지막 것을 가장 좋아한다.

밑줄은 대체로 비호감이고 특히 볼펜으로 성의 없이 휘갈긴 밑줄은 최악이다. 그러나 정갈하게 눈여겨봐야 할 대목을 기가 막히게 강조한 밑줄엔 호감이 간다. 저자 서명본은 너무 흔해서 별다른 감흥이 없고, 직접 서명해서 선물한 책을 다른 사람 손에 넘어가게 한 전 주인의 처사가 아쉬울 뿐이다. 어쨌든 그 덕분에 나는 필요한 책을 손에 넣었으니, 한편으로는 고맙긴 하다. 책을 구매하면서 남긴 감상 메모는 마치 시간을 거슬러 올라가 내가 그 자리에 있는 듯한 묘한 기분과 그 당시 전 주인이 느꼈을 소회가 전해져서 좋다. 1991년에 나온 하일지의 『경마장을 위하여』가 내게는 그런 책이다. 전 주인이 남긴 메모 때문에 나는 이 책을 특별히 아끼게 되었다.

2005년이나 그 이듬해에 나는 동 작가의 『경마장 가는 길』을 재미나게 읽었다. 내가 감히 문학평론을 할 처지는 아니지만 평범한 독자의 시각으로 보면 확실히 하일지의 '경마장 시리즈'는 문학적으로 완성도가 높지는 않다. 특히 최근에 『경마장을 위하여』를 읽으면서 그 생각은 더욱 공고해졌다. 구어체를 써야 할 상황에 현실 세계에서 그 누구도 쓰지 않을 법한 어색한 문어체가 자주 보인다.

2005년에 『경마장 가는 길』을 읽을 땐 이렇지 않았다. 프랑스 낭만이 이런 것인가 싶었다. 당시까지만 해도 텔레비전 드라마를 비롯한 다양한 매체는 '파리에서는 뭐든지 가능하다'고 느끼게 하는 내용이 많았다. 드라마에서 사회 주류에 편승하지 못하는 예술가적 기질을 가진 부잣집 자제들은 주로 파리로 유학을 다녀왔다. 또 가정불화라든가 심각한 우여곡절에 시달려 본인 인생을 툴툴 털고 새 출발 하려는 여인은 주로 파리로 유학을 떠난다.

『경마장 가는 길』은 파리에 관한 한국 사람의 인식을 고스란히 반영하여 인기를 얻은 소설이다. 유부남 파리 유학생과 젊은 미혼 여성의 동거 생활, 유학을 마치고 귀국 후에도 이어지는 그들의 불륜 관계, 유부남의 이혼 그리고 마침내 헤어지는 두 사람의 이야기를 담은 이 소설의 내용은 아직 유교 관습이 사라지지 않은 한국인에게 개방적이고 방탕하게 느껴지기도 하는 프랑스 문화를 만끽하게 해주었다. 20년 전 나도 이 소설을 읽으면서 이런 기분을 즐겼다. 700쪽에 달하는 분량이 지루하게 느껴지지 않았고, 아직도 이 소설을 소중히 간직하고 있다. 사실 우리가 생각하는 것처럼 파리라고 해서 뭐든지 가능하지는 않겠으나 적어도 『경마장 가는 길』을 읽은 많은 독자는 프랑스의 낭만과 자유에 감탄하고 동경했으리라.

여전히 『경마장 가는 길』을 읽고 느낀 여운이 가시지 않았지만 2024년에 읽은 『경마장을 위하여』는 '그때 그 추억'과는 거리가 먼 소설이었다. 아무리 넘겨도 '뭐든지 가능한 파리'는커녕 자유로움의 상징 프랑스조차 등장하지 않고 대신 쌍팔년도 군대 이야기가 전부다. 그 군대 이야기조차 제대로 된 군대가 아니다. 훈련

소에도 가보지 못하고 신병 대기소에서 일주일을 보내다가 정신 질환 판정을 받아 귀향하는 한 대학생 이야기다.

대학에 다니다가 입대한 주인공은 신병 대기소에서 신체검사를 받는데 석연찮은 이유로 정신 질환 판정을 받는다. 대학을 졸업하고 이발사가 되겠다든가 제대 후에 특별한 이유 없이 경마장에 가겠다면서 눈물을 흘리는 행동이 다소 일반적이지는 않지만 단지 이 때문에 정신 질환을 의심하는 건 과하다 싶다. 그럼에도 주인공은 정신 질환자로 몰리고 결국 신병 대기소를 나서는 것으로 소설이 끝난다.

나는 어떤 의무감을 느꼈다. 그래도 『경마장 가는 길』을 쓴 작가이니 무슨 깊은 뜻이 있겠지. 그 뜻을 찾겠다는 의무감이 커져 결국 나는 이 소설을 이렇게 정의했다. 타인이 당연하다고 생각한 경로나 행위를 선택하지 않고 비주류 행보를 보이는 주인공이 사회로부터 억울하게 배척당하는 메시지를 전달하는 소설이구나.

작가 연보를 찾아보니 놀랍게도 『경마장을 위하여』라는 소설은 작가가 자기 경험을 토대로 쓴 작품이었다. 하일지는 1977년 군에 입대하지만, 조현병 진단을 받아서 일주일 만에 귀가 조처를 받은 이력이 있었다. 당시에 경험한 일을 나중에 『경마장을 위하여』로 작품화한 것이다. 1991년이라면 귀가 조처를 받은 지 14년 정도 지난 시점인데 그래서인지 이 소설 전체에 군대에서 상상하기 어려운 대화 문법이 자주 눈에 띈다. 갓 입대한 장정이 병장을

"졸병님"이라고 호칭한다든지 영관급 장교가 일개 장정에게 '하게 체'를 사용하며 대화하는 장면이 그렇다.

그런데도 누구에게는 이 소설이 꼭 구하고 싶은 목록이었나 보다. 애초 내가 이 소설을 구하고 읽게 된 것은 자의가 아니었다. 나를 무슨 전문 희귀본 사냥꾼으로 여긴 한 소설 미디어 친구가 이 소설을 꼭 구하고 싶다며 부탁하길래 내 것까지 한 권 더 샀을 뿐이다. 이 소설을 읽으면서 나는 왜 지인이 이 소설을 그토록 읽고 싶어 했는지 그 이유를 추측하기가 매우 어려웠다. 당사자에게 물어보면 간단히 해결되겠으나, 문제는 그 의뢰인이 누구인지 기억이 나지 않는다는 것이다. 해서 나름대로 결론을 내릴 수밖에 없는데 그는 아마도 『경마장 가는 길』에 경도되어 하일지 작가가 출간한 경마장 시리즈를 모두 갖추겠다는 욕심을 가진 것은 아니었을까? 참고로 하일지는 1990년 『경마장 가는 길』을 시작으로 『경마장은 네거리에서』(1991), 『경마장을 위하여』(1991), 『경마장의 오리나무』(1992), 『경마장에서 생긴 일』(1993)을 연이어 발표한 다음 이른바 "경마장 시절"이 종결되었음을 선언했다.

소위 경마장 시리즈를 한 권이라도 읽은 독자라면 궁금할 텐데 대체 '경마장'은 소설과 무슨 연관이 있을까? 이 질문에 대해 하일지 작가는 『경마장을 위하여』 작가의 말을 통해서 자신은 한 번도 경마장에 가본 적이 없으므로 경마장이 어디에 있는지도 모른다고 밝혔다. 경마장에 관하여 아무것도 모르면서 왜 작가는 다수의 경마장 시리즈를 썼을까? 작가에 따르면 경마장은 작가 내면 깊은 곳에서 들려오는 자신의 목소리이며 마치 고고학자가 땅속에 묻혀 있는 옛 문명을 캐내는 심정으로 경마장 시리즈를 썼다고 한다.

『경마장을 위하여』는 인상적이지 않은 소설이다. 적어도 내가 생각하기엔 그렇다. 그러나 이 소설을 의뢰한 지인보다 아마도 내가 더 이 책을 아끼고 소중히 간직할 것 같다. 내가 소장한 『경마장을 위하여』 내지에는 이 책을 구매한 전 주인의 아련하고 풋풋한 글귀가 있기 때문이다.

> 92. 2. 12. 대구서적. 정자와. 졸업식에 갔다가 처음으로 귀걸이를 해본다며 좋아하는 모습이 귀여웠다. 두 번째 정기 휴가.

대구에서 대학에 다닌 나로서는 더욱더 추억 돋는 문구다. 대구서적이라면 제일서적과 함께 대구를 대표하는 지역 서점이 아닌가. 그리고 1992년이라면 지역 서점 자체적으로 독후감 대회를 개최하고 소식지를 발간하던 최전성기였기도 하다. 1992년에 두 번째 정기 휴가를 받은 군인이라면 나보다 두어 살 어리지만 1980년대 후반 학번일 가능성이 높으니 나와 같은 시대를 살았고 어쩌면 나와 같은 대학에 다닌 사람일지도 모르겠다. 이런 이유로 나는 이 메모와 이 책을 볼 때마다 풋풋했던 내 20대 초반과 그 시절을 떠올리며 그리워한다. 그리고 고등학교 졸업식이 되어서야 처음 귀걸이를 해본다는 그 졸업생의 풋풋함이 더욱더 생생하게 느껴진다. 이 여고생은 아마도 메모를 남긴 당사자의 여동생이 아니었을까.

1992년에 두 번째 정기 휴가를 나왔던 청년은 지금은 쉰을 넘은 중장년이 되었을 테고 생애 처음으로 귀걸이를 했던 풋풋한 여고생 역시 어쩌면 졸업식 때 처음으로 샛노란 염색을 하고 나타난 딸을 바라보는 부모가 되어 있을지 모르겠다. 사람이 변하는 것처럼 책도 세월의 흐름을 막지 못한다. 1992년에 새 책 냄새가 향긋했던 『경마장을 위하여』는 이제 누렇게 바랜 고서가 되어가고 있다.

그건 그렇고, 두 번째 정기 휴가를 받은 군인이라면 군 생활에 환멸을 느끼고 있었을 텐데 이제 막 군에 입대하는 군인을 소재로 한 소설을 선택한 이유가 궁금하다. 영원히 풀리지 않을 수수께끼다. 그러나 이 점 또한 헌책이 주는 매력이기도 하다.

소소한 한마디

"모든 메모는 언젠가는
아름다운 추억으로 다가온다."

이문열 삼국지 이문열·알에이치코리아·2020

재미와 지혜가 필요할 때

내가 이삼십 대 시절 아무런 맥락 없이 마구잡이로 책을 읽을 때에도 나만의 루틴은 있었다. 외국 작가가 쓴 책을 두어 권 읽고 나면 우리나라 작가가 쓴 책을 두어 권 읽고, 소설을 몇 권 읽고 나면 수필이나 인문서를 몇 권 읽는 식이었다. 가령 고기를 잔뜩 먹고 나서 특유의 느끼함을 없애기 위해 얼큰한 된장찌개로 마무리하는 것과 비슷하다. 같은 소설이라도 우리나라 근대 소설을 읽고 나면 특유의 우울함에 시달리기 마련이었는데, 평온한 시절을 배경으로 하는 서양 소설을 읽으면서 기분을 전환하기도 했다(역사의 소용돌이에 시달린 우리나라 근현대를 배경으로 하면서 즐겁고 유쾌하게 전개되는 소설은 드물지 않은가).

그때 읽었던 수많은 책은 나를 한 단계 더 높은 독서의 세계로 올려놓은 뒤 마치 우주선이 우주로 나아가면서 버리는 발사체처럼 거의 버려졌다. 어쨌든 나는 그 책들 덕분에 고전이라는 행성이 넘치는 우주로 발을 들인 셈이다.

적지 않은 우리나라 독자들은 고전이라는 단어를 접하면 일반적으로 서양 고전을 떠올리기 마련이다. 물론 우리나라에도 『열하일기』라든가 『삼국유사』 등 빛나는 고전이 많지만, 전 세계 고전과 같은 선상에 올려놓으면 그 비중이 빈약한 것이 사실이어서 고전 하면 서양 고전과 동일시하는 경향이 있다. 나도 별반 다르지 않아서 고전에 발을 들인 이후로 주로 서양 고전 위주로 읽는 형편이 되었다.

책은 원서로 읽는 것이 가장 바람직하지만 언어 장벽은 피할 수 없으므로 우리는 보통 번역서를 읽는다. 사실 번역에 좀 문제가 있더라도 원어민 수준의 외국어 솜씨가 아니라면 번역서로 읽는 것이 훨씬 더 효율적이다. 그럼에도 '번역체'라는 암초를 피할 수는 없다. 번역이 제2의 창작이라고는 해도 마치 내가 번역체를 체득한 듯한 느낌까지 받는 순간이 오면 번역 문학 자체에 물리는 느낌이 드는 것이다. 50대 후반에 접어들면서 번역체와 서양 고전에 대한 '독讀태기'가 왔을 때 내가 떠올린 책은 『이문열 삼국지』다.

『삼국지연의』는 비록 중국 문학이지만 '이문열 평역'이라는 문구가 선명한 이문열의 제2의 창작물이라고 해도 과언이 아니다. 더구나 50대 후반에 이르러 유려한 우리말 문장 구사에 대한 그리움이 생겨 새삼 『이문열 삼국지』를 야심 차게 구매하기로 했는데 민음사에서 나온 구판과 알에이치코리아에서 나온 신판을 두고 잠시 고민했다. 일부 독자들은 신판에서 구판에 있던 삽화가 사라졌다는 이유로 오히려 구판을 더 높게 쳐준다. 과연 구판이 표지 디자인도 좀 더 『삼국지』에 어울린다. 고풍스럽고 고급스럽다. 게다가 구판은 가격도 저렴하다. 그럼에도 굳이 비싼 신판을 산 이유가 있다. 나는 우선 헌책 곰팡 냄새보다는 새 책 잉크 냄새가 더 좋은 새 책 주의자다. 그리고 엄연히 개정신판이니 조금이라도 더 완성도가 높지 않겠는가.

초등학교 시절 나는 동화로 각색된 『로빈슨 크루소』에 열광했고 중학교 2학년 때는 『삼국지』를 정신없이 읽었다. 세로 인쇄본 10권짜리 『삼국지』를 친구 집에서 한 권씩 읽었는데 그 당시 출범한 프로야구만큼이나 재미있었다. 칼에 맞아 목이 떨어지고 피가 강을 이루는 대목이 수없이 반복되면서 잔인하고 무서웠다는 기억이 생생하지만 그래도 시간 가는 줄 모르고 탐욕스럽게 읽었다. 내 인생에서 그토록 긴 텍스트를 정신없이 읽은 책은 『삼국지』가 처음이자 마지막일 것이다. 물론 당시 내가 읽었던 책은 『이문열 삼국지』가 아니었다. 『이문열 삼국지』 초간본은 1988년에야 나왔다.

『삼국지』만큼 판본이 다양한 저작도 드물다. 시중에 유통 중인 『삼국지』 표지에는 분명 저자 나관중이라고 표기되어 있지만 원본이 존재하지 않으니, 나관중의 시선도 알 수 없다. 사실 『삼국지』는 불세출의 천재 작가 혼자서 만들어낸 작품이 아니다. 오랜 세월을 거치면서 숙성된 민중에 의한 집단 창작이라고 보는 편이 더 정확하다. 나관중이 엮었다는 말 자체가 곧 원나라 말기 명나라 초기 사람인 나관중 이전에도 이미 수많은 『삼국지』가 존재했다는 뜻이다. 현재 전해지는 판본 중에 제일 유명한 것은 청나라 시대 모종강이라는 사람이 자신의 관점으로 재편집해서 큰 인기를 얻고 주류가 된 판본이다. 따라서 우리나라에서 유통 중인 『삼국지연의』는 대부분 모종강본에서 갈라져 나온 것들이다.

『삼국지연의』에서 '연의'란 '의미를 발전시켜 좀 더 쉽게 이야기한다'라는 뜻인데 결국 일곱 푼의 역사적 진실과 세 푼의 허구로 풀어나간다는 말이 되겠다. 『조선왕조실록』 선조 2년(1569년)의 기사를 살펴보면 기대승이라는 신하가 선조에게 "『삼국지』가 나온 지 얼마 되지 않아 읽어보지는 못했지만, 가끔 친구들에게 들어보면 허망하고 터무니없는 내용이 무척 많았다고 했다"라고 말하는 내용이 나온다. 민담처럼 구전되어온 『삼국지』 이야기를 나관중이 종합한 것을 후대 사람인 모종강이 다시 집대성한 것이니 애초에 『삼국지』 원본은 존재하지 않는 셈이다. 그러니 『삼국지』를 두고 정통성을 운운하는 것은 그리 바람직한 논쟁은 아닌 듯하다.

　재미를 따지자면 요시카와 에이지나 정비석, 이문열 판본을, 담백한 것을 원하면 김구용 판본을, 좀 더 원본에 충실한 느낌을 원한다면 송도진과 황석영 판본을, 정확한 한국어 번역을 원한다면 리동혁 역본을 선택하라는 말이 있기는 하지만 역시『삼국지』 선택은 본인 취향을 따르면 되고 정답은 없다.

　다만 나는『이문열 삼국지』에 쏟아진 비판은 다소 부당하다고 생각한다. 많은 독자가『이문열 삼국지』를 두고 역자의 상상력이 지나치게 가미됐고 번역에 오류가 많다고 비판한다. 그러나 이문열 본인이 서문에 정역본으로 김구용『삼국지연의』가 존재하므로 본인은 조금 다른 시각으로 평역한다고 명확히 밝혔다. 번역이 아닌 평역이라고 책 표지에 새겼음에도 이문열 자신의 시각이 많다는 시비를 제기하는 것은 불합리하다. 모종강본에 대한 인식이나 정보가 거의 존재하지 않았을 때는『이문열 삼국지』에 대한 비판이 적었는데 한참 뒤에 모종강본이 국내에 알려지고부터『이문열 삼국지』번역에 대한 불만과 평역자의 사견이 지나치다는 비판이 많아졌다.

　원문에 충실한 모종강본 번역서는 문장이 다소 밋밋하고 사건을 시대순으로 나열할 뿐 문학작품이라는 느낌이 부족하다.『삼국지』원본을 꼭 봐야겠다는 생각이 아니라면 이문열과 요시카와 에이지 평역본을 읽는 편이 낫다.『이문열 삼국지』는 평역자 특유의 문체와 글솜씨로 무수히 등장하는 전투 장면을 좀 더 실감 나게 표현했을 뿐만 아니라 연의와 정사와의 간격을 꾸준히 '팩트 체크' 하는 정성도 마다하지 않았다. 평역자 본인이 독자의 흥미를 깬다고 말하면서도『삼국지』에서 가장 빛나는 장면, 즉 적벽대전 등을 정사와 비교하며 사실 관계를 밝힌다. 물론 정사라고 가져온 부분이 본인이 원하는 내용만 가져왔다는 비판이 많다.

이문열 작가의 글발에 흠뻑 빠져 마치 컴퓨터 게임을 하는 듯한 몰입감과 현장감으로 전투 장면을 감상하고 가슴이 웅대해진 독자에게 '사실, 이 이야기는 정사에는 아예 없거나 과장된 내용이야'라고 김을 빼는 것은 그리 유쾌한 경험이 아니다. 굳이『이문열 삼국지』를 비판하고 싶다면 이 부분을 지적하는 것이 맞다.

개인적으로『삼국지』를 읽을 때 가장 이해하기 힘든 독자 유형이 "이 이야기는 정사와 다른데요"라고 훈수 두는 사람이다.『삼국지』는 원래가 역사적 사건을 소재로 작가의 상상력과 과장을 보태 만든 소설이다. 따지고 보면『삼국지』라는 소설 때문에 관심을 가질 뿐이지 후한 184년 황건적의 난 이후 대략 100년이 채 되지 않은 시대적 배경은 기나긴 위진남북조 분열기의 시작에 불과하고 시대 구분에도 포함되지 않는다. 소설『삼국지』를 두고 끊임없이 역사적 사실 관계와 번역의 오류를 지적하는 독자의 비판과 저작물이 예나 지금이나 끊임없이 등장하지만, 여전히『이문열 삼국지』가 널리 읽히는 이유는 바로 다른『삼국지』보다 읽는 재미가 압도적이기 때문이다.

명나라 시대 한 경극 배우가 조조 역할을 연기했다가 분노한 군중으로부터 맞아 죽었다는 말이 있을 정도로 사악한 인물의 표상이었던 조조를 재조명하고 재평가한 것은 나름 『이문열 삼국지』의 새로운 시도로 인정할 만하다.

이 모든 장점에도 불구하고 『이문열 삼국지』는 내 서재에 오래 머물지는 못할 것이다. 재미있지만 지식 창고로 활용하기 어렵기에 소장 가치가 적게 느껴질 것이다. 더구나 중국인 특유의 과장이라는 조미료가 지나치게 많이 가미된 원작의 특성에서 크게 벗어나지 못한다는 점도 짚을 만하다. 촉나라 장수 관흥이 위나라 군사에게 쫓겨 죽을 위기에 처하자, 오래전에 죽은 아버지 관우가 마치 현존하는 장수처럼 나타나 아들을 구하는 장면은 과장을 넘어 판타지 소설에나 나올 법한 이야기 아닌가. 『삼국지연의』를 엮은 나관중의 뛰어난 작가적 상상력의 소산이기는 하지만 아무래도 그 정도의 과장은 내 취향에서도 조금 벗어나 있기는 하다.

전쟁, 살육, 지나친 과장, 권모술수가 넘치는 『삼국지』는 청소년에게 권할 책이 아니라는 의견도 많다. 과연 『삼국지』에 너무 빠지면 인간의 모든 행위를 의심스러운 눈초리로 봐야 할 것 같은 강박관념에 시달릴 수도 있겠다.

그러나 『삼국지』는 기본적으로 의義와 인仁을 강조하는 소설이다. 『삼국지』를 지은 나관중은 목적을 달성하기 위해서는 수단과 방법을 가리지 않는 냉혹함과 용병술이 뛰어난 조조보다 의와 인을 대변한 유비를 더 숭상했다. 이런 정신과 관련한 흥미로운 내용이 많다. 그중 우리가 자주 먹는 만두를 제갈공명이 처음 만들었다는 이야기가 그러한데, 그 사연을 살펴보자.

남만 정벌을 끝내고 촉으로 귀환하던 제갈공명은 원통한 귀신들이 깃들어 거센 바람과 험한 물결이 치는 노수라는 강가에 이른다. 주변 마을 사람들은 제갈공명에게 강을 건너려면 반드시 제사를 지내 미친 귀신을 달래야 하며 제물로 사람 머리 아흔아홉과 검은 소, 흰 양을 바쳐야 한다고 이른다.

그러나 전쟁으로 이미 많은 살육을 한 제갈공명은 한 사람이라도 함부로 죽일 수 없다고 생각한다. 무고한 백성을 희생시키지 않기 위해 제갈공명이 생각해낸 것이 만두라는 새로운 음식이다. 소와 말 고기와 국수를 반죽해 사람 머리 모양으로 빚은 다음 그 속을 소와 양의 고기로 채우고 삶은 음식을 사람 머리 대신 제사상에 올렸다. 무고한 사람을 희생시키지 않고 만두로 귀신을 달랜 제갈공명은 무사히 강을 건넜다. 만두를 제갈공명이 처음 만들었다는 설은 사실이 아니지만, 이런 설화에 담긴 정신만큼은 사실이다.

냉혹하고 교활한 장수로 알려진 조조조차 마을을 지날 때 익어가는 밀을 밟기라도 하면 목을 베겠다고 엄명해 부하들은 말에서 내려 밀 이삭을 헤치며 지나가야 했다. 제갈공명이 촉나라를 무너뜨릴 위나라 장수의 꿈에 나타나 '촉나라가 망하는 것은 어쩔 수 없다지만 죄 없는 백성들을 해치지 말라'고 당부하는 장면이 『삼국지』에 나온다.

흥미롭지 않은가. 여러 가지 대의명분으로 선혈이 낭자한 전쟁을 벌였을지언정 『삼국지』는 영웅들의 무용담이기보다는 나라에 이바지하고 백성을 편안하게 하자는 보국안민을 설파하는 소설에 가깝다. 『이문열 삼국지』의 여러 아쉬운 점에도 불구하고 우리가 이 책을 읽고 소장해야 할 이유는 다른 『삼국지』보다 전쟁 영웅으로만 두드러지는 등장인물들의 인간적인 면모를 가장 잘 부각했기 때문이다.

나는 이 『이문열 삼국지』를 2023년에서 2024년으로 이어지는 겨울에 다시 읽었다. 이 겨울이 내게 더 의미가 있는 것은 딸아이가 직장인이 되었기 때문이기도 하다. 재미와 지혜와 상상력으로 무장한 데다 우리말을 자유자재로 구사하는 이문열의 유려한 문체로 다시 태어난 『삼국지』가 더 많은 지혜를 필요로 할 딸아이의 사회생활에도 도움이 되길 바라본다.

소소한 한마디

"삶의 지혜는 때로 재미와
상상력에서 얻어지기도 한다."

똑같은 것은 싫다 조흥식·창비·2000

나만의 취향을
갖고 싶을 때

나는 책을 읽는 속도보다 사는 속도가 몇 배 더 빠르다. 아무래도 읽는 것보다 사는 것을 더 좋아한다고 자백해야 할 것 같다. 한때는 피겨 수집에 탐닉한 적이 있는데 책과 마찬가지로 피겨는 수집과 감상이라는 중요한 기능을 가진다는 점에서 닮았다. 나는 좋다는 책을 서재에 꽂아두고 마치 피겨처럼 감상하기 좋아한다. 물론 탐욕스럽게 책을 사는 행위에 대한 그럴듯한 핑계는 있다. 열악한 우리나라 출판계 사정을 고려할 때 좋은 책을 미리 사두지 않으면 언제 절판되어 구할 수 없을지도 모르고 운이 나쁘면 정가의 몇 배를 주고 사게 될지도 모른다. 또 소설가 김영하가 말한 것처럼 읽을 책을 사는 것이 아니고 사둔 책에서 골라 읽는 것이다.

좋은 책이라는 생각이 들거나 누가 명저라고 추천하면 마구잡이로 구매하다 보니 별의별 웃지 못할 사정이 다 생긴다. 우선 서재에서 읽기로 결심한 책을 찾다가 언제 사둔 책인지는 모르나 더 재미난 책을 발견한 경우다. 이건 마치 술자리에 초대하지 않은 다른 친구가 우연히 합석하게 된 것과 비슷하다. 원래 함께 마시기로 한 친구보다 우연히 합류한 친구가 더 재미난 경우가 많지 않은가? 물론 이런 즐거운 상황만 있는 것은 아니다. 몇 날 며칠 살지 말지 고민하다가 결국 유혹을 이기지 못하고 주문하고 배송받았는데 며칠 뒤에 똑같은 책을 서재에서 발견하기도 한다.

서재에서 그동안 전리품처럼 쌓아둔 책을 구경하다가 한 권을 골라 읽기 시작했는데 그 책을 산 이유를 추리하는 것도 은근히 재미있다. 내가 아무리 책 사기를 좋아하지만 서재 공간의 한계가 분명하여서 나름 신중하게 고른다. 긴 시간이 지난 뒤 그 책을 왜 샀는지 추측 혹은 상상해봐야 할 합당한 이유가 된다. 물론 그 추측이 반드시 맞는다는 보장은 없지만 과거에 내가 이 책을 두고 어떤 생각을 했는지 짐작해보는 것은 마치 추리소설을 읽는 듯한 재미가 있다.

이 가운데 아무리 오래전에 샀고 읽지 않은 책이라고 해도 그 경위를 잊을 수가 없는 경우가 있다. 2000년 12월 22일에 구매한 『똑같은 것은 싫다』가 그런 책이다. 이 책이 나에게 특별한 이유는 무남독녀 내 딸이 태어난 날에 샀기 때문이다. 내가 책을 좋아한답시고 살아오면서 엉뚱한 행동을 많이 했지만, 출산한 아내를 돌보면서 책을 읽겠다는 생각을 했던 것만큼 더 엉뚱한 일이 또 있을까 싶다. 우리나라 최고 놀이동산에 갔는데 서점이 없나 싶어서 기웃거린 것은 그다음으로 엉뚱한 행동이리라.

길눈이 몹시 어두웠던 러시아의 대문호 도스토옙스키는 아내 안나가 출산을 앞두자, 산파를 부르러 달려야 하는 긴박한 시간에 갈팡질팡할까 봐 하루도 빠짐없이 산파 집 근처까지 왕복하며 예행연습을 했고 아기가 태어나자 너무나도 기뻐서 10분 동안이나 성별을 묻지 않았다고 한다. 실제로 무려 이틀간의 산고에 시달린 안나를 가장 힘들게 한 것은 산고가 아니라 아내의 고통을 지켜보면서 괴로워하는 남편에 대한 걱정이었다. 그에 비하면 나는 얼마나 한심한 남편이란 말인가. 2000년 12월 22일, 제왕절개 수술로 내 딸아이가 우렁찬 울음소리와 함께 세상에 나왔을 때 내 손엔 『똑같은 것은 싫다』가 들려 있었다.

당연히 이 책을 읽을 겨를이 없었다. 그저 언제 어디서건 책을 곁에 두는 본능에 따른 것이겠다. 그 뒤 24년이 지나도록 여전히 이 책을 읽지 않았다. 그럼에도 각별하다. 이 책을 바라볼 때마다 내 딸을 생각했고 마치 이 책이 아이에게는 청진기, 마패, 연필, 돈과 같은 돌잡이 용품처럼 운명과 연관된 것이 아닌가 하는 엉뚱한 생각을 하게 된다. 딸아이에게 남다른 구석이 있다면 이 책이 그 운명을 암시한 것은 아닐까? 구김살 없이 말썽 한번 만들지 않고 자신의 노력으로 원하는 대학과 전공을 찾았고 졸업을 앞두고 원하는 진로를 찾아 취직했지만, 종종 아내는 참 특이한 자식이라고 푸념한다.

제목에서 유추할 수 있듯 이 책은 획일성을 싫어하는 프랑스 사람과 문화를 이야기한다. 마치 딸아이의 분신이나 되는 것처럼 24년 동안 이 책을 모셔두기만 하다가 내 서재를 이야기하는 글을 쓰면서 읽어보기로 했다. 이 책을 산 이유는 아이에게 특이함이라는 정체성을 부여하기 위함이 아니었고 1995년에 나와 우리 사회에 큰 반향을 일으킨 고 홍세화 선생의 『나는 빠리의 택시 운전사』의 영향을 받은 것으로 생각한다. 이 책은 프랑스로 출장을 갔다가 억울하게 정치범으로 몰려 돌아오지 못하고 16년 동안 파리에서 망명자 신분으로 택시 기사 노릇을 하며 지낸 경험담을 이야기한다. 홍세화 선생의 이 책은 타인을 존중하고 다수가 소수를 포용하는 프랑스의 '톨레랑스' 정신을 흑백 논리에 매몰된 우리 사회에 전파한 책으로 유명하다.

20대 중반이 되어 직장인이 되도록 메신저 프로필에 사진을 올려본 적이 없고(누구보다 사진 찍기를 좋아하면서도), 커피를 전혀 마시지 않는(누구보다 예쁜 카페를 좋아하면서도) 내 딸아이도 어쩌면 소수자의 취향을 소유한 것 아닐까. 세상에 완벽하게 평균적인 삶을 사는 사람은 없다. 누구나 자신만의 독특한 취향과 생활

습성이 있게 마련인데 타인이 이 부분을 지적하면 피곤하고 답답할 수밖에 없다. 아마도 우리나라는 유행이나 대세에 민감하며 이를 무시하는 사람에 대한 톨레랑스가 부족해서 더 그럴 것이다. 제법 남다른 구석이 많았던 20대 후반 사회 초년생이었던 나는 『나는 빠리의 택시 운전사』를 읽고 적잖이 위로받았다.

『똑같은 것은 싫다』는 『나는 빠리의 택시 운전사』처럼 획일성을 거부하고 개인을 존중하는 프랑스 문화를 이야기하지만 『나는 빠리의 택시 운전사』가 주로 개인의 경험담을 이야기한 데 반해 이 책은 객관적인 시각으로 프랑스 문화 전체를 조망하는 장점이 있다. 우선 첫 쪽을 읽자마자 왜 내가 이 책을 사반세기 동안 묵혀만 두었는지 후회하게 되었다. 프랑스 사람들은 획일성을 싫어하는 만큼 유니폼이나 제복을 입은 사람들을 혐오한다고 한다. 경찰, 군인, 성직자가 대표적인데 그중에 특히 경찰의 고충이 가장 크다고 한다. 군인들은 주로 자기들끼리 모여 생활하고, 성직자들은 대체로 자신들을 존경하는 신도만 상대하며 살아가는데 경찰들은 보통의 프랑스 사람들과 매일 부대끼며 살아야 하기 때문이다. 그러고 보니 프랑스 시위대의 폭력성과 과격함은 익히 알려져 있다. 그런 시위 문화 속에서 불가피하게 그들을 통제하고 진압해야 하는 경찰에 대한 반감이 더 커지지 않았을까?

무엇보다 다수의 눈치를 보지 않고 개인의 취향을 온전히 누리고 싶은 사람은 프랑스가 곧 천국이라는 생각이 든다. 한국인은 여러 명이 어울려 식당에 갔을 때 웬만하면 메뉴를 통일하는 경우가 잦다. 특히 시간에 쫓기는 직장인이라면 더욱 그렇다. 본인만 다른 메뉴를 주문해서 식사 준비가 늦어질까 걱정되기 때문이다. 소심한 성격인 나는 심지어 가족끼리 식사를 할 때도 웬만하면 다른 사람과 같은 메뉴를 주문하는 편이다. 요즘의 청년들 사이에선 이런 식사 문화가 많이 사라진 듯은 하지만, 여전히 한국인은 남과 다른 무언가를 선택할 때 주저하게 되는 경향이 강하다.

프랑스 사람들은 여러 명이 함께 식당에 가더라도 각자 다른 메뉴를 주문한다. 프랑스인에게 레스토랑에서 원하는 음식을 선택하는 일이야말로 자신의 개성을 표현하고 자유를 누리는 기회이기 때문이다. 그들에게 식사는 단순히 허기를 달래는 행위가 아니라 미세한 미각을 만족시키는 의식에 가깝다.

『똑같은 것은 싫다』에서 발견한 놀라운 통찰은 수다와 혁명의 상관관계를 설명한 부분이다. 동양을 대표하는 수다쟁이는 중국인이며 서양은 프랑스인이다. 말이 많다는 점 이외에도 프랑스인과 중국인은 공통점이 있다. 우선 두 나라 사람은 동서양을 대표하는 요리 강국이라는 점이다. 프랑스와 중국은 각자 동서양에서 구체제를 무너뜨리고 혁명에 성공한 나라이기도 하다.

말이 많다는 것은 감각적인 혀를 가지고 있다는 뜻이고 이는 곧 좋은 요리를 만들 수 있는 자질이며, 수다는 곧 토론과 설득이 자연스럽게 이루어져서 혁명이 발생하고 성공할 수 있는 문화적 토양이 된다는 것이다. 그러고 보면 수다야말로 행복한 가정생활의 토양이 아닐까? 『똑같은 것은 싫다』와 함께 태어나 어느덧 성인이 된 딸아이는 언젠가 나에게 이렇게 말했다. 엄마는 아빠와 많은 이야기를 나누고 싶어 하는데 아빠가 그러지 않아서 서운해하는 것 같다고. 그러고 보면 아내가 나에 대해서 제기한 다양한 불만의 핵심을 따지고 들어가면 '말이 없다'라는 것으로 요약된다.

내 생각이 여기까지 이르자 말이 없는 나를 늘 '점잖다'라고 칭찬한 어린 시절 동네 어르신들과 밥상머리에서는 말없이 먹기만 해야 한다고 가르쳤던 집안 어른들이 원망스러워진다. 그 당시 동네 어른들도 말수가 없는 나를 두고 칭찬을 한 것이 아니고 아이답게 좀 더 도란도란 말을 많이 하면 좋겠다는 바람을 표한 게 아니었을까?

타인과 다르게 입고, 다르게 생각하며, 다르게 먹는 것을 두려워하지 않는 것이야말로 독창성과 창의력의 원동력이 된다는 것은 이 책이 우리에게 알려주는 최고의 미덕이다. 많은 사람이 유행에 민감하며 순응하려는 성향을 보인다. 물론 급격하게 변화하는 현대 사회에서 세상이 흘러가는 방향을 주시하는 일은 중요한 자세이긴 하다. 그러나 음악, 미술, 집, 연애, 결혼, 음식, 영화 등 모든 문제에 관해서 자신의 개성적 관점을 지니는 것이 더 중요하다. 고유한 취향 없이 유행을 맹목적으로 따라가는 것은 인간답게 살고 있지 않다는 것과 같다고 프랑스인은 생각한다. 그들이 취향이 없다는 말을 가장 듣기 싫어하는 이유가 이 때문이다. 취향이야말로 인간과 다른 동물을 차별하는 가장 중요한 기준이자 인간성의 표현이라고 믿는 것이다.

나로 말하자면 책 수집을 제외하면 내 취향에 대한 존중이 극도로 부족한 사람이다. 퇴근길에 우연히 들른 김밥집에서 파는 참치묵은지김밥을 너무나도 사랑한다. 1년 365일 저녁을 이 김밥으로 해결해도 행복할 것만 같다. 그러나 자신의 취향을 존중할 줄 모르는 나는 '매일 혼자 같은 시간에 와서 참치묵은지김밥만 먹는 이상한 사람'으로 인식되는 것이 두려워 그냥 지나친 날이 많다. 주인아주머니로서는 큰 이익이 되는 건 아니지만 그래도 매일 찾아와서 맛있게 김밥을 먹고 가는 '충성스러운 고객'일 수도 있는데 말이다. 우선 나부터 내 취향을 존중해야겠다.

소소한 한마디

"타인과 다른 취향을
애써 숨기지 마라."

전쟁과 평화 레프 톨스토이 · 박종소 최종술 옮김 · 을유문화사 · 2019

하소연하는 사람과 대화할 때

톨스토이를 읽어보겠다는 사람에게 『전쟁과 평화』를 먼저 권하기는 어렵다. 2,500여 쪽 분량이 말해주듯이 웬만한 독자는 이 책을 펼쳐볼 엄두조차 내기 어려울뿐더러 다른 고전 소설에서 흔히 볼 수 있는 막장 드라마 요소도 별로 없어서 자극적인 재미도 얻을 수 없다. 더구나 나폴레옹과 러시아군 총사령관 미하일 쿠투조프를 비롯한 실존 인물이 대거 등장하고, 철저한 자료 수집을 기반으로 프랑스의 러시아 침략 전쟁을 배경으로 다뤘기 때문에 소설이라기보다는 전쟁 기록물에 가깝게 여겨지기도 한다. 읽기 어려운 작품인 만큼 완독했을 때의 성취감은 남다르다. 그래서 직장 상사가 뭐라고 잔소리해도 마음속으로 '그래서 팀장님은

『전쟁과 평화』를 완독하셨나요?'라고 말할 수 있게 된다.

이 소설이 다루고 있는 시대 배경은 1805년에서 1820년이며, 자연히 러시아 사회 변화를 많이 다루고 있기에 역사서로도 읽힌다. 『이반 일리치의 죽음』이 죽음을 가장 심도 있게 탐구한 작품이라면 『전쟁과 평화』는 전쟁을 가장 광범위하고 다채로운 시각으로 탐구한 작품이다. 그런 만큼, 좀 더 과장해보자면, 이 소설은 누가 읽어보라고 해서 읽을 만한 소설이 아니다. 책을 무척 좋아해서 자진해서 읽는 사람이 이 책을 집어 들 가능성이 크다. 톨스토이를 읽어보겠다는 사람이 있다면, 『이반 일리치의 죽음』으로 시작해서 『안나 카레니나』로 넘어갔다가 최후로 『전쟁과 평화』를 읽어보라고 권하겠다.

그런데도 나는 이 소설을 각별하게 생각하고 재독 삼독을 다짐하곤 한다. 내 서재에는 문학동네판과 을유문화사판 두 종류의 『전쟁과 평화』가 있다. 같은 일을 반복하기 싫어하는 나 같은 사람에게는 같은 작품을 다른 판본으로 읽는 것이 좋다. 다른 출판사 판본으로 읽으면 같은 소설이지만 다른 소설을 읽는 듯한 기분이 든다. 표지도 다르고 번역도 조금씩 다르니까 말이다. 『전쟁과 평화』는 톨스토이가 30대 중반의 나이로 18세의 소피아와 결혼하면서 남자로서나 귀족으로서 인생의 최고조에 달한 시점에 쓴 소설이다. 이 소설을 연재해나가면서(1863~1869) 톨스토이는 장래가 촉망되는 신인 작가에서 누구나 인정하는 중견 작가로 성장했다.

　이 소설은 크게 네 가지 갈래로 요약된다. 우선 나폴레옹의 침략이 임박한 러시아 사회 일상, 둘째 전쟁이 개시되고 휴전될 때까지 러시아의 국가적 시련과 귀족 사회의 일상, 셋째 이 소설의 주요 근간인 모스크바 함락과 러시아 민족의 투쟁, 마지막으로 러시아 침략에 실패한 나폴레옹 군대의 몰락으로 이어진다. 주요 골자만 살펴보더라도 『전쟁과 평화』는 하나의 소설인 동시에 1805년에서 1820년까지의 러시아 생애라고 봐도 부족함이 없다.

　서사는 제쳐두고라도 귀족들의 사냥, 성탄절 썰매 타기, 매력적인 러시아의 전원 풍경의 세밀한 묘사는 이 소설을 '러시아 백과사전'이라는 극찬을 안겨주었을 만큼 사실적이다. 『전쟁과 평화』는 무수히 등장하는 인물, 광대한 규모, 박진감이 넘치는 묘사로 세계 문학 최고봉 자리를 차지하고 있기도 하다. 전쟁이라는 굵직한 역사적 사건과 귀족과 민중의 일상생활이 놀라운 조화를 이루면서 한 편의 장엄한 교향악으로 구현된 이 작품은 한 작가의 성과를 넘어 세계 문학사의 기적이 되었다.

　내가 고전을 좋아하는 이유 중의 하나는 현대인은 알기 어려운 옛 시대상을 알 수 있기 때문이다. 소설은 당대 풍습과 가치관을 반영하기 때문에 고전 속 일상에서 드러나는 옛이야기는 생동감이 넘친다. 물론 『치즈와 구더기』라든가 『몽타이유』와 같은 미시사微視史 서적을 읽어도 옛 서양 문화를 알 수 있지만 소설 속에피소드를 통해 알게 되는 옛 문화의 면면이 더 흥미롭고 기억에 남는다. 과연 『전쟁과 평화』에도 다른 사람에게 들려주면 굉장히 유식하다는 칭찬을 받을 만한 19세기 당시 유럽 사회의 재미난 문화가 심심찮게 등장한다. 가령, 책의 물성에 관심이 많은 나는 19세기만 해도 책을 읽기 위해서는 가위나 칼로 일일이 페이지 사이를 잘라야 했다는 것이 신기했다.

나폴레옹이 러시아를 침략한 다음 러시아 사신과 회담할 때의 일화도 흥미롭다. 나폴레옹은 적군인 러시아 사신의 귀를 잡아당겼는데 주석을 읽어보니 당시 프랑스에서는 황제가 신하의 귀를 잡아당기는 것이 최고의 예우였다고 한다. 19세기 당시 유럽의 변방이자 후진 농업국이었던 러시아는 다른 선진 유럽 국가에 비해서 발달 속도가 무려 50년 정도 뒤처졌다고 한다. 따라서 러시아 귀족 사회는 영국이나 프랑스 문화를 경외했고 일상생활에서 프랑스어를 사용했다.

그러나 아무리 좋은 교육을 받은 러시아 귀족일지라도 프랑스어가 외국어인 만큼 완전히 숙달하는 데에는 적지 않은 노력이 필요했던 모양이다. 『전쟁과 평화』를 읽다 보니 러시아 귀족 사교계는 자기들끼리 러시아어로만 대화를 주고받기로 약속하고 만약 실수로 러시아어를 쓰는 경우 모금 위원에게 벌금을 내야 했다고 한다. 내가 학창 시절 영어 회화를 배울 때 영어로만 대화하기로 약속하고 실수로 한국어를 내뱉는 사람은 벌칙을 받은 기억이 떠올라서 어떤 분위기인지 이해할 수 있었다. 교수 기법이나 기자재가 눈부시게 발달한 현재나 200년 전이나 외국어를 습득하는 가장 좋은 방법은 약간의 상벌을 부과하는 것이 아닌가 싶다.

소설 속 등장인물인 나타샤가 병에 걸렸을 때의 에피소드 또한 독자에게 흥미진진한 당대 문화를 알려준다. 나타샤를 치료한 의사가 처방한 약을 먹으면 다시 노래하면서 뛰어놀게 될 것이라는 소견을 말하자 나타샤의 어머니는 자신의 방으로 돌아와 여러 번 침을 뱉었다. 이 이상한 행동은 19세기 러시아 사회에서는 자연스러운 것이었다. 당시 러시아 사람들은 타인이 자기 자식에 대한 찬사나 칭찬을 하면 불행을 부른다고 믿었다. 나타샤 어머니는 자식에게 닥칠 수 있는 불행을 방지하기 위해서 액땜 차원에서 침을 뱉은 것이다.

그러고 보면 자식 문제에 관한 인식은 서양이나 우리나 비슷한 측면이 있다. 자식이 귀하지만 지나치게 감싸고 키우면 오히려 해가 된다는 인식 말이다. 우리나라에는 귀한 자식일수록 천한 이름으로 불러야 복이 온다는 인식이 있었다. 조선의 임금 고종의 아명이 '개똥이'이지 않았는가. 나타샤의 병치레와 관련된 톨스토이의 인식은 새겨볼 만하다. 톨스토이는 나타샤가 병석에서 일어나게 된 것은 당시 의사가 처방한 약 덕택이 아니라고 단언했다. 19세기 러시아 의학이란 것은 과학적 치료라기보다는 민간요법에 가까웠을 것이다.

톨스토이는 돌팔이 의사나 주술사 그리고 민간요법이 여전히 명맥을 잃지 않고 환자 치료에 나름 이바지하고 미래에도 그 영향력을 잃지 않으리라고 단언했는데 그 이유는 그들이 환자를 사랑하고 가엽게 여기는 사람들의 정신적 욕구를 충족시키기 때문이라고 생각했다. 다시 말하면, 돌팔이 의사나 주술사는 병으로 고통받는 환자의 기본 욕구, 즉 자신의 고통이 없어지리라는 기대와 자신을 위해서 뭔가 해주리라는 기대를 만족시켰다.

딸아이는 우리 부부에게 직장에서 겪었던 어려움을 하소연하는 경우가 많았다. 아내와 나는 직업이 선생이다 보니 아이의 하소연을 듣고 문제 해결에 치중했는데 딸은 답답해했다. 자식의 고민을 우리의 고민으로 여긴 아내와 나는 문제의 원인과 그 문제에 대처하는 자세에 관해서 장황하게 늘어놓았다. 아내와 나에게 번갈아 전화해서 하소연한 딸아이는 시종일관 답답해하며 마침내 속마음을 털어놓았다. 자신이 우리에게 기대하는 것은 '문제 해결'이 아니라 '공감'이란다. 자신이 겪은 불합리한 일 처리 지시와 억울한 상황에 대해서 조언을 듣고 싶은 것이 아니라 힘겨운 상황에 공감하며 맞장구쳐달라는 것이다.

자신의 어려움이 경감되고 상대가 공감해주기를 바라는 것은 인간의 영원불변한 욕구다. 그러고 보면 타인에게 뭔가에 대해서 하소연하는 사람은 어떤 의미에서 어른의 따뜻한 손길을 바라는 아이이며 그들에게 필요한 것은 문제 해결보다는 공감인 듯싶다.

아이는 자신보다 나이가 훨씬 많고 똑똑한 어른은 자신의 아픔을 잘 알고 낫게 해주리라는 믿음을 가지고 있다. 따라서 상대의 하소연을 듣고 문제를 해결하기 위해서 골몰하는 것도 좋겠지만 '할머니 약손'처럼 상대를 어루만져주고 "금방 좋아질 거야"라고, 따뜻한 위로를 하는 편이 상대에게 더 도움이 되지 않겠는가.

톨스토이가 말하는 '식후기분'도 흥미로운 통찰이다. 식후기분이란 모든 사람에게 적용되는, 말 그대로 식사를 방금 끝낸 순간의 만족감과 행복감을 일컫는다. 대부분 사람은 식사를 마치고 나면 뭐라고 표현할 수 없는 만족감을 느끼면서 모든 사람을 친구처럼 느끼게 된다는 것이다. 나이키의 창업자 필 나이트가 『전쟁과 평화』를 읽고 알게 되었는지는 모르겠지만 어쨌든 그는 식후기분의 효용성을 잘 알고 있었다. 필 나이트는 타인을 설득하기 가장 좋은 시간은 '해 질 무렵의 저녁 시간'이라고 규정했다. 그의 아버지가 식사를 방금 마치고 식후기분에 빠져 있을 때 자신의 인생을 바꿔준 여행 경비를 타냈다. 명심하자. 누군가에게 부탁할 일이 있으면 상대가 식후기분에 빠져 있을 때를 노려야 한다는 것을.

또한 톨스토이는 많은 사람이 자신보다 나이가 많거나 지위가 높은 사람을 어려워하고 꺼리는 경향이 있지만 그 반대를 권한다. 사람과 사귈 때 언제나 자신보다 지위가 높은 사람을 선택해야 한다는 것이다. 그래야만 뭔가를 하나라도 더 배울 수 있고 또 친해지면 부탁을 할 수 있을 테니까 말이다.

어쩌면 톨스토이는 『전쟁과 평화』로 자신이 가장 불행하다고 자책하는 많은 사람에게 더없이 소중한 위로와 격려를 보내고 있는지도 모르겠다. 우리의 불행은 결핍이 아니라 과잉에서 생긴다고 톨스토이는 말했다. 고통은 사람을 피폐하게 만들 수 있지만 한계가 있는 법이다. 마찬가지로 풍요로움이 주는 자유에도 한계가 있다. 톨스토이의 말을 빌리자면 장미로 장식된 침대에 누워 꽃잎이 한 개 바닥으로 떨어졌다고 고민하는 부자나 축축한 땅에 누워 한쪽은 따뜻한데 다른 한쪽은 차갑다고 고민하는 빈자나 현실에 만족하지 못하는 것은 마찬가지다. 완전무결한 행복이 없듯이 완전무결한 불행 또한 존재하지 않는다.

> **소소한 한마디**
>
> "공감과 위로가
> 어떤 주술보다 힘이 있다."

> **벤저민 프랭클린 자서전** 벤저민 프랭클린 · 이종민 옮김 · 문학동네 · 2023

성공의 비결이 궁금할 때

최근 다소 충격적인 이야기를 들었다. 대학에서 문학을 전공했고 지금은 서점을 운영하는 지인이 나를 두고 "문학을 읽는 사람은 몇 년 만에 처음 본다"라고 말한 것이다. 우리는 서로 놀랐다. 그는 문학을 읽는 독자를 너무 오랜만에 만나서, 나는 문학을 읽는 독자들이 이토록 드물다는 사실에. 참으로 이상한 일이다. 내가 주로 활동하는 인터넷 독서 커뮤니티는 고전문학을 숭배하며 비문학, 특히 자기계발서는 거의 취급하지 않는다. 이 흥미로운 대조를 보고 곰곰이 생각해보니 어느 정도 이해가 됐다.

나처럼 세상에는 읽어야 할 책이 너무 많으니, 고전문학을 죽기 전에 한 권이라도 더 읽어야겠다고 생각하는 사람이 있지만 요즘처럼 치열한 경쟁 사회에서 귀한 시간을 내서 하는 독서라면 가능한 자신의 인생 경로에 실제적인 도움이 되는 책을 읽겠다는 사람도 많기 마련이다. 오랜만에 문학을 읽는 사람을 만나서 놀랐다는 지인이 나에게 알려준 실용적인 심리학서가 『도둑맞은 집중력』인데 아직 읽어보진 않았지만 결국 좀 더 많은 시간을 좀 더 생산적인 일로 채우고 싶다는 현대인의 공통 관심사를 이야기하는 책이 아닌가.

고전문학을 탐독하는 독자라고 해서 자기계발서나 실용서를 아주 등한시하는 것은 아니다. 자기계발서에도 누구나 명저라고 인정할 만한 책이 있는데 『데일 카네기 인간관계론』과 지금 이야기하려는 『벤저민 프랭클린 자서전』이다. 특히 『벤저민 프랭클린 자서전』이 평범한 사람이 노력만으로 개인적 성공과 사회적 공헌을 일궈낸 기록인 동시에 문학적인 깊이까지 겸비한 것을 고려하면 국내 유수의 출판사에서 번역 출간하고 문학 전집의 한 권으로 구성되기에 부족함이 없어 보인다.

이 책이 자기계발서 차원을 넘어서 하나의 고전문학으로 자리매김했다는 것은 국내에 1920년대 초에 번역되었다는 사실로도 증명된다. 그때부터 이 책은 자기계발법과 출세법의 결정판으로 통했다. 근면, 검소, 성실이라는 성공 비결을 제시하면서 개인의 성공을 도모하고 나아가 사회 발전을 모색하는 의지의 상징이기도 했다. 서구는 말할 것도 없고 동양에서도 이 책은 1855년 일본에서 번역 출간돼 대중에게 거침없이 읽혔다.

  이 책이 이토록 동서양을 막론하고 선풍적인 인기를 끈 것은 한마디로 평범한 사람이 부자가 되는 방법을 얻고자 하는 욕구에서 비롯되었다. 가난하고 미천한 유럽 청년들이 자수성가한 나폴레옹을 흠모하고 추종했듯이 예나 지금이나 많은 사람이 프랭클린을 출세의 아이콘으로 여긴다. 물론 프랭클린을 경제적 성공에 집착하는 천박한 자본주의를 대표하는 인물이라고 비판하는 견해도 있었지만, 대다수 대중은 '자수성가'한 영웅으로 추앙했다.

  『벤저민 프랭클린 자서전』을 부자가 되는 길을 제시하는 책이라고만 생각해서는 안 된다. 미국이 영국의 식민지였던 시절에 태어나 '건국의 아버지'의 위치에 오른 프랭클린은 국가 독립의 주역이었고 피뢰침, 다초점 렌즈 등을 발명한 과학자였다. 알렉산더 해밀턴과 함께 대통령이 아니면서 달러화 인물의 주인공이 되었지만 그의 묘비에는 '인쇄인 프랭클린Printer Franklin'으로만 새겨져 있다. 그만큼 진솔하고 소박하게 살았다는 방증이며 다른 한편으로는 그가 얼마나 책과 출판을 진심으로 대했는지를 말해준다.

  『벤저민 프랭클린 자서전』은 책을 좋아하는 사람이 읽으면 성공담이라기보다는 독서 성장기로 읽힌다. 이 책은 시종일관 프랭클린이 어떤 책을 읽었고 어떻게 글쓰기 연습을 했는지 언급한다. 그래서 이 책을 단순히 '성공한 위인의 잔소리'나 '시간을 효율적으로 관리하는 비결'로 여기고 펼치는 독자들은 당황하기 마련이다. 1706년 미국 보스턴의 양초 제조업자의 17명의 자녀 중 열다섯 번째로 태어난 프랭클린은 어렸을 적부터 책을 좋아해서 돈이 생기면 책부터 사는 독서가였다.

한 가지 놀라운 사실은 살림이 넉넉지 않은 그의 아버지 서재에는 책이 가득했다는 것이다. 어린 프랭클린은 당연하게도 이 책을 모두 읽었고 나아가 『천로역정』, 『플루타르코스 영웅전』을 비롯해서 대니얼 디포의 『경제·사회 개혁론 An Essay upon Projects』과 같은 요즘 성인도 여간해서 읽지 않는 고전을 탐독하였다. 책 가까이에서 사는 아동은 그렇지 않은 아동보다 독서량이 많을 수밖에 없다는 것이 프랭클린의 경우에도 증명된다. 부모가 자식에게 책을 많이 읽으라고 잔소리하는 것보다는 집 안에 책을 가능한 한 많이 두고 부모부터 읽는 모습을 보여준다면 자식은 자연스럽게 책과 친해진다.

불과 열두 살의 나이로 형이 운영하는 인쇄소에 고용 계약서를 작성하고 도제가 된 프랭클린에게 직장은 도서관이나 다름없었다. 인쇄소와 긴밀한 관계에 있던 서적상과 친해져 좋아하는 책을 마음껏 빌려 읽을 수 있었기 때문이다. 프랭클린이 인쇄공으로 일했던 18세기 당시의 인쇄업은 소규모 사업체가 아니라 정치, 경제, 문화와 긴밀하게 연결된 복합 산업체였다. 오늘날이야 언론사와 인쇄업체가 확연하게 분리되어 있지만 18세기 미국이나 유럽에서 인쇄업자는 시대를 대표하는 지식인이 대부분이어서 신문사와 인쇄소를 함께 운영한 경우가 많았다. 프랭클린도 인쇄소에서 일하면서 시집을 출간하고 신문도 창간했다. 당대의 유명한 언론인과 접촉할 기회가 많았음은 물론이다.

당시에는 피아노가 대량 공급되기 시작했는데 자연스럽게 악보 출판업도 상당한 규모로 성장하였다. 인쇄업자는 발주자의 주문에 따라 수동적으로 인쇄만 한 것이 아니고 음악에 대한 높은 안목을 가지고 음악 자체에 적극적으로 관여했다고 한다. 예를 들어 베토벤의 명곡 중 하나인 현악 4중주 대푸가는 인쇄업자의 조언에 따라 원래 곡의 마지막 악장이 수정되어서 출간되었다. 한마디로 당시 인쇄업자는 단순한 기술직이 아니라 정치, 사회, 문화적인 행위를 하는 지식인이었다.

중요한 것은 프랭클린이 평생에 걸쳐 책 관련된 일에 종사하면서 책을 좋아하는 사람과 가까이 지냈다는 사실이다. 프랭클린이 살았던 낭만과 가능성의 시대와 현대는 매우 다르지만, 여전히 지식을 취득할 수 있는 가장 기본적이고 효율적인 수단이 책이라는 사실은 변하지 않았다. 만약 책을 좋아하고, 책을 좋아하는 사람과 평생 교류한다면 지금도 누구에게나 자수성가할 가능성이 열려 있는 셈이다.

『벤저민 프랭클린 자서전』은 재미 면에서도 웬만한 소설을 능가한다. 믿었던 친구에게 뒤통수를 맞고 친구의 여자를 탐내며

식민지 미국 총독에게 사기당하는 등 프랭클린의 파란만장한 인생 경로는 그 자체로도 흥미로운데 탁월한 글솜씨는 이 책을 읽는 사람에게 마치 소설을 읽는 듯한 재미를 준다. 특히 친구들과 함께 노를 저어가면서 여행하는 장면은 마치 요즘 예능 프로그램의 한 장면을 떠올리게 할 정도로 익살스럽다. 모두가 교대로 노를 저어가면서 여행하는데 콜린스라는 친구가 노 젓기를 거부하고 급기야 프랭클린에게 손찌검하려고 다가오자 그를 거꾸로 들어 강물에 내팽개쳤다. 졸지에 강물에 던져진 콜린스는 뛰어난 수영 실력을 발휘하여 필사적으로 배에 가까이 다가왔는데 프랭클린과 친구들은 노를 힘껏 저어서 콜린스에게서 멀어졌다. 이러기를 몇 번이고 되풀이하다 콜린스가 완전히 녹초가 되어서야 프랭클린은 그를 다시 배 위로 끌어 올렸다.

  프랭클린은 천재적인 작가는 아니었다. 그의 탁월한 글쓰기 실력은 꾸준한 연습과 습작에서 기인한다. 몇몇 이야기를 시로 표현해보고 다시 그 시를 산문으로 표현해보는 방법이라든가, 친구들과 글쓰기 모임을 만들어서 각자가 써 온 글을 비평하며 수정해나가는 방식은 누가 보기에도 문장력 향상 방법으로 더할 나위가 없다. 글쓰기의 대가이면서 자신의 글쓰기 연습 방법을 이토록 실용적이고 구체적으로 제시한 작가가 프랭클린 말고 또 있을까 싶다.

  『벤저민 프랭클린 자서전』을 읽을수록 그가 갑자기 튀어나와 미국의 최고가 화폐에 새겨진 인물이 된 것이 아님을 실감하게 된다. 그의 부모와 조부모는 기회가 있을 때마다 합리적이고 분별력 있는 친구나 지인을 초대해서 대화를 나누곤 했는데 이는 다분히 자식의 지적 능력을 향상하려는 의도였다. 한 가지 더 특이한 점은 대화의 주제에만 주의를 기울였을 뿐 식탁 위에 올려진 음식에 대해서는 무관심했다는 것이다. 어떤 음식이 올라왔는지, 요리가 잘되었는지, 맛은 좋은지 나쁜지 등은 전혀 이야깃거리가 아니었다.

프랭클린 집안은 음식의 종류나 질에 대해서는 철저히 무관심하여 식사 후 몇 시간만 지나면 어떤 요리를 먹었는지도 기억하지 못할 정도였다. 아무 음식이나 골고루 잘 먹었기에 플랭클린은 80세가 넘도록 건강했고, 장거리 여행을 해도 음식 때문에 고생하지 않았다. 시간 관리의 대가라고 알려진 프랭클린은 음식에 쏟을 시간과 정력을 창의적인 작업에 할애했으며 병치레를 거의 하지 않았다.

음식 쇄국주의를 지향하여 익숙하지 않은 음식은 거의 입에 대지 않아 퓨전 요리의 천국이라는 싱가포르에서도 떡볶이와 된장찌개집을 찾아 끼니를 해결했던 나로서는 부러운 대목이 아닐 수 없다. 음식을 가리지 않고 먹는 습관은 해외여행이 잦고 타 문화에 접촉할 일이 많은 현대인에게 꽤 중요한 덕목이다.

벤저민 프랭클린은 성실의 아이콘으로도 알려져 있다. 어느 정도였는지 체감이 안 된다면 다음 일화를 살펴보는 것으로 충분하겠다. 프랭클린은 언제나 자신의 직분에 충실했을 뿐 그 당시 대중적인 취미였던 낚시나 사냥은 거들떠보지 않았다. 일을 하지 않을 때 책을 읽는 것이 그의 유일한 낙이자 취미였다. 예나 지금이나 독서는 남에게 칭찬받고 본보기가 되는 활동이다. 간혹 지하철에서 책을 읽는 사람을 보게 되면 모르는 사이여도 다가가서 안아주고 싶다고 말을 하는 사람도 있다. 그만큼 독서는 아름답고 바람직한 행위로 여겨진다. 그러나 벤저민은 책을 읽을 때 남의 눈에 띄지 않으려고 노력했다. 그는 자신의 직분에 충실할 뿐 일 외 다른 활동에는 한눈팔지 않는다는 인상을 주기 위해서 몰래 책을 읽었다는 것이다.

이 구절을 읽고 나는 참으로 낯이 뜨거워졌다. 교사로 일하면서 언제나 책을 가까이 두고 읽었으며 보고 있는 책이 곁에 없으면 허전하다는 핑계로 읽지도 못할 책을 들고 수업에 들어간 적도 있었다. 교무실 내 책상에는 교과서가 아닌 책이 수북하고 수업이 빈 시간에는 자주 책을 읽었다. 물론 동료들은 나의 독서 열기를 칭찬했으나 이 책을 읽는 지금에서야 알게 되었다. 겉으로는 내가 근무지에서 열심히 독서하는 것을 칭찬한 동료들이 속으로는 교사의 직분에 충실하지 않고 자신의 취미 생활에 몰두하는 불성실한 동료라고 생각했을 수도 있겠다. 부끄럽다. 자기계발은 모든 사람의 필수 덕목이지만 자신의 현재 직분이 아닌 자기계발을 근무 시간에 하는 것은 그리 바람직하지도 않고 타인에게 좋은 인상을 줄 수도 없겠다. 어떤 일이든 조용하고 꾸준하게 하고 있다면 이미 성공의 비결을 알고 있는 셈이다.

소소한 한마디

"새로운 음식을 잘 먹는 습관도 독서만큼이나 중요하다."

뿌쉬낀과 12월 혁명 암간철 · 이호철 옮김 · 실천문학사 · 1987

자녀에게 무엇을
남겨줄지 고민될 때

『뿌쉬낀과 12월 혁명』이 내게 각별한 이유는 내가 대학에 입학한 해인 1987년에 출간되었기 때문이다. 조금 거칠게 말하면 1987년 당시에는 투사가 아닌 대학생이 거의 없었다. 행동하지 않는 양심은 악의 편이라는 구호는 제쳐두고 누가 봐도 야만의 세월이었다. 일주일에 최소 이삼 일은 투쟁의 날이었고 강의실은 텅 비어 있을 때가 많았다. 나는 사실 얼치기 학생이어서 적극적으로 투쟁 대열에 참가한 것은 아니었다. 소위 '의식화'라고 치부되던 이념 모임에 참여하지도 않았고 혁명이나 투쟁의 이론적 바탕이 되는 사회과학 서적도 읽지 않았다.

대신 엉뚱하게도 중국 무술과 기독교 동아리에 가입했으며 김일성종합대학에서 제일 높은 건물보다 딱 한 층 더 높게 지었다는 우리 학교 중앙도서관에서 신간 도서를 빌려 보았다. 처음부터 헌책에 탐닉하는 사람은 드물지 않을까. '새 책 주의자'였던 나는 시골에서 올라온 학생이라 책 살 돈이 없으니 신간 도서만 골라서 읽었더랬다. 대학을 졸업하고 직장인이 되자 마음껏 책을 사서 읽었는데 더 많은 책을 찾다 보니 어쩌다가 헌책에 눈길을 돌리기 시작했다.

독서할수록 고전에 탐닉하게 되고 러시아 문학을 좋아하게 되었으며 러시아 문학의 출발점이라고 할 수 있는 푸시킨 작품을 탐독하게 되었다. 한 작가의 작품에 경도되면 자연스럽게 그의 인생 여정이 궁금해지는 법이다. 그래서 푸시킨 평전이나 그와 관련된 2차 저작물을 읽었는데 『뿌쉬낀과 12월 혁명』이 가장 쉬우면서도 새로운 사실을 많이 알려주었다. 이 책을 1987년에 읽은 독자는 독재 정부를 타도하기 위해서 이념 무장이 필요하다는 생각으로 집어 들었을 가능이 높고, 이 책을 소지하고 있다는 이유만으로 경찰서에 끌려가 좌경, 용공 세력으로 몰렸을 것이다. 참으로 애석한 시대였다. 이 책은 내가 읽은 그 어떤 푸시킨 관련 저작물보다 따뜻한 시선과 인간미가 넘친다.

이 책은 러시아 민중의 정신적 지주이자 혁명을 노래한 시인의 일대기를 "600년을 이어온 귀족 가문"이라고 자랑하며 시작된다. 저자가 궁금해지는 출발이지만 책만으로는 알 길이 없었다. 책

표지에는 달랑 岩間 徹(암간 철)이라는 이름만 표기되어 있을 뿐 그 이외 약력은 전혀 없다. 대신 역자 소개는 있다. 본문 구성도 이상하다. 책 전체를 1, 2부로 나누어 1부는 원저자의 글로 2부는 번역가의 글로 채웠다. 이와마 도루쯤으로 읽는 일본인 저자의 정보를 번역기를 동원해서 찾아보았다. 1914년에 태어나 1984년에 사망한 역사학자였다는 것과 도쿄대학교에서 서양사학을 공부하고 도쿄여자대학교 교수로 봉직하면서 록펠러 재단 연구원으로 활동했고 러시아 혁명과 소련연방 성립에 관한 연구에 열중한 인물이었다. 역시 책 내용이 비범한 이유가 있었다. 유명한 저자는 아니지만 러시아 혁명에 관한 권위자라 할 수 있었다.

우리나라에서 "인생이 당신을 속일지라도 슬퍼하거나 노여워하지 말라"라는 시구로 유명한 푸시킨은 도스토옙스키, 톨스토이, 투르게네프 등으로 대표되는 19세기 러시아 문학의 문을 연 작가다. 표트르 대제가 상트페테르부르크라는 새로운 수도를 건설함으로써 유럽으로 향하는 창을 만들었다면 푸시킨은 러시아 문학을 세계 문학으로 진출시키는 계기를 마련한 작가다. 기껏해야 4류, 5류 정도의 작가를 배출한 러시아 문학이 푸시킨이 등장하고부터 그 어떤 세계 문학에 내놓아도 일류 자리를 놓치지 않는 빛나는 대문호를 연속으로 탄생시켰다. 푸시킨은 황제가 다스리는 나라에서 억압받던 민중의 정신적 지주였으며 러시아 청년 모두가 줄줄 외고 다니는 시를 쓴 대문호이기도 했다. '못된 시를 러시아에 넘쳐흐르게 했다'라는 죄목으로 황제 알렉산드르 1세가 그를 수도에서 추방할 때도 여비 1,000루블을 쥐어 줄 만큼 모두에게 세심한 배려를 받은 인물이기도 하다.

그가 6년간의 추방에서 사면되자 모든 러시아인은 열광했다. 푸시킨이 극장에 나타나기라도 하면 공연은 뒷전이 되었고 사람들의 시선은 온통 푸시킨에게 집중되었다. 상류사회 무도회에서도 모든 귀부인은 그와 춤추기를 고대했다. 아마도 러시아 작가에 대해서 러시아인 모두가 흥분에 휘말린 것은 푸시킨이 사면되었을 때와 그가 이 세상 사람이 아니게 된 50년 뒤 푸시킨 동상 제막식 때 도스토옙스키가 그를 기리는 연설을 했을 때, 단 두 번이었을 것이다.

어디 그뿐인가. 푸시킨은 대표작 『예브게니 오네긴』으로 총 4만 5,700루블의 원고료를 받았다. 이 수치는 러시아 언론사 리아 노보스티와 콤소몰스카야 프라브다가 보도한 내용으로, 그가 받은 고료 가운데 가장 높은 금액이었다. 19세기 러시아에서 1루블은 약 금 0.37그램의 가치가 있었으며, 이를 현재 금 시세 기준으로 환산하면 1루블은 약 1만 5,000원에 해당한다. 따라서 푸시킨이 『예브게니 오네긴』으로 벌어들인 총수입은 오늘날 가치로 약 6억 8,000만 원에 달한다. 물론 이 작품을 완성하기 위해서 푸시킨은 무려 7년을 쏟아부었지만, 그는 시도 팔리는 문학 장르임을 증명한 최초의 문인이다.

러시아인으로부터 국민 시인으로 사랑받는 푸시킨은 정작 가정에서는 어린 시절부터 '미운 오리 새끼'였다. 어린아이 특유의 애교가 없고, 까무잡잡한 피부를 가진 못생긴 자식이었다. 생기발랄한 큰 눈을 가진 아이였지만 사교가인 부모와는 달리 어린 시절부터 사람들 앞에 서는 것을 꺼렸고 무뚝뚝하며 지나치게 내성적이었다. 그의 부모는 이런 푸시킨에게 깊은 정을 주지 않았고 급기야 동생 레프가 태어나자, 푸시킨은 완전히 부모의 관심 밖으로 벗어나버렸다. 더구나 평소 행실이 불량하다와 같은 이유로 언제나 꾸지람을 들으며 천덕꾸러기로 자랐다. 부모의 미움을 받고 자란 푸시킨은 귀족 학교에 다닐 때도 친구와 자주 다투고 교사와 마찰을 일으키기 일쑤였다.

오죽하면 인자하기 그지없는 교장조차 그를 두고 '사랑도 신앙도 없는 공허한 청년이자 저열한 작품이나 외우고 다니는 머리 나쁜 청년'이라고 혹평하고, 동급생이었던 코르프 남작은 '욱하고 폭발하는 성품에다 언제나 침착하지 못하고 다정한 구석이나 매력적인 면이 전혀 없다'라고 평가했다. 재미있는 점은 푸시킨을 혹평한 교장과 친구도 푸시킨이 시로 빛을 발하는 문학청년임은 인정했다는 것이다.

내성적이고 욱하는 성격으로 학교에서 널리 사랑받은 소년은 아니었으나 문학적 감수성과 재능을 인정한 친구들 덕분에 그의 학교 생활이 외롭지는 않았다. 예를 들어 공작부인을 시녀로 착각해 강제로 껴안고 키스를 퍼부었을 정도의 만행을 저지른 푸시킨이었지만(지금으로서는 상상도 할 수 없는 범죄 행위이다) 그의 시적 재능을 사랑한 친구들과의 우정은 졸업 후 오랫동안 지속되었다. 집안에서나 학교에서나 미운 오리 새끼였던 푸시킨이 그나마 숨통을 트고 살아갈 수 있도록 해준 그의 문학적 재능은 어디에서 비롯되었을까?

푸시킨에게는 위대한 문학 스승 두 명이 있었다. 첫 번째 스승은 그의 할머니였다. 19세기 러시아 귀족 가문이 그러하듯이 푸시킨 집안에서는 모국어인 러시아어가 아닌 프랑스어가 상용어였다. 러시아어에 익숙해질 기회가 차단되었을 뻔한 푸시킨에게 러시아어를 가르친 사람이 그의 할머니였다. 집안사람 모두가 프랑스어를 쓰며 사교에 들떠 있을 때 할머니는 억양이 투박한 러시아어로 푸시킨에게 조상들의 이야기를 들려주었다. 푸시킨에게 할머니는 최초의 러시아어 교사이자 토속 문학을 전수해준 인물이었다.

두 번째 스승은 푸시킨의 유모였다. 해방 농노로서 집안사람들과 함께 식사하며 집안 대소사에 의견을 거침없이 낼 수 있었던 그녀는 친부모의 사랑을 받지 못하는 푸시킨을 특별히 사랑하며 돌봐주었기 때문에 푸시킨은 엄마라고 불렀다. 유모는 푸시킨 친부모가 밤이 되어 무도회에 가면 푸시킨을 앉혀두고 러시아 옛이야기를 도란도란 들려주었다. 그 당시 나이 든 여성들이 그러하듯이 유모는 러시아의 민담, 속담, 민요를 많이 알고 있었다. 유모가 자그마한 목소리로 잠자리에 든 푸시킨에게 요괴나 마녀 이야기, 무용담을 들려주면 그는 상상의 나래를 펼치면서 잠들었다.

유모가 들려준 러시아 구전 이야기는 장차 『예브게니 오네긴』을 비롯한 러시아 토속 문화가 짙은 문학작품의 토양이 되었음은 물론이다. 어린 시절의 경험이 그대로 반영된 이런 성격의 문학작품을 발표함으로써 푸시킨은 러시아인 모두가 존경하는 대문호로 성장하기에 이른다.

푸시킨으로서는 참 다행스럽게도 그의 부친이 훌륭한 장서가였고, 책들이 위대한 스승이 돼주었다. 아버지가 자식에게 애정을 쏟아붓지는 않았으나 서재만큼은 아낌없이 베풀었다. 당시 푸시킨 집 안 서재에는 볼테르, 라퐁텐, 루소 등의 프랑스 책뿐만 아니라 불역된 그리스 로마 신화를 비롯한 광범위한 고전이 자리잡고 있었다. 이 책들을 탐독하면서 푸시킨은 탐욕적인 독서가가 되었고 시인으로서의 재능도 길러나갔다. 사교가였던 그의 아버지는 당대 유명한 문인들을 서재에 초대해서 대화를 나누었는데 어린 푸시킨은 이 토론에 당당히 끼어들어 귀를 쫑긋 세우고 낭독되는 시와 러시아 문학계의 소문뿐 아니라 아이들이 들어서는 안 되는 이야기도 들었다. 이런 과정을 통해서 푸시킨은 나이보다 조숙해졌고 불과 여덟 살에 자작시를 쓰기에 이른다.

나는 비록 자식 교육에 공을 기울이지는 않았지만 딱 하나 잘한 것이 있다. 딸아이가 어렸을 때 자주 책을 읽어주었고 나의 어린 시절 이야기, 읽었던 동화, 어른들에게 들은 이야기를 자주 들려주었다. 책을 좋아하는 사람은 누구나 공감하게 되는데 '독서'야말로 가장 널리 인정받는 몰입 활동이다. 책을 읽을 때 사람은 세상 모든 시름을 잊고 아편 중독자처럼 책 속으로 빠져들게 마련이다. 특히 잠자리에서 하는 독서는 유난히 즐겁고 그 효과가 뛰어나다. 잠자리 독서는 눈을 감고 명상할 때보다 각성의 강도가 높지만, 막상 독서가 끝나면 각성 수준이 기준치 이하로 떨어진다는 사실이 교육학자 넬 노딩스의 실험 결과로 증명되었다. 잠자리에 누운 아이에게 책을 읽어주고 이야기를 들려주는 것은 아이 스스로 책을 읽는 것과 다름없이 더할 나위 없는 몰입 효과를 부여하며 완전한 휴식으로 인도한다(『크라센의 읽기 혁명』, 스티븐 크라센, 조경숙 옮김, 르네상스, 2013, 52쪽).

이와 관련해 한 가지 덧붙인다면 내가 탐욕스러운 장서가이고 우리 집 서재에는 온갖 종류의 책이 가득하다는 것이다. 자녀 교육에 대해서 많은 사람이 다양한 의견을 제시하지만 역시 어린 시절 부모와 함께한 따뜻하고 아름다운 추억이야말로 최고의 교육이다. 그 추억 가운데 부모가 책을 읽어주고 이야기를 들려주는 것이 최고이며 뛰어난 교육이 된다. 집 안 서재에 많은 책이 있고 부모가 책을 자녀에게 읽어준다면 아이가 보이지 않는다고 해서 찾을 필요가 없다. 아마도 아이는 서재 구석에서 책을 읽고 있을 테니까 말이다.

푸시킨은 할머니와 유모가 훌륭한 부모의 역할을 함으로써 러시아를 대표하는 대문호로 성장할 수 있었다. 푸시킨처럼 가족과 추억을 나눈 사람은 장차 만나게 될 수많은 장애와 악으로부터의 유혹을 이겨낼 수 있다.

소소한 한마디

"아이에게 줄 최고의 선물은
이야기를 들려주며 함께하는 추억이다."

로마사 논고 니콜로 마키아벨리 · 강정인 안선재 옮김 · 한길사 · 2003

타인을
모욕하고 싶을 때

1469년 이탈리아의 도시국가 피렌체공화국에서 태어난 니콜로 마키아벨리는 불과 스물아홉 살의 나이에 나라의 외교를 책임지는 자리에 올랐으나 1512년 해임된다. 1513년에 집필한 그의 대표작『군주론』은 외교관으로서 겪었던 경험과 관찰을 토대로 쓴 책으로, 군주가 우유부단하고 뭐든지 쉽게 믿는다면 나라를 제대로 다스릴 수 없다고 주장했다. 그는 이 책을 통해 공직에 복귀하고자 했으나 실패하여 여생을 책을 쓰면서 보냈다. 1513~1519년 사이에 쓴『로마사 논고』는 티투스 리비우스의『로마사』에 대한 일종의 논평인 셈인데 로마공화정이 위대한 제국으로 성장한 비결을 분석한 책이다. 이 책을 통해서 마키아벨리는 공화주의자로서의 신념을 명쾌하게 표현했다. 그 밖에 군사 전략에 관한 『전술론』과 피렌체공화국 역사를 다룬 『피렌체사』 등을 남겼다.

현대의 독자가 마키아벨리라는 이름을 들으면 무엇을 먼저 떠올릴까? 아마도 『군주론』일 것이다. 마키아벨리는 이탈리아 르네상스가 배출한 예술, 문학, 철학의 다양한 인물 중에서 단연 돋보이는 지식인이자 천재다. 『군주론』은 출간되자마자 헤아릴 수 없는 칭찬과 비판을 불러일으켰을 뿐만 아니라 마키아벨리가 세상을 떠난 500년이 지난 지금도 논쟁이 끊이지 않는 것으로 보아 그는 확실히 이탈리아 르네상스 시대를 대표하는 정치사상가다.

왜 사람들은 지금까지도 마키아벨리를 두고 논쟁을 벌일까? 마키아벨리만큼 근대 유럽 정치사상사에 중요한 흔적을 남긴 사람이 거의 없기 때문이다. 그는 정치를 도덕이나 종교 등 다른 분야와 구별된다는 점을 명쾌하게 밝히고 더 나아가 정치는 종교적 신념이나 도덕적 가치관으로부터 자유로워야 한다고 주장했다. 조금 더 쉽게 설명해보자. 우리나라 왕을 먼저 생각하면 조선 시대 왕들은 최고의 권력자이지만 유교가 말하는 도덕을 몸소 실천하여 모범을 보여야 했다. 신의와 의리를 지키고 부모에 효도하는 등 공자와 맹자가 가르친 도덕을 철석같이 지켜야 했다.

그런데 『군주론』을 읽다 보면 나라를 제대로 다스리기 위해서는 음모와 속임수도 마다하지 말라고 한다. 목적을 달성하기 위해서는 수단과 방법을 가리지 않아야 한다고 주장하는 잔혹하고 교활한 정치사상이라고 볼 수 있겠다. 이런 생각은 르네상스 시대 이탈리아인의 상식과도 거리가 멀었나 보다. 당대 이탈리아 사람들은 『군주론』의 사상을 두고 '잔인'하다고 생각했고 급기야 마키아벨리를 괴물 같은 존재로 여겼다. 당시 군주와 다름없는 권력을 가진 교황과 성직자는 자신들의 권위를 위협하는 위험한 책으로 간주하고 금서로 지정하여 사람들이 읽지 못하게 했다.

정치는 도덕과 무관하다는 마키아벨리의 사상은 자칫 위험하게 받아들여질 수 있긴 하다. 제2차 세계대전을 일으켜서 수백만 명의 죄 없는 사람을 희생시킨 히틀러와 이탈리아의 독재자 무솔리니가 『군주론』을 삶의 지침서로 삼고 애독했다는 사실을 알고 있는가? 심지어 무솔리니는 『군주론』을 주제로 볼로냐 대학교에서 박사 학위를 받았을 정도로 열심히 읽었다. 히틀러와 무솔리니는 자신들의 비도덕적이고 반인륜적인 행위에 대한 정당성을 『군주론』에서 찾은 것이다. 이처럼 『군주론』을 잘못 이해하면 민주주의 사회가 중요한 가치로 생각하는 자유, 개인, 인권 등을 무시하고 개인의 야욕만 채우려는 괴물이 나타날 수 있다.

물론 『군주론』은 좋은 책이다. 인간 심리를 통찰하는 교육적인 내용도 많고, 르네상스 시대 이탈리아의 복잡한 정치 관계를 이해할 만한 지식도 많이 들어 있기에 시대를 초월해 여전히 읽히고 있지만 히틀러나 무솔리니의 길을 밟으면 곤란하므로 많은 배경지식과 독서 역량을 키운 뒤에 읽는 것이 더 좋다. 따라서 나는

『군주론』보다는 마키아벨리가 쓴 또 다른 책『로마사 논고』를 권하고 싶다.『로마사 논고』는 피렌체공화국보다는 좀 더 친숙하고 잘 알려진 로마공화정을 소재로 쓴 책이기 때문에 비교적 읽기가 쉽다. 중국 고사에 얽힌 이야기처럼 로마공화정 시절 일어난 사건을 예로 들면서 이야기를 풀어나가는 방식이다.

『로마사 논고』를 쓰게 된 동기만으로 이 책을 읽어야 할 이유가 충분하다. 마키아벨리의 고국 피렌체는 잦은 전쟁과 사회 혼란 때문에 매우 어려운 시기를 겪고 있었다. 이를 안타깝게 지켜보던 마키아벨리는 고대 로마공화정을 본받는 것이야말로 피렌체를 전쟁이 없는 자유로운 국가로 만들 수 있다고 믿었다. 로마공화정의 역사를 잘 살펴보면 자신이 살고 있는 피렌체의 문제점을 해결할 방법이 있다고 생각한 것이다. 역사 속에 정답이 있는데 왜 그것을 외면하느냐는 주장이다.

인간의 욕망이나 성품은 시대와 상관없이 똑같으니 과거 역사를 열심히 공부하다 보면 현재 겪는 문제를 해결할 실마리를 얻을 수 있을 뿐만 아니라 미래에 일어날 문제도 예측할 수 있다. 역사를 통해서 배우지 않는 사람과 국가는 같은 문제를 되풀이해서 겪게 된다. 마키아벨리의 이런 생각은 우리에게 여러모로 쓸모가 있다. 우리가 역사를 공부하고 고전을 읽는 이유가 이것이다. 역사와 고전을 공부하고 읽는 사람은 자신이 현재 겪고 있거나 앞으로 닥칠 문제에 대한 해답을 다른 사람보다 더 잘 알게 된다.

아울러 『로마사 논고』는 왕정에 반대하는 공화주의자 마키아벨리의 정치사상을 좀 더 명확하게 보여주는 저서이기도 하다. 마키아벨리의 진짜 모습은 『군주론』보다는 『로마사 논고』에서 찾을 수 있다. 『군주론』을 읽으면 냉혹한 모사꾼이지만 『로마사 논고』를 읽으면 뜨거운 심장을 가진 애국자로 보인다. 『군주론』의 주인공은 왕이지만 『로마사 논고』의 주인공은 시민이다. 마키아벨리가 희망, 자유, 행복 추구, 생명에 대한 사랑을 품은 공화주의자였다는 것을 『로마사 논고』를 읽다 보면 알게 된다.

『로마사 논고』의 핵심 내용은 간단하다. 로마인이 어떻게 자유롭고 효율적인 국가 제도를 만들었는지와 시민들이 어떻게 사회에 도움 되는 가치관과 마음씨를 가지도록 했는지에 대한 방법이다. 마키아벨리는 귀족과 시민 어느 한쪽이 절대 권력을 가지는 것을 좋아하지 않았다. 권력을 독차지하지 않고 견제와 균형을 맞추면서 나라를 운영하는 것이 가장 좋다고 주장한다. 따라서 평범한 시민이 고위직 정치인에게 고함을 지르거나 거리에서 시위하는 행위도 허용해야 하며 시민 모두에게 능력에 따라서 고위직에 오를 기회를 줘야 한다고 믿었다. 말하자면 현대 민주주의 국가가 완벽하게 실현하고자 하는 삼권분립이라든가 기회 균등, 협치를 강조한 것이다. 그뿐만 아니라 로마공화정에서 시행한 고위직 정치인에 대한 탄핵도 도입해야 한다고 주장했다. 민주주의 국가의 엄격한 법 제도에 따라 처벌받을 수 있다는 두려움이 있다면 모든 정치인이 부정부패를 자제하지 않겠는가.

　마키아벨리의 정치사상은 좀 더 현실적이고 구체적이다. 완벽하게 모든 사회 구성원이 화합하고 배려하는 것은 이상이므로 어느 정도의 갈등을 인정하고 견제와 탄핵을 통해서 해결해나가자는 것이다. 마키아벨리는 현실에서는 도저히 일어날 수 없는 이상적인 정치 제도를 주장한 것이 아니다. 인간은 모두 자기 이익 앞에서는 이기적이라는 지극히 현실적이고 정확한 전제하에 여러 가지 실현 가능한 정치 제도를 고민했다.

　『로마사 논고』는 정치만 이야기하진 않는다. 요즘 말로 인간 속성에 관한 '뼈 때리는' 통찰과 오늘날에 일어나는 사회 현상에도 적용할 충고를 많이 담고 있다. 가령, 인구 증가 문제에 대해서 마키아벨리가 현실적인 조언을 했다면 놀랍지 않은가? 마키아벨리가 다룬 인구 증가 문제는 피렌체공화국이 좀 더 강대국이 되기 위해서 인구를 늘려야 한다는 것이지 현재 우리나라처럼 출산율 저하 때문에 발생한 인구 감소 문제와는 결이 조금 다르지만 '인구를 늘려야 한다'는 절박한 상황은 같다.

　그는 인구를 증가시키기 위해서 두 가지 방법을 쓸 수 있다고 말한다. 사랑에 의한 방식과 무력에 의한 방식이다. 사랑에 의한 방식은 뭘까? 이주를 원하는 외국인을 적극적으로 받아들이고 안전하게 살 수 있는 환경을 제공하는 것이다. 무력에 의한 방식은 이웃 국가를 침략하여 강제로 이주시키는 것이다. 로마는 이

두 가지 방법을 적절히 활용하여 인구를 증가시켰다.

현대에 무력으로 인구를 증가시킨다는 발상은 말도 안 되므로 우리는 결국 사랑에 의한 방식을 택해야 한다. 고대 도시국가 스파르타는 이주민이 대거 들어오면 나라의 기강이 무너진다고 생각했기에 외국과의 교류나 이주 자체를 금지했다. 그 결과 강대국으로 오래가지 못하고 멸망했다. 물론 가치관이나 문화가 완전히 다르며 타 문화에 배타적인 민족을 쉽게 받아줄 수는 없는 노릇이다. 그러나 외국인이라고 해서 무턱대고 차별하고 선입견으로 바라보는 것 또한 올바른 태도가 아니다.

『로마사 논고』가 재미있는 점은 '나 때는 말이야'에 대한 통찰이 담겨 있다는 것이다. 확실히 사람은 언제나 옛날을 찬양하고 현재를 비하하는 경향이 있다. 자신이 살았던 과거에 대한 애착이 강한 나머지 작가나 역사가가 남긴 문학작품이나 기록물을 찬양하기도 한다. 그 이유가 무엇일까? 마키아벨리는 이렇게 설명한다.

우선 사람은 옛날 일을 온전히 알지 못한다. 부정적인 사실은 희미해지거나 숨겨지고 좋았던 점은 또렷하게 남아 화려하게 포장된다. 역사는 승자의 기록이라고 하지 않는가. 역사가나 작가들은 흔히 정복자나 승리자를 화려하게 포장하고 과장되게 기록한다.

『삼국지』를 생각하면 마키아벨리의 말이 좀 더 정확하게 이해된다. 최종 승자는 사마의임에도 후대 사람들은 그 이야기에 수 없이 등장한 매력적인 영웅호걸들을 기억하며, 그때를 멋진 시대라고 기억한다. 패자든 승자든 『삼국지』에 등장하는 영웅들을 사랑하지 않을 수 없고, 그렇기에 영웅호걸의 과장된 무용담을 현대의 평범한 인물과 비교하기도 한다. 여기에 무한한 현실에 늘 만족하지 못하는 인간의 욕망이 더해진다. 인간의 욕망은 무한하지만, 우리가 얻을 수 있는 것은 극히 일부이기 때문에 현재 자신이 가진 것에 만족하지 못한다. 인간이 현재를 비관하고 옛날을 찬양하는 이유가 이것이다.

『로마사 논고』가 자기계발서나 처세술로 읽히는 지점도 있다. 본인만 유독 복이 지지리도 없는 불행한 사람이라고 자책하는 사람에 대한 조언이다. 마키아벨리는 행운과 불운은 타고나는 것이 아니라 자신이 일하는 방식이 시대와 맞는지 아닌지에 달려 있다고 말한다. 세상이 바뀌었는데 자기 방식만 고집하면 불운해질 수밖에 없고 세상의 흐름을 잘 알고 그에 맞는 방식으로 변화한다면 누구에게나 행운은 찾아온다는 것이다. 어떤가? 좀 위로가 되지 않는가? 어쩌면 『로마사 논고』는 지극히 현실적인 자기계발서로도 읽힐 수 있겠다. 마키아벨리는 자신의 인생이 어떤 경로로 흘러갈지 알 수는 없지만 운명에 자신을 내맡기고 포기할 필요는 없다고 주장한다. 어떤 고난이나 불행을 겪더라도 우리는 언제나 희망을 품어야 하고 절망해서는 안 된다.

화가 날 때 어떻게 해야 하는지 말해준다는 점에서도 『로마사 논고』의 실용적 측면이 돋보인다. 이 책에는 어떤 상황에서도 상대를 말로 겁 주거나 모욕해서는 안 된다는 구절이 나온다. 누구를 말로 혼내면 속이 후련할지는 모르겠지만 상대가 변화되기는커녕 오히려 당신을 미워하기만 할 것이다. 심각하게는 당신에게 복수할 기회만 엿본다. 마키아벨리가 말한 것처럼 사람은 은혜를 입은 일은 쉽게 잊지만, 상처 받은 일은 꼭 갚아주려고 한다. 보은은 손해이지만 복수는 이득이라고 생각하기 때문이다.

다른 사람에게 화가 나더라도 노골적으로 분노를 표출해 모욕을 주기보다는 에둘러 이야기하는 편이 좋지 않겠는가? 우리는 가끔 상대가 지나치게 화를 내거나 혼을 내면 자기 잘못을 인정하면서도 반항심을 느낀다. 자기 잘못을 다른 사람이 알고 있다는 것만으로도 우리는 반성하게 된다. 그런데 굳이 잘못을 호되게 지적하면 반성보다는 억울한 감정이 먼저 들기 마련이다.

소소한 한마디

"아무리 화가 나더라도
바로 앞에서 타인에게 모욕을 주지 말자."

돈키호테 미겔 데 세르반테스 사아베드라 · 안영옥 옮김 · 열린책들 · 2014

자신을 가꾸는 일이
귀찮아질 때

내 서재에는 같은 책이 여러 권 있다. 같은 책도 생각하기에 따라 두 가지로 나뉜다. 판본과 출판사가 같은 책일 수 있고, 출판사나 판본만 다른 책. 전자의 경우는 의심할 바 없이 내 서재에 있는 줄 모르고 다시 산 책이다. 후자의 경우는 그 소설이 너무 좋아서 출판사나 판본별로 각자 따로 구매한 것이다.

  순전히 실수로 같은 책을 두 번 산 결과물인 전자는 나의 우둔함의 물증이니 눈에 띄는 대로 지인에게 줘버려서 증거를 인멸한다. 후자의 경우야말로 나의 독서에 대한 진지함이나 열정 그리고 성실함을 보여주는 것이니 자랑스럽게 보관한다.『돈키호테』는 당연히 후자에 속하며 내 독서 이력의 찬란한 업적이다. 내 서재는 열린책들, 시공사, 창비, 문예출판사, 동서문화사에서 나온 『돈키호테』와 이 소설의 2차 저작물도 여러 권 있다. 감동을 주는 고전은 몇 번을 읽어도 부족함이 없는데 각자 다른 판본을 읽으면 그건 또 색다른 재미를 준다.

많은 독자처럼 나도 이 대작을 그저 동화로만 읽었다가 성인이 되어서야 완역본으로 읽었다. 『돈키호테』만큼 오래된 책이면서도 현대적인 재미와 인간에 대한 통찰이 가득한 책은 드물다. 나는 책에 관한 책을 여러 권 내면서 한 번 다룬 책은 다시 다루지 않는다는 나름의 규칙을 가지고 있는데 『돈키호테』를 비롯한 몇 권은 예외로 둘 수밖에 없다. 이 책을 이야기하지 않고서 독서의 즐거움과 독서를 통해서 얻는 통찰을 이야기할 수 없기 때문이다. 왜 이 소설이 위대한지 이유를 살펴보자.

1831년 페르난도 7세의 명령으로 스페인 광장에 세르반테스 흉상 건립이 시작되었고 1835년 황제 사후 완공되었다. 흉상 받침에는 "미겔 데 세르반테스에게. 가장 위대한 스페인에게"라는 문구가 새겨져 있다. 1605년 초판본을 출간할 때 추천사를 써줄 문인 한 명을 구하지 못했던 세르반테스는 1616년에 사망한 지 200여 년 만에 명실상부한 국민 작가로 공인되었다.

이보다 앞선 1780년경에 스페인어 사전 편찬, 스페인어 철자 표기법과 문법 정립이라는 역사적 사명 아래 왕립 스페인 아카데미가 설립되었는데, 가장 처음 출판한 문학작품이 『돈키호테』였다. 말하자면 표준 스페인어 정립에 참고가 되는 대표 문학작품으로 『돈키호테』를 꼽은 것이다. 당시 기준으로, 스페인 문학작품 중에서 영국, 프랑스, 독일 등에서 가장 호평받으며 널리 읽히는 소설이었기 때문이다. 『돈키호테』는 18세기에만 프랑스어 판본이 약 50편, 영어 판본이 40편 이상 출간된 세계적인 베스트셀러였다.

한 가지 재미난 사실은 왕립 스페인 아카데미는 『돈키호테』를 첫 출간작으로 선정하면서도 왜 이 작품이 이토록 위대한지 명확한 답을 내리지 못했다는 점이다. 심지어 이 작품을 대체 어떤 문학 장르에 포함해야 하는지 결정도 못 했다. 당시까지 보편적인 장르였던 기사 소설, 연애 소설, 악당 소설, 목가 소설 등 그 어떤 분야에도 넣을 수 없는 독특한 작품이었다. 이 소설은 출간되자마자 스페인을 넘어서 전 유럽에서 선풍적인 인기를 끌었음에도 단순히 철 지난 기사 소설 패러디나 웃기는 풍자 소설 정도로만 소비되었다. 이 소설의 가치가 제대로 매겨진 시기는 그가 죽고 오랫동안 독자 기억에서 사라졌다가 18세기가 되어서였다. 영국을 비롯한 해외 비평이 쏟아지며 재유행되자 스페인도 그제야 세르반테스 동상을 제막하는 등 부산을 피우기 시작했다. 매우 희귀한 과정으로 고전 반열에 오른 작품이다.

우선 이 소설은 세르반테스가 기존 기사 소설을 비판하기 위해서 집필했으며, 독자에게 큰 웃음을 준다는 점은 17세기 이후 모든 독자가 인정하는 사실이다. 아울러 소설에서 기사 소설을 '교훈은 없고 오직 재미만 추구한다'라고 정의한 교리 사제의 말은 기사 소설이 어쨌든 재미나다는 사실을 반증한다. 그래서 『돈키호테』의 여러 번역본 중에서 고민하는 독자에게 가장 좋은 번역본을 고르는 중요한 기준 중의 하나는 '웃음을 자주 터트리게 하느냐 여부'다. 이 소설은 웃기고 재미있다. 물론 소설이 재미나다는 이유 하나로 위대하다고 평가받을 순 없다. 세르반테스가 책이란 모름지기 사람들에게 웃음과 재미만 선사하면 된다고 생각했다면 평생 궁핍하게 살지 않았을 것이다. 영국 시인인 셰익스피어처럼 극장을 만들어 극작가의 길을 걸었다면 떼돈을 벌었을 것이 분명하다. 그렇다면 대체 무엇이 스페인 문학을 압축하면 『돈키호테』가 되고 『돈키호테』를 확장하면 스페인 문학이 된다는 신화를 만들었을까?

　『돈키호테』에 대한 찬사의 상당 부분은 '풍자'에 영광을 돌려야 한다. 소설에서 돈키호테는 비록 광인으로 치부되었지만, 이웃을 위해서 자신을 희생하고 좀 더 고귀한 가치를 지향하는 인물이다. 반면 돈키호테를 미친 사람으로 치부하는 신부나 이발사야말로 관습과 전통에 사로잡혀 타인의 위대한 이상을 짓밟고 강탈하는 미친 사람이라고 세르반테스는 말하고 있다. 당대를 지배하는 이념에 휘둘려 이상이나 모험을 무시하는 자들이야말로 마땅히 비난받아야 한다는 것을 『돈키호테』는 말한다.

세르반테스의 위대함을 주장하는 사람들은 그를 『일리아스』, 『오디세이아』를 쓴 그리스 시인 호메로스와 견준다. 호메로스와 마찬가지로 세르반테스는 새롭고 독창적인 소재로 독자의 호기심을 충족시킨다. 아울러 순수하고 열정적인 문체와 아름답고 역동적인 에피소드로 독자를 즐겁게 만들기도 한다. 주인공 돈키호테의 서사는 역동적이면서도 부드럽고 그의 행적은 군더더기가 없이 자연스럽다. 한마디로 소설 전체를 통틀어 아름다움과 우아함이 넘치고 굉장히 신실하고도 도덕적인 가치관이 감싸고 있으며 선행을 찬양하고 죄악을 경계한다. 이 점은 기사도와 연관된 죄상을 비판한다고 볼 수 있다. 즉 돈키호테의 순수하고 정의로운 모습을 통해서 당시 무력 과시, 특권 의식, 형식적 명예만을 추구했던 기사도를 비판했다. 『돈키호테』가 위대하다고 찬사받는 이유가 이것이다.

　『돈키호테』는 출간된 지 400여 년이 지났지만, 아직도 독자에 따라서 다양한 해석이 가능한 화수분 같은 소설이기도 하다. 독자들이 아직도 헷갈리고 궁금해하는 부분은 단연코 주인공 돈키호테가 미쳤느냐 아니냐이다. 돈키호테는 기사도에 관한 부분만 제외한다면 광인이라기보다는 현인에 가까운 모습을 자주 보인다. 특히 돈키호테가 하인인 산초에게 준 가르침은 그가 얼마나 고상하고 신중한 사람인지를 잘 보여준다. 돈키호테는 산초에게 가정과 자신을 다스리는 방법에 대해서 몇 가지 충고를 하는데 그 첫 번째가 '청결'이다.

손톱이 자라는 대로 놔두지 말고 자를 것이며 옷매무새가 흐트러진 것은 마음이 해이해졌다는 증거이니 잘 매만지라고 강조한다. 성공하고 싶으면 자신의 침대부터 정리하라는 21세기에 유행하는 처세술이 따지고 보면 400여 년 전에 나온 것이다. 이 충고에 나도 공감한다. 나이가 들수록 외모를 단정히 하는 데에 둔감해진다. 10대 때는 읍내에만 나가도 머리를 감고 옷을 다리는 등 온갖 치장을 했는데 50대가 넘으니 번화가에 나가면서 머리가 흐트러져 있어도, 옷차림이 무성의해도 개의치 않는 날이 더러 있다. 심지어 음식물 쓰레기를 버리러 갈 때 잠옷을 입고도 부끄러움을 느끼지 않았다. 이런 행동은 나이가 들면서 편한 패션을 추구한 결과가 아니라 자신을 정돈하는 데 게을러졌다는 의미다.

돈키호테는 두 번째로 마늘이나 양파를 먹지 말라고 조언한다. 고약한 냄새로 자신을 천박한 사람으로 만들지 말라는 이야기다. 마늘이나 양파를 아예 먹지 말라는 뜻이 아니라 타인에게 불쾌한 냄새가 풍기지 않도록 조심하라는 것이다. 우리가 타인의 외모와 언행보다 더 강렬하게 기억하는 것은 그 사람의 냄새다. 아무리 잘생기고 친절한 사람이라도 담배와 입냄새가 코를 찌른다면 그에 대한 인상은 그 악취로 박제될 확률이 높다.

돈키호테의 충고는 계속 이어진다. 인간의 건강은 위라는 작업장에서 만들어지는 것이니 점심은 조금 먹고 저녁은 더 조금 먹을 것이며, 과음은 비밀을 누설하게 만들고 약속은 지키지 못하게 만드니 조심하고, 한꺼번에 많은 음식을 입에 넣어서 다른 사람에게 음식물이 분출되지 않도록 조심하라고 한다. 21세기에도 적용 가능한 조언 아닌가!

돈키호테를 손님으로 맞이한 한 부자 기사는 어떤 방법으로 돈키호테에게 해를 가하지 않고 그의 광기를 세상 사람들에게 알릴 수 있을지를 두고 고심했다. 그는 점잖으면서도 밉살스럽지 않은 방법으로 장난치기를 좋아하는 사람이었다. 그래서 돈키호테에게 양가죽 옷을 입혀 대중 앞에 나오게 하고 그 앞으로 제복을 맞춰 입은 무리가 달려가도록 한다. 높은 신분임을 상징하는 양가죽 옷을 입은 돈키호테 앞에 제복 무리가 달려가는 모습은 스스로 대군을 지휘하는 장군으로 착각하기에 충분하다. 비록 돈키호테는 장난에 속은 것이지만 본인 스스로는 얼마나 행복하고 뿌듯했겠는가. 돈키호테의 현실 착오적인 기사도 행각을 대중에게 알리면서도 그가 흡족할 만한 장면을 연출한 것이다. 하지만 돈키호테가 사실을 알았다면, 그렇게 흡족해했을 리 만무하다. 이 구절은 세르반테스의 철학, 즉 상대를 고통스럽게 하는 장난은 장난이 아니며 단지 타인에게 피해를 주는 악취미일 뿐임을 가르쳐준다.

나이가 들수록 자신의 가치관과 다른 이들을 이해하는 것이 중요하다. 나는 자주 딸에게 어이없고 유치한 장난이나 농담을 하며 즐거워하는데 정작 아이는 화를 낼 때가 잦다. 딸이 토라지고 정색하는 것이 귀여워 아이가 농담으로 여기지 않는 농담을 하고 장난으로 여기지 않는 장난을 자주 쳤다. 그러자 언젠가 딸아이는 "아빠, 상대방이 농담으로 받아들여야 농담인 거야"라고 말했다. 이 말이 수백 년 전에 세르반테스가 한 말이라니 새삼 신기할 따름이다.

아이는 대학을 졸업하고 본인이 원한 직장에 취직했다. 역시나, 직장 생활은 힘들고 고달픈 법이다. 종종 직장인의 비애를 토로할 때마다 나의 충고는 정해져 있다. "쇼펜하우어가 이렇게 말했단다. 삶이 고통스러우면 평소보다 더 많이 먹고 더 많이 자라." 딸은 지금까지 이 말에 반박한 경우가 없었다. 쇼펜하우어보다 무려 200여 년 전에 세르반테스는 『돈키호테』에 등장하는 산초의 입을 빌려서 잠의 효용에 대해서 다음과 같이 구구절절 말한다.

> 자는 동안에는 공포도 소망도 고생도 명예도 없다. 잠을 발명한 사람은 복을 받아야 한다. 잠이야말로 사람의 모든 걱정을 감싸주는 외투이며, 굶주림을 없애주는 맛난 음식이고, 목마름을 내모는 물이며, 추위를 덥히는 불이자, 무더위를 덜어내는 냉기이므로, 최종적으로 말하자면 뭐든 살 수 있도록 어디서건 쓸 수 있는 돈이자, 가축 치는 아이를 제왕처럼 만들어주고 아둔한 자를 똑똑한 자와 똑같이 만들어주는 저울이자 추다.

흥미롭게도 산초가 말한 잠의 중요성을 가장 잘 보여주는 인물이 돈키호테다. 돈키호테는 기사도 책에 너무 빠진 나머지 매일 밤 잠들지 않고 뜬눈으로 새웠고, 낮에는 멍하게 보내버렸다. 이런 식으로 책만 읽고 독서만 열심히 하는 바람에 그의 뇌는 말라비틀어져 분별력을 상실하고 말았다. 아무리 『돈키호테』가 재미나더라도 잠을 자지 않고 읽지는 않기를 바란다.

소소한 한마디

"다시 한번 강조하지만,
성공하려면 잘 먹고 충분한 잠을 자라."

도스또예프스끼 전집 표도르 도스토옙스키 · 이대우 외 옮김 · 열린책들 · 2007

소중한 것을
버려야 할 때

내 서재에서 외관적으로 가장 자랑스러운 목록은 단연코 열린책들에서 나온 도스토옙스키 전집이다. 물론 내 서재에는 이보다 더 가치 있고 비싼 책이 수두룩하지만 역시 이 전집이 가장 웅장하다. 그럴 수밖에 없다. 도스토옙스키 전집을 한 질이 아닌 무려 다섯 질을 소장하고 있었기 때문이다(과거형으로 쓸 수밖에 없는 사정이 나도 안타깝다).

그 목록을 나열하자면 이렇다. 아마도 우리나라 최초의 도스토옙스키 전집이며 2000년에 푸른색 표지의 25권짜리 양장 제본으로 출간된 「도스또예프스끼 전집」, 2002년 같은 출판사에서 뭉크 그림을 표지에 사용한 18권짜리 전집(『도스또예프스끼 읽기 사전』

을 포함하면 19권), 2007년에 나온 「수집가용 한정판 도스또예프스끼 전집」 18권이 그 면면이다.

이게 전부가 아니다. 2021년 작가 탄생 200주년 기념으로 나온 8권짜리 「도스토옙스키 탄생 200주년 기념판 세트」와 같은 해에 나온 전권짜리 「도스토옙스키 컬렉션」까지 이 모두를 소장한 사람이 대한민국에 나 말고 또 있겠느냐는 자부심이 있었다. 아울러 이 다섯 가지 전집을 낸 열린책들 출판사도 당연히 존경받아 마땅하다.

내가 도스토옙스키 전집에 처음 관심을 가지기 시작한 것은 2002년 뭉크 그림 표지 판본이 절판되어가고 있다는 소식을 접하고부터였다. 당시 초보 책 수집가였던 나에게 절판은 소수 독자가 주로 읽는 인문 서적에나 해당하는 것이었다. 세상 사람들이 모두 잘 아는 러시아 대문호 소설 전집이 절판되고 구하기 힘들어진다는 것이 믿기지 않았다.

그럼에도 당시엔 단순히 재미 삼아 나는 뭉크 그림 표지 판본을 새 책과 헌책을 섞어서 구했다. 그리고 난 뒤에야 2000년에 나온 초판본 전집이 존재한다는 것을 알게 되었다. 이 판본은 무려 스물다섯 권이고 절판 상태여서 누군가로부터 통째로 구해야 했다. 운 좋게도 참새가 들르는 방앗간처럼 자주 놀러 가던 독서 커뮤니티에서 활동하는 한 독자가 '피와 땀'으로 마련했다는 초판본을 손에 넣었다.

돌아올 수 없는 도스토옙스키 전집 수집가의 길로 들어선 나는 내친김에 「수집가용 한정판」까지 구매했다. 여기까지만 해도 도스토옙스키 전집 세 종류를 모두 갖춘 내로라하는 수집가가 되었고 서재에 꼽힌 웅장한 전집 세 질을 수시로 감상하면서 무려 20년 가까이 잘 지냈다. 2021년에 이르러 열린책들에서 한정판 컬렉션을 두 종류나 내놓아서 뭇 독자를 설레게 했다. 나는 당연히 예약 구매를 했고 '더할 나위 없이 완벽한' 도스토옙스키 전집 수집가로 등극했다.

가만히 생각해보니 내가 광기에 가까운 도스토옙스키 전집 수집가가 된 것은 도스토옙스키 작품에 경도되어서만은 아니었다. 기실 도스토옙스키 책을 누구보다 많이 구매했고 내 저작이나 강연 때 자주 언급하지만, 러시아를 대표하는 또 다른 대문호 톨스토이 작품을 읽을 때 느꼈던 만큼 세밀한 짜임새와 통찰력을 느끼지도 못했다. 그렇다. 나는 도스토옙스키 전집의 존재 그 자체와 물성에 빠져서 돈을 아낌없이 쏟아부었다. 만약 우리나라에 톨스토이 전집이 여러 판본으로 아름답고 웅장하게 나왔다면 내 서재의 상당 부분은 톨스토이 전집의 차지가 되었으리라. 따지고 보면 독서는 그 내용도 중요하지만, 외면적 아름다움과 존재감에도 큰 영향을 받는다.

정확히 1년 후, 피바람이 몰아쳤다. 아내의 말 한마디로 대대적인 집수리가 시작된 것이다. 그간 나는 아내에게 확고히 내 뜻을 밝혀왔다. 버릴 책들은 이미 다 버렸기 때문에 내 서재에는 더 이상 내칠 책이 전혀 없으며 만약 한 권이라도 건드린다면, 그것들과 운명을 함께하겠다. 이쯤 되면 서재만은 건드리지 않을 줄 알았지만 아내는 한다면 하는 사람이었고, 숭고한 순장의 결심이 흔들리기 시작했다. 집수리라는 역사적 소용돌이 앞에서 책과 나는 무력했다. 심지어 거저 줘도 가지러 오지는 않겠다는 고물상 주인의 통보를 접하고 나는 망연자실한 끝에 상당수의 책을 내버리다시피 했다. 집수리를 하는 동안 모든 짐을 이삿짐 보관 센터에 맡겼다가 찾아와야 했는데, 3,000여 권의 책을 그렇게 할 수는 없었다.

책이라는 물건은 오묘하다. 지키려고 생각했을 땐 모두 친자식 같았는데, 막상 처내려고 결심을 굳히자 7인승 승합차를 가득 채울 만큼 버리게 되었다. 일단 서재를 재정비하고 보니 새삼 책을 무작정 모으는 것이 얼마나 부질없는 짓인가 싶었다. 제일 먼저 눈에 들어온 것이 도스토옙스키 전집 일당이었다.

같은 내용을 그것도 한 출판사에서 나온 전집을 여러 종류로 갖춘다는 것은 '서재용 빌딩'이 없는 나로서는 턱도 없는 사치로 인식되기 시작했다. 물론 여러 종류의 도스토옙스키 전집과 함께한 20년은 자부심의 세월이었다. 서재에서 이 웅장한 성벽을 바라보면서 그 얼마나 많은 뿌듯함을 느꼈던가. 다른 한편으로 생각하면 이 웅장한 성벽을 나 말고 누가 감탄했던가? 심지어 내 가족들도 이 위대한 과업에 존경을 표하지도, 감탄하지도 않았다.

과감하게 20년 동안 생사고락을 함께했던 도스토옙스키 전집을 내다 팔기로 했다. 책이 돈이 되지 않는 시대에 돈을 받고 팔 수 있다는 자체가 도스토옙스키 전집의 위엄이 아닐 수가 없었다. 2007년에 나온 「수집가용 한정판 도스또예프스끼 전집」은 내가 두 번째 주인인데 전 주인은 이 책을 얼마나 아꼈는지 출시 당시 비닐로 래핑되었던 그대로 소장했다가 나에게 넘겼다. 10년이 넘게 소장한 나도 똑같은 처지가 되었다. 흥미로운 것은 나에게 이 전집을 산 세 번째 주인은 받자마자 비닐을 벗겨버리고 밑줄을 그어가며 읽는 사진을 잘 받았다는 인사로 보냈다는 것이다. 책과 정신적 사랑을 나누는 두 명의 주인을 거친 「수집가용 한정판」은 육체파 사랑꾼인 세 번째 주인을 만나고서야 비로소 책으로서의 가장 중요한 정체성을 찾았다.

다섯 종류의 전집 중 인생의 반려자로 선택한 것은 2002년 출간된 뭉크 그림 표지 판본이다. 어쩌면 소장 가치가 가장 떨어지지만 가장 편하게 들고 다니며 읽을 수 있는 크기이고 한 땀 한 땀 중고로 구색을 갖춰 사들인 추억이 배어 있기도 하다. 이 판본의 또 다른 장점 중 하나는 『도스또예프스끼 읽기 사전』이 포함되어 있다는 것이다. 이 점이야말로 얼마나 열린책들이 도스토옙스키 전집에 진심인지를 잘 보여주는 사례라고 생각한다.

러시아 소설을 읽는 거의 대다수 독자는 등장인물 이름의 난해함에 혀를 내두르고 포기하는 경우가 많다. 등장인물 관계도를 그러가면서 읽는 독자도 많다. 그런데 『도스또예프스끼 읽기 사전』에는 모든 작품에 대한 해설과 단역까지 망라한 등장인물 소개, 주요 용어, 관련 사상가, 작가 등 배경지식을 철저하게 담고 있다. 끝에는 러시아의 도량형, 화폐 제도, 전통 음식, 풍물 정보까지 담겨 있다. 도스토옙스키는 돈을 위해 글을 쓴 작가인 만큼 그의 작품에는 돈이 자주 거론되는데 가령 3,000루블이 현재 우리나라 가치로 따지면 어느 정도인지 궁금해하는 독자가 많은 만큼 매우 세심한 배려다(1루블이 약 15,000원이다).

개인적으로 『도스또예프스끼 읽기 사전』 자체가 매우 훌륭한 근대 서양 문화 자료집이라고 생각한다. 한 가지 아쉬운 점이 있다면 이 소중한 책 후반부에 전 주인이 무자비하게 밑줄을 그어 놓은 것이다. 내 서재를 물려받은 후손이 이 밑줄을 보고 특별히 중요하거나 인상 깊다고 생각한 구절이라고 오해하지 않으면 좋겠다. 나는 책에 절대로 밑줄을 긋지 않는다.

조금 묵직하더라도 가독성을 가장 중시하는 독자라면 역시 2000년에 나온 초판본 전집이 가장 낫겠다. 자간이 넓어서 눈이 피로하지 않고 무엇보다 작품별로 주요 등장인물이 빼곡하게 인쇄된 책갈피가 있기 때문이다. 읽다가 누구인지 기억이 나지 않는 등장인물이 나오면 책갈피로 금방 알 수 있도록 한 열린책들 출판사의 아이디어는 정말 감탄스럽다.

나는 학교 수업에서나 강연할 때 기회가 되면 도스토옙스키 이야기를 하는데 그에 걸맞게 참고용 책이 여러 권 있다. 우선「영혼의 심연을 파헤친 잔인한 천재」라는 부제를 가진 콘스탄틴 모출스키가 쓴 전기『도스토옙스키』를 필두로, 도스토옙스키를 수렁에서 건져 올린 두 번째 아내 안나가 쓴 회고록『도스토옙스키와 함께한 나날들』, E. H 카가 지은『도스또예프스끼 평전』, 우리나라 최고 러시아 문학 연구자 석영중 교수가 쓴『도스토옙스키, 돈을 위해 펜을 들다』,『매핑 도스토옙스키』 등이다.

이외에도 여러 권 더 있는데 나는 석영중 선생의『매핑 도스토옙스키』를 가장 애용한다. 이 책은 제목에서 알 수 있듯이 도스토옙스키가 거쳐 간 공간을 따라 여행하면서 그의 작품과 인생을 재미나게 풀어나간다. 저자가 직접 촬영한 사진 자료와 흥미로운 비화가 많아서 여러모로 흥미롭다.『도스토옙스키와 함께한 나날들』내지에는 책을 좋아할 것 같은 내성적인 미소년(적어도 내가 보기에는 그렇다)이 그려져 있는데 아무래도 나의 어린 시절을 누군가가 상상해서 그린 것 같다. 누가 그렸는지는 알 수가 없다. 아내에게 확인해본 결과 아니라고 하니, 틈만 나면 캐리캐처를 그리곤 하는 제자의 솜씨로 보인다.

소소한 한마디

"아무리 소중해도
작별의 순간은 온다."

노르웨이의 숲 무라카미 하루키 · 양억관 옮김 · 민음사 · 2013

사랑하는 사람의 죽음을 맞았을 때

무라카미 하루키는 내가 일일이 챙겨 읽는 작가는 아니다. 죽기 전에 꼭 읽어야 하는 불멸의 고전을 사랑하는 나는 동시대 작가의 작품을 모두 읽기에 인생이 너무 짧다고 생각하고 하루키의 문체나 서사를 좋아하지도 않는다. 그런데도 평생 책을 읽으면서 '맞아, 이건 내 이야기지'라고 무릎을 치며 공감을 한 몇 안 되는 작가이기도 하다. 그의 책을 모두 읽지는 않지만, 누구보다 친근하게 느끼는 작가다. 우리나라 독서 커뮤니티에서 거의 추앙에 가까운 대접을 받는 미시마 유키오라든가 오에 겐자부로 등의 대가는 감히 내가 평가할 수 없는 신의 영역에 있는 작가라고 여겨지는데 하루키는 어쩐지 이웃에 살며 후줄근한 몰골에 후드 티셔

츠를 대충 걸치고 동네 카페에 커피를 마시러 가는 이웃집 아저씨처럼 느껴진다.

무라카미 하루키에 대한 인간적인 친밀감을 느끼게 된 계기가 된 책은 우리나라에 1997년에 번역 출간된 『작지만 확실한 행복』 덕분이다. 일본인의 보편적인 취미 생활, 즉 야구 관전을 좋아하는 하루키는 응원하는 팀이 이기기를 간절히 원하지만, 남들처럼 일어서서 응원가를 부르며 열렬하게 응원할 용기가 없어서 조용히 앉아서 이기기만을 바란다는 구절을 읽고 그에게 반했다. 이 얼마나 소박하고 진솔한가. 나 역시 야구를 좋아하는데 어쩌다 야구장에 가더라도 절대로 남들처럼 파도타기 응원을 하지 않는다. 쑥스럽기 때문이다. 그래서 응원 파도 물결이 내 자리 근처로 다가오면 일어서서 동참하지도, 그렇다고 꼿꼿하게 앉아 있지도 못한 채 대충 시늉만 낼 뿐이다.

비슷한 일화는 또 있다. 언젠가 한 지인과 밴드가 흥겨운 곡을 연주해주는 카페에 갔다. 그 지인은 나를 동그란 눈으로 쳐다보면서 "이런 신나는 노래가 나오는데 어떻게 국기에 경례하는 엄숙한 자세로 가만히 있을 수가 있느냐?"며 놀라워하던 기억이 생생하다. 감정 표현이 서툰 나로서는 즐겁지만 힘들기도 했다.

모두가 알다시피 우리 사회의 대표적인 여가 경향으로 자리 잡은 '소확행', 즉 '작지만 확실한 행복'을 의미하는 용어가 처음 등장한 지면은 『작지만 확실한 행복』인데 하루키의 인생관이 잘 반영된 것이다. 오랫동안 마라톤을 취미로 삼아온 하루키는 미국의 마라톤과 일본의 마라톤 대회를 비교하면서 내놓은 통찰이 있다. 미국의 마라톤 대회는 개인 일상생활의 연장 차원으로 영위되는 데 비해 일본의 마라톤은 관공서가 주최하거나 상업적인 차원에서 시행되는 경우가 많다는 것이다. 그러니까 하루키는 집단주의적 성격이 강한 세상의 유행과는 상관없이 담담하게 자신의 길을 걷는 사람도 필요하다고 생각한다.

나 역시 집단주의적 성향을 보이는 단체 활동을 날이 갈수록 경계하는 사람이다. 조직적으로 짜인 응원 문화에 동참하기보다는 그냥 방구석에서 혼자 텔레비전으로 야구를 보는 것이 더 쾌적하게 느껴진다. 내가 사는 동네에 사람들이 구름처럼 모여드는 지역 축제에 가지 않고 가족과 함께 이웃 도시에 있는 호젓한 산책로를 가겠다고 굳이 한 시간 가까이 운전한다.

하루키는 집단적이고 조직적인 활동에 참여하지 않고 자신만의 외로운 길을 걷는 나 같은 사람에게 따뜻한 위로와 공감을 주는 작가다. 대세에 따르지 않고 자신만의 독특한 취향을 가졌다고 해서 기죽을 필요가 없다는 것이다. 젊은 시절부터 집단적인 행위에 참가하는 것을 꺼렸던 하루키는 그의 작품에서도 이런 면모를 유감없이 발휘한다. 하루키의 여러 소설에는 한 사회를 지배하는 권력자나 유행을 주도하는 다수에 따르지 않고 소외당하는 소수자가 주인공으로 자주 등장한다.

나는 하루키의 '소수자를 위한 위로'가 가장 뚜렷하게 나타난 작품이 『노르웨이의 숲』이라고 생각한다. 이 소설의 주요 등장인물인 와타나베, 나오코, 레이코, 미도리, 나가사와 등은 한결같이 평범하게 살지 않는다. 하루키가 창조한 이 인물들은 세상에는 참으로 다양한 종류의 소망과 인생의 목적이 있다는 것을 온몸으로 말한다. 오늘날 우리 사회에 만연한 수많은 분쟁의 원인은 사람마다 각자 살아가는 방식과 방향이 다르다는 것을 인정하지 않는 데에서 비롯된다고 하루키는 말한다. 연대를 추구하더라도 고립을 두려워할 필요는 없다.

내가 평생 교직에 몸담으면서 답답한 것 중의 하나가 남다른 취향을 가진 학생을 갈수록 찾기 어렵다는 것이다. 모두 같은 브랜드 패딩을 입고, 같은 아이돌을 좋아하며, 같은 목표를 가지고 있고, 같은 생각을 한다. 간혹 다른 성향을 보이면 별난 친구로 매도되기에 십상이다. 그래서 다양한 성향의 사람들이 등장하고 그 성향에 대한 거부감이 표출되지 않는 유럽 영화를 보면 가슴이 뻥 뚫리는 듯한 쾌감이 느껴진다. 남과 다른 성향을 보였거나 남과 다른 삶의 태도를 가진 사람은 국어사전에 새로운 어휘를 하나 더 추가하는 것이다. 우리 사회가 더욱 풍성해지는 것이다.

하루키가 말하듯 인생에는 '다른' 희망과 인생 목적이 존재할 뿐이지 '바른' 종류의 희망과 목적은 존재할 수 없다. 그런데도 많은 사람이 다수가 정한 길을 걸어야 한다는 압박을 이겨내지 못한다. 자본주의 사회에서는 돈이 성공의 척도이니 돈을 많이 벌지 못한 사람은 실패했다고 여겨진다. 좋은 대학을 나오고 좋은 회사에 취업하며 결혼하면 집을 마련하는 것이 지상 과제라고 생각한다. 이 경로를 제대로 따르지 못하면 스스로 낙오자가 된 듯한 느낌이 든다. 돈을 많이 벌지도 못하고, 좋은 직장에 다니고 있지 않더라도 자신이 무엇을 좋아하고 잘하는지를 확실히 알고 자신이 정한 방향으로 살아가는 사람은 모두에게 존중받아야 한다. 무라카미 하루키가 전 세계적으로 큰 인기를 끌고 있는 것은 여러 사회에서 소외당할 수 있는 소수자를 존중하는 태도를 작품에서 꾸준히 주장하기 때문이기도 하다.

많은 독자는 무라카미 하루키를 그저 문장 좋고 섹스 장면을 자주 묘사하는 작가이며『노르웨이의 숲』이 하루키의 가장 유명한 작품이라는 정도로 생각하지만 이는 다분히 선입견이다.『노르웨이의 숲』은 다른 뛰어난 점을 제외하고 일단 앉은자리에서 순식간에 200쪽 정도는 쉽게 읽히는 몰입도 높은 소설이다. 그만큼 필력이 대단하다. 하루키를 제대로 읽지 않고 단순히 섹스 이야기에 탐닉한 작가라고 깎아내리는 독자가 많지만 일단 그의 작품을 읽기 시작하면 비판자에서 숭배자로 탈바꿈하게 되리라.

『노르웨이의 숲』을 감상하는 또 다른 갈래는 사랑하는 사람이 세상을 떠났을 때의 감정을 추스르는 절묘한 묘사다. 이 소설 등장인물은 태반이 자살을 하는 만큼 하루키의 죽음에 관한 생각과 성찰을 생생하게 볼 수 있다. 가장 아끼고 사랑했던 나오코가 요양원 생활을 하는 중에 자살하자 와타나베는 공허와 상실감 속에서 무조건 걷는다. 감정을 터뜨리기보다는 고통을 끌어안는다.

내 부모님은 오랜 투병 생활 끝에 세상을 떠나셨다. 아버지는 두 번의 큰 병환으로 고생하셨는데 첫 번째는 내가 초등학생 시절이어서 누나와 어머니가 주로 간병하셨더랬다. 당시 어머니가 병원 생활에 대해서 이런저런 이야기를 하셨으나 철없던 시절이라 마음 깊이 담아두지는 못했다.

내가 10대 후반부터 아버지는 병환 부작용으로 제대로 걷지도 못하셨고 말도 어눌하셨다. 당시 내가 살던 시골집은 화장실(변소라고 하는 것이 더 정확하겠다)이 따로 외진 곳에 있었는데 아버지는 지팡이를 짚어가면서 느릿느릿 힘겹게 걸어가셨다. 입대하는 날 누워 계시는 아버지에게 인사를 드렸다. 아버지는 원래 과묵한 분이시긴 하지만 내 쪽으로 돌아눕지도, 특별한 말씀도 없으셨다. 군대 생활을 하는 동안 군인이 나오는 프로그램만 보시면 말없이 눈물을 흘리셨다고 한다. 애석하게도, 아들이 제대하는 모습도 보지 못하고 쓸쓸히 돌아가셨다.

어머니는 대략 17년간 병석에 누워 계셨고 최소한 열 군데 이상의 병원을 옮겨 다니셨다. 내가 당신 기저귀를 갈아드리고 대소변을 받으며 목욕도 시켜드려야 했지만, 그러지 못했다. 병간호가 힘들다는 생각보다는 어머니가 부재한 세상을 상상조차 하기 어려웠다. 애써 어머니의 죽음은 내 인생과 관련이 없는 일이라고 치부하며 지냈다. 실제로 어머니가 떠나자 한 단어로 규정할 수 없는 감정이 몰려왔다. 불행히도 나는 부모님의 임종을 모두 지켜보지 못했다.

  내가 임종을 지킨 유일한 혈육은 내 누나였다. 드라마에서 보는 것처럼 임종은 누가 봐도 눈에 띄게 표시 나지 않는 경우가 많다. 망자는 임종을 맞기 전에 혼수상태에 있어서 죽음의 순간은 의사의 진단으로 정해지는 때가 많다는 것을 누나의 임종으로 알게 되었다. 모두가 한탄하며 울음을 터트리는데 내가 친어머니처럼 생각하는 숙모님은 누나의 귀에 입을 대고 조곤조곤 위로와 사랑의 말을 전하고 있었다. 흡사 밖에서 추위로 오들오들 떨고 온 아이를 다정하게 안아주는 장면 같았다. 그 장면을 가끔 되새겨보면 죽음이 꼭 영원한 이별을 의미하는 것이 아니며 사후에 다른 세계가 있다고 생각하게 된다. 숙모님은 사랑하는 사람을 떠나보낼 때 어떻게 해야 하는지를 가장 잘 알고 계셨다.

  임종의 순간 가장 오랫동안 살아남는 감각기관은 청력이라고 한다. 자신이 세상을 떠나는 순간 가족의 통곡보다는 자신을 사랑하며 모두가 괜찮다는 따뜻한 위로의 말을 듣는 것이 훨씬 더 편안하지 않을까. 그러고 보면 아버지가 와병 중에 갑자기 쇼크가 와서 온몸을 부들부들 떨며 의식을 놓으시려 했을 때 우리 가족은 통곡만 했다. 다행히 아버지는 곧 의식을 회복하셨지만 나는 자주 그 순간을 떠올리며 우리가 참 어리석었다고 생각하게 된다.

사랑하는 가족을 떠나보낼 때 내가 보인 안타까운 행동은 죽음은 삶과 반대이며 나와 상관없다는 생각에서 비롯된 것이 아닌가 싶다. 어머니와 50년 이상을 함께하면서 단 한 순간도 어머니가 부재한 상황을 진지하게 생각해본 적이 없다. 어머니가 없는 삶은 막연히 무섭고 감히 생각조차 하기 싫은, 나와는 무관한 세상이었다. 그래서 『노르웨이의 숲』에서 하루키가 말한 "죽음은 삶의 반대가 아니라 삶의 일부로 존재한다"라는 생각에 공감하지 않을 수 없다. 죽음을 삶의 일부로 받아들이는 것은 죽음을 기억하는 것이다.

내 딸은 무남독녀라는 강박관념에 우리 부부의 건강 상태에 지나치리만큼 신경을 많이 쓴다. 아이는 제 부모가 없는 세상을 나처럼 상상조차 하기 어려울 것으로 확신한다. 나는 내 딸이 제 부모가 언젠가 세상을 떠나리라는 것을 편안하게 받아들이면 좋겠다. 그러지 못한 나는 세월이 갈수록 부모님의 체취, 땀 냄새, 말투, 얼굴 생김새가 희미해진다. 애써 사랑하는 사람의 죽음에 대해서 눈을 감지 말고 함께 있는 동안 서로 마음껏 사랑하고, 추억을 나누며 사는 것이 좋겠다.

소소한 한마디

"연대를 추구하되
고립을 두려워하지 말자."

내 어머니 이야기 김은성 · 애니북스 · 2019

좋으면서
표현하지 못할 때

사두기만 하고 오랫동안 읽지 않은 책이다. '내 어머니 이야기'라니, 제목부터 페이지를 넘기지 못하게 한다. 가슴이 먹먹할 것이 뻔하니까 말이다. 아마도 "〈알쓸신잡〉 강력 추천" "세상에서 사라져서는 안 될 책!"이란 광고 문구를 보고 샀으리라. 2006년부터 〈새만화책〉이라는 잡지에 연재를 시작해서 어린이 교양 잡지 〈고래가 그랬어〉로 옮겨 2013년까지 연재를 한 만화를 2014년에 전 4권으로 묶어 출판했다. 안타깝게도 출간 후 얼마 지나지 않아서 절판되었는지 2019년에 복간되었다고 한다. 나는 구판은 모르고 복간본을 사둔 것이다.

　이 만화는 제목에서 짐작할 수 있듯이 물장수로 유명한 함경남도 북청에서 1927년에 태어난 김은성 작가의 어머니 이복동녀 님의 일대기를 그렸다. 이복동녀 님은 일제강점기와 한국전쟁을 거쳐 한국 현대사의 굵직한 사건을 모조리 겪은 세대이기 때문에 이분의 이야기는 단순히 개인의 일대기에 그치지 않는다. 이복동녀 님의 일대기는 그 어떤 역사책에도 나오지 않는 일종의 살아 있는 민중사다. 역사책이 높은 하늘을 날면서 내려다본 땅을 그린다면 민중사는 땅을 직접 걸으면서 온몸으로 겪은 날것 그대로를 그린 것이다.

어머니에게 직접 궁금한 것을 묻고 어머니의 육성에 따라 만화를 그린 김은성 작가 자신이 밝혔듯이 이복동녀 님은 일제강점기에 함경남도 시골 북청에서 자랐고, 일본군 위안부에 끌려가지 않기 위해서 하기 싫은 조혼을 했으며, 전쟁 때문에 부모와 생이별을 한 고통스러운 가족사를 겪었지만, 일가 중에 독립운동가는 없었으며, 일본인이 세운 학교를 너무나도 즐겁게 친구들과 다닌 평범한 사람이다. 우리나라 현대사는 독립운동가와 친일파라는 양 갈래로만 인식된다. 그러나 이복동녀 님처럼 친일파도 독립운동가도 아닌 그저 시류에 휩쓸려 힘겹게 생존해나간 평범한 사람의 일상도 분명 우리 역사의 소중한 일부다.

아울러 『내 어머니 이야기』는 이제는 남한에서 실제 사용자가 거의 없을 옛 함경남도 북청 사투리가 대거 등장한다. 이 책 자체가 북청 출신 이복동녀 님의 구술을 고스란히 기술한 것에 가까우니 당연하다. 김은성 작가는 이 책에 나오는 모든 북청 사투리에 그 뜻을 친절하게 달아놓음으로써 이 책 자체를 하나의 귀중한 민속 자료집으로 만들었다. 더구나 이 책에 나오는 북청 지방 고유의 음식 정보는 또 얼마나 소중한가. 글로만 읽었는데도 이복동녀 님이 만든 명태순대와 명태식혜가 너무 먹고 싶어졌다. 그만큼 명태순대와 명태식혜를 만드는 과정이 책에 잘 묘사되어 있지만 북청 사람의 손맛은 이제 재현할 방법이 없다는 게 안타깝다.

이 만화는 먼저 이복동녀 님의 어머니 이야기로 시작한다. 착하고 부지런한 이복동녀 님의 어머니는 농사일과 육아를 빈틈없이 해나가면서 남편과 행복하게 살아나갔지만, 그녀도 감당하기 힘든 일이 있었으니 식성 까다롭고 며느리를 종처럼 부리는 시아버지였다. 고깃국이 먹고 싶다고 해서 부리나케 준비해 가면 갑자기 보신탕을 먹고 싶다고 변덕을 부린다. 보신탕을 준비해 가면 갑자기 고기 냄새가 싫다면서 수제비를 찾는다. 애호박을 따다가 숭덩숭덩 썰어 넣어 수제비를 끓여 가면 떡을 해 오라고 시킨다. 방아를 직접 찧어 만들어 가면 왜 이렇게 늦냐며 떡을 마당에 내동댕이치는 식이다.

그러던 시아버지는 시름시름 앓기 시작했고 며느리는 지극정성으로 돌봤다. 이도 저도 가망이 없어 보이자, 며느리는 최후의 수단으로 시아버지에게 젖을 물렸다. 며느리를 쥐 잡듯이 하던 시아버지는 아기가 물던 젖을 아기처럼 빨아 먹었다. 며느리 젖

덕분에 몇 달을 더 산 시아버지는 어느 날 간신히 눈을 뜨고서는 착한 며느리를 못살게 군 것을 아무에게도 말하지 말라는 유언을 남기고 세상을 떠났다. 그 못된 시아버지와 함께 젖을 나눠 먹은 여섯째 막내딸이 이복동녀 님이다.

아무리 약이 귀하고 의술이 빈약한 시절이었지만 엄연히 20세기 대명천지에 며느리가 시아버지에게 젖을 물렸다는 사실은 누가 들어도 놀라운 일이다. 더구나 그 시아버지는 생전 며느리에게 못된 일을 많이 한 사람이 아닌가. 놀랍게도, 20세기 미국 문학에 비슷한 장면이 있다. 한술 더 떠서 가족이 아닌 낯선 사람에게 그렇게 한 여인이 있었다. 존 스타인벡의 『분노의 포도』에서 농토를 빼앗기고 서부로 살길을 찾아 나서는 고단한 길에 방금 아기를 사산한 로저샨이 길거리에서 만난 굶어 죽기 직전의 노동자에게 젖을 물린다. 이 장면은 이윤만을 추구하는 미국 자본주의와 대지주를 비판한 『분노의 포도』라는 소설이 결코 대안 없는 비판만을 하지는 않는다는 것을 시사한다. 즉 우리가 사는 세상의 거의 모든 문제는 인간애로 해결이 가능하다는 것이다.

나는 이 장면을 이렇게도 생각해봤다. 토마스 만의 『마의 산』에 나오는 국제 요양원의 가장 중요한 규칙은 모든 일이 더 중한 환자 위주로 돌아간다는 것이다. 집안에 아픈 사람이 있으면 그 사람에게 실제로 가장 도움이 되는 방향을 먼저 생각해야겠고 사회에 약자가 있으면 무엇보다 그 약자에게 가장 도움이 되는 방향으로 정책을 수립해야 한다. 며느리가 시아버지에게 젖을 물리는 장면을 두고 편하게 받아들일 현대인은 드물 수밖에 없지만, 당사자는 거리낌 없이 행했고 덕분에 환자는 몇 달을 더 살다 갔다는 점에 좀 더 주목해보면 어떨까. 환자는 간접적으로나마 며느리에게 용서를 구했다(좀 더 제대로 했다면 참 좋았겠지만 말이다).

나의 장모님이 치매에 걸리셔서 장인어른을 비롯한 가족이 몇 년간 고군분투했지만 어쩔 수 없이 요양원으로 모셔야 할 상황이 다가왔다. 집 주변 요양원을 물색했는데 역시 오랫동안 내 모친을 그럭저럭 잘 모신 요양원이 최선이라는 결론이 나왔다. 사돈끼리 같은 요양원에서 생활하게 된 것이다. 물론 식구 중에는 서로 민망하리라는 생각에 잠시 멈칫한 사람들도 있었다. 그러나 장모님을 가장 잘 모실 수 있는 요양원이라는 결론에는 변함이 없어서 나와 아내는 별다른 고민 없이 장모님을 한곳에 모시게 되었다. 지금 생각해도 잘한 결정이었다. 체면이나 민망함이 뭐가 그렇게 중요한가? 물론 낯을 많이 가리는 내 어머니는 장모님과 마주치는 것을 즐기는 편은 아니었지만, 특별히 불편해하지도 않으셨다. 더구나 그 요양원은 치매 환자를 모시는 건물이 따로 떨어져 있어서 실제로 장모님과 어머니가 함께한 몇 년 동안 거의 마주치지 않았다. 주변인 중에 종교 기관이 운영한다는 이유로 좋은 요양원을 애써 외면한 이들이 있다. 무엇이 환자를 더 위하는 길인지 잘 알지 못하는 사람이라고 생각한다.

내가 이복동녀 님 인생사 중 가장 마음에 와닿았던 부분은 혼인 에피소드였다. 이복동녀 님은 위안부로 끌려가지 않기 위해서 맘에 없는 결혼을 했는데 애석하게도 신랑감이 맘에 들지 않아 오랫동안 곁을 내주지 않았다. 심지어 시댁에 들어가 살 자신이 없어서 양귀비 진액을 죽을 만큼 먹었다고 한다. 시댁에 가서는 남편이 징병을 가 죽기 바랐는데 갑자기 해방되어서 가슴이 철렁 내려앉았다고 한다. 물론 차츰 신랑에게 마음을 열어 여러 자식을 낳아 잘 살았지만, 혼인할 당시에는 신랑과 살 생각을 하니 소름 끼치도록 싫었다고 한다.

사실 이복동녀 님에게는 진즉에 그녀를 좋아한 동네 사내가 있었고, 잘생기고 직업도 번듯하며 살림살이가 넉넉한 맞선 상대도 있었다. 그러나 이복동녀 님은 맞선을 보러 직접 집으로 찾아온 사내가 맘에 있으면서도 적극적으로 의사를 표현하지 않아 놓치고 만다. 더구나 이복동녀 님의 부모는 배우자 결정은 자식의 선택이 중요하다고 생각한, 당시로서는 드물게 개방적인 분들이었다. 이 이야기를 들을 당시 불혹에 이른 딸 김은성 작가는 이복동녀 님에게 좋으면 좋다고 왜 말 못 했냐며 안타까워했지만 이복동녀 님의 답은 "우졸해서"(어리석고 못나서) 하고 싶은 이야기는 못 하고 살았고 지금도 그렇다고 대답한다. 하고 싶은 말을 끝내 못하는 사람은 평생 그렇게 답답하게 살다 가는 경우가 많다.

좋아하는 사람에게 좋다고 말 못 해서 생긴 비극은 문학작품의 단골 소재이기도 하다. 당장 나쓰메 소세키의 『마음』에도 좋으면 좋다고 말 못 해서 생긴 비극이 등장한다. 작중 화자의 선생님은 학창 시절 하숙집의 딸을 사랑하지만 그보다 먼저 더 애절하게 사랑한 이가 있었다. 선생님과 함께 하숙한 친구 K가 그 장본인이다. K는 자신이 하숙집 딸을 사랑한다는 이야기를 당사자가 아닌 친구인 선생님에게 고백하는 실수를 저질렀다.

선생님 또한 하숙집 딸을 마음에 두고 있었으니, K는 결국 자신의 연적에게 속마음을 털어놓았고 결과적으로 연적인 선생님을 각성시켜 서둘러 딸에게 고백하고 뜻을 이루게 한다. 선생님이 선수를 치고 행동에 옮긴 것이다. 반면 좋아하는 사람에게 좋다고 적극적으로 먼저 말하지 않은 K는 자신의 처지를 비관하여 자살하기에 이른다. 결과적으로 친구를 배신한 처지가 되어버린 선생님 또한 자살할 결심을 굳힌다.

조지수 작가의 『나스타샤』에도 욕심이 부족해서 생긴 비극이 등장한다. 한국계 캐나다인 주인공 조지는 우크라이나에서 캐나다로 온 불법체류자 나스타샤를 사랑한다. 나스타샤도 조지를 사랑하지만, 둘 사이에는 여전히 동유럽에서 탈출하지 못한 나스타샤의 남편이 살아 있다. 착한 조지는 이민 전문 변호사를 동원해서 나스타샤의 남편을 구출해 온다. 조지의 선행은 아름답게 마무리되지 못했다. 나스타샤는 남편에게 돌아갔지만 조지를 그리워하며 목숨을 끊었고, 조지 또한 더 나이가 들어서 나스타샤가 천국에서 자신을 알아보지 못할 수도 있다는 걱정으로 서둘러 자살을 시도하기에 이른다.

『나스타샤』는 내가 정말 좋아하는 소설이지만 이 대목은 늘 안타깝다. 누구도 쉽게 따라 할 수 없는 선행이었더라도 조지의 결정은 결국 자신과 연인에게 비극을 가져오지 않았는가. 좋아하는 사람이 있으면 좋아한다고 말하고 가지고 싶은 것이 있으면 다소 욕심을 부리는 것이 더 낫다. 세상을 살다 보면 자신의 속마음을 애써 드러내지 않고 무심한 듯 지내다가 결국은 언제까지나 후회하고 사는 사람을 자주 만난다. 이런 모든 사람에게 김은성 작가는 말한다.

"어이구 답답해. 못할 이야기가 따로 있지. 그런 중요한 이야기를 못 하면 어떡해?"

소소한 한마디

"좋으면 좋다고 말하고
갖고 싶은 것이 있으면 욕심을 부려!"

도련님 나쓰메 소세키 · 송태욱 옮김 · 현암사 · 2013

한쪽 말만 듣고
솔깃해질 때

얼마 전부터 집 안에서 일본어가 쉴 새 없이 들려온다. 다음 주, 처제와 함께 일본 마쓰야마로의 여행을 계획한 아내가 일본어 공부를 시작한 것이다. 그리고 나더러 마쓰야마 지역 관광 일정을 정리하라고 엄명하신다. 매사에 빈틈이 없고 부지런한 사람이다.

아내가 시키는 대로 마쓰야마 지역을 조사해보니 놀랍게도 일본의 대문호 나쓰메 소세키가 실제로 거주했고 그의 대표작 중의 하나인 『도련님』의 배경이 된 지역이라는 사실을 알게 되었다. 아내는 실제로 마쓰야마를 여행하지만, 나는 책으로 마쓰야마를 여행하며 약 20년 만에 『도련님』을 다시 읽기 시작했다. 역시 너무나도 쉽고 재미있다. 중학생 정도면 누구나 읽을 수 있는 문체이기 때문에 오히려 비평가들이 잘 다루지 않는다는 소문이 있을 정도다. 독자 입장에서는 소중한 작품이 아닐 수 없다.

도쿄 제국대학을 졸업한 소세키는 도쿄고등사범학교 교사로 근무하기 시작했는데 신경쇠약 증세가 나타나 시골 지역인 시코쿠에 있는 마쓰야마 중학교로 전근했다고 한다. 이때의 경험을 살려 쓴 소설이 『도련님』이다. 선생님이 덮는 이불 속에 메뚜기를 숨겨놓아 놀래준다든지 선생님이 '덴푸라' 메밀국수와 경단을 맛나게 먹는 장면을 목도하고 교실에서 그 일을 칠판에 써서 놀린다는 등의 에피소드는 시골에서 교사로 근무하는 내가 겪은 일과 비슷하다. 지금은 사정이 다르지만, 수십 년 전만 해도 시골 학교 교사는 공인에 가까웠다. 자신도 모르게 사소한 행적 낱낱이 학생과 지역 주민에게 전파되고 화제에 오른다. 소세키는 이런 것들이 어지간히 불편했던 모양이다. 소설 곳곳에 익명 속에 숨어 살 수 없는 불편함을 토로한다. 가령 "동네가 워낙 좁아 걷다 보면 반드시 아는 사람을 만난다"라는 식으로.

나쓰메 소세키와 나는 시골 학교 교사로 일한 공통 분모가 있거니와 인간적으로 애잔한 느낌이 들어서 좋아한다. 내가 좋아하는 도스토옙스키처럼 소세키는 꽤 많은 수입이 있음에도 불구하고 다른 사람의 부탁을 차마 거절하지 못하거나, 주머니 사정을 생각하지 않고 주변 사람을 챙기는 비경제적 관념 때문에 고생한 사람이다. 제국대학을 졸업한 소세키가 제1고등학교 교사와 제국대학 강사로 받은 수입은 월 120엔 정도였다. 당시 소세키가 살던 집 월세가 27엔 정도였으니 생활비로는 부족함이 없었다. 그러나 소세키는 자식이 일곱이어서 양육과 교육에 큰돈이 들었을 뿐만 아니라 처가와 많은 친척을 부양해야 했다. 더욱이 집엔 손님이 많았고 아내의 손은 커서 결코 넉넉한 살림이 아니었다. 소세키가 〈아사히 신문〉 전속 작가로 제안받을 때 연봉 협상을 치열하게 한 이유가 여기에 있었다.

놀랍게도 소세키는 대표적인 명작이면서 〈아사히 신문〉에 연재 중이었던 『마음』의 출간을 이제 막 출판사를 차린 제국대학 동창인 이와나미 시게오에게 맡긴다. 출간만 하면 대성공이 예약된 작품이라 얼마든지 좋은 조건으로 출간할 수 있었는데도 친구의 부탁을 거절하지 못하고 자비를 들이는 것으로 모자라 표지도 직접 디자인해서 이와나미 쇼텐 출판사를 통해 낸 것이다. 소세키는 유작인 『명암』을 집필하다가 원고지 위에서 숨을 거두었는데 그의 장례식은 문전성시를 이루었다.

문상객 중에는 당연히 사후 소세키 전집을 출간한 이와나미 쇼텐 출판사의 창업자 이와나미 시게오도 포함되어 있었는데 제국대학 출신이면서 소세키 문하의 제자였던 우치다 햣켄에 따르면 술에 취해서 그런 건지 어두워서 그랬는지 변소가 부실해서 그랬는지 알 수 없지만 이와나미는 그만 소세키 집 변소에 빠졌다. 이와나미가 허겁지겁 기어오르는 모습을 마침 제국대학 영문학과 출신 친구 두 명이 목격했다고 한다. 수치심에 사로잡힌 이와나미는 다음에 크게 한턱 살 테니 이 사건을 아무에게도 말하지 말라고 부탁했다. 두 친구는 신의를 지켰지만 이와나미가 한턱 사겠다는 약속을 저버리자, 비밀은 누설되고 이 사건을 접한 사람들은 모두 배꼽을 잡고 웃었다고 한다. 어쨌든 소세키와 이와나미의 관계는 흥미로운 대목이 많으며 소세키의 인간적인 면모가 도드라진다.

다시 『도련님』으로 돌아가보자. 1905년 『나는 고양이로소이다』로 화려하게 데뷔한 소세키가 이듬해인 1906년에 발표한 소설이 『도련님』이다. 『나는 고양이로소이다』가 몸풀기였다면 『도련님』은 본격적으로 문학의 길로 접어들어 쓴 완숙한 작품이다.

『도련님』은 주인공 봇짱이 부모를 여의고 형에게서 받은 일부 재산으로 도쿄에 있는 물리학교를 졸업한 뒤 시코쿠에 있는 한 중학교의 수학 선생으로 근무하면서 겪은 일이 주된 내용이다. 도쿄 토박이인 봇짱은 시종일관 자신이 근무하는 시골 학교와 지역사회를 비하하고 조롱한다. 흥미로운 점은 그 일관된 비하와 조롱이 재미있게 읽힌다는 것이다. 소세키의 탁월한 이야기꾼으로서의 능력을 추앙하지 않을 수 없다. 봇짱이 마쓰야마에 대해서 유일하게 칭찬하는 대상이 도고 온천이다. 그나마도 다른 곳은 도쿄의 발뒤꿈치도 못 따라가지만, 온천만은 훌륭하다며 반은 칭찬하고 반은 비아냥거린다. 그러나 소세키는 도고 온천을 진심으로 좋아했던 모양이다. 하루라도 가지 않으면 견디기 힘들다고 토로했기 때문이다. 내 아내가 잔뜩 기대하고 있는 마쓰야마의 명물 '봇짱 기차'는 이 소설에 '기차를 탔는데 성냥갑 같았다'라는 식으로 딱 한 번 언급되었을 뿐이다. 기실 소세키는 이 소설 전체에 걸쳐 도고 온천을 제외한 마쓰야마 지역과 시골 사람을 비하했음에도 불구하고 오늘날 마쓰야마는 『도련님』의 무대인 것에 자부심을 품고 관광 자원으로 적극 활용하고 있다. 이 자체가 소세키가 일본 문학사에서 지닌 위엄이 어느 정도인지를 보여준다.

봇짱은 앞뒤 가리지 않는 급한 성격 탓으로 어린 시절부터 늘 손해를 본 사람이다. 새로 지은 교사 2층에서 창밖을 내다보고 있는데 친구가 거기서 뛰어내리지 못할 것이라고 놀리자 곧바로 뛰어내려 허리를 다친다거나, 친척에게 선물 받은 칼을 두고 친구가 잘 들지 않으리라고 의심하자 제 엄지손가락을 칼로 베어버린 인물이다. 나도 그렇지만 급한 성격은 평생 고치지 어려운 습성이다. 내가 초등학교 시절 선생님이 부모님과 면담하며 하신 말씀이 기억난다. 귀댁 자녀는 뭘 시켜도 가장 일찍 낸다는 것이다. 이는 신속함을 칭찬한 것이 아니고 뭐든지 대충 하는 성급함을 걱정한 말이다. 과연 나는 그 습성을 평생 버리지 못하고 있다.

봇짱 역시 성급한 성향을 그대로 지닌 채 교사 생활을 시작한다. 그의 성급함이 가장 적나라하게 드러난 부분은 부임하자마자 동료 교사들의 별명을 짓는 장면이다. 봇짱은 동료 교사들의 첫

인상만으로 그의 정체성을 결정하는 별명을 짓는다. 이런 식이다. 너구리, 빨간 셔츠, 끝물 호박, 산미치광이, 알랑쇠. 첫인상만으로 이미 그 사람의 정체성을 규정한 봇짱은 본인에게 적대적이라고 생각한 인물로부터 도움을 받고, 우호적이라고 생각했던 인물이 자신에게 해를 끼치는 경험을 하게 된다. 예를 들어 자신을 싫어한다고 생각한 동료 수학 교사인 산미치광이는 봇짱이 곤란한 처지에 있을 때 적극 나서서 변호해준다.

사람은 누구나 아무 이유 없이 미운 사람이 있고 이렇다 할 까닭 없이 좋은 사람이 있으며 이런 경향은 직장 생활에도 고스란히 적용된다. 봇짱 못지않게 성격 급한 나도 지금까지 이유 없이 미워했던 사람들로부터 도움을 받고, 언제나 내 편을 들어주리라 생각한 사람에게 배신당한 적이 한두 번이 아니다.

성격 급한 사람의 가장 치명적인 불이익은 섣불리 사람을 어떤 유형으로 규정하는 데에서 발생한다. 조금 더 느긋하게 충분히 겪어보고 나서 어떤 사람에 대한 나름의 기준을 정해야지 봇짱처럼 만나자마자 그 사람의 정체성을 결정하고 상대를 말과 행동보다는 자신이 이미 정한 정체성으로 그 사람을 판단해서는 안 된다. 성급한 사람의 치명적인 오류는 어떤 문제가 생겼을 때 한쪽 편 사람의 말만 듣고 분기탱천해서 행동에 나서는 것이다. 봇짱은 직장 동료 한 사람의 말만 듣고 섣불리 행동하다가 좋은 하숙집을 동료에게 뺏기는 등 겪지 않아도 될 여러 고초를 겪는다.

사람은 누구나 자신이 신뢰하고 가까운 사람의 말만 듣고 싶어 한다. 그러나 중요한 결정을 할 때는 최대한 여러 사람의 말을 들어보는 편이 좋다. 나도 그런 경험이 있다. 초임 교사 시절 나에게 자주 찾아와 이런저런 학급의 일을 전해주는 학생이 있었는데 궂은일을 도맡아 솔선수범하기도 해서 신뢰했다. 어느 날, 이 학생이 다른 학생의 비행을 말해주었다. 나는 화가 나 밤새 잠을 이루지 못했다. 그러나 다음 날 확인해보니 그 학생 나름의 이유가 있었고 잠을 자지 못할 만큼 분기탱천할 일도 아니었다.

이런 봇짱이라도 꽤 근사한 신념이 있다. 사람의 눈을 속여가며 자신의 이익을 취하지 않는다는 것이다. 그리고 의리를 중요하게 여기고 약자에 대한 연민을 가지고 강자의 부당한 처사에는 단호히 저항한다. 결국은 동료를 기만하는 교감을 단호히 응징한다. 봇짱은 한 사람 말만 듣고 성급하게 행동한 리어왕과 같은 결함이 있지만 우유부단하면서도 때로 과감한 면이 있는 햄릿의 매력을 가진 인물이기도 하다. 나는 『도련님』을 다 읽은 후 다른 책을 한동안 집어 들지 못할 만큼 봇짱의 매력에 빠져들었다.

이 소설의 줄거리와 상관없이 한국 독자라면 궁금해할 수밖에 없는 봇짱이 다녔다는 '물리학교'의 정체에 대해서 덧붙이는 것이 좋겠다. 소설에서는 봇짱이 길을 걷다가 우연히 물리학교 학생 모집 광고를 보고 입학한 것으로 기술되어 있어서 엉터리 삼류 학교로 착각하기 쉽다. 실상은 다르다.

물리학교의 정식 명칭은 도쿄물리학교이며 1881년 제국대학 물리학과 졸업생들이 설립한 야간부 학교로, 이공계 기술이 나라를 살린다는 취지로 설립됐다. 물리학교 3대 교장 나카무라 교헤이와 소세키가 절친한 사이였기 때문에 봇짱이 물리학교 출신인 것으로 설정됐다. 소설에서 기술했듯 물리학교에는 입학 시험이 없고 봇짱처럼 절차만 밟으면 입학이 가능했다. 그러나 상당한 지적 수준과 학비가 필요했으며 입학자 대비 졸업률이 10퍼센트에 불과한 학사 관리가 매우 엄격한 준엘리트 학교였다. 입학에는 관대하되 졸업에는 까다로운 오늘날 서양 대학의 시스템과 유사했으며, 졸업 후에는 좋은 대우를 받고 사회에 진출할 수 있었다. 작중에서는 봇짱이 기껏 월급 40엔짜리 교사라며 자신을 비하하지만, 당시 도쿄 시내 초등학교 교원과 경시청 순사 월급이 10~13엔 정도였다는 것을 고려하면 파격적인 대우를 받고 교사로 부임한 것이다. 사실과는 정반대로 자신이 물리학교를 졸업한 것을 신통찮게 묘사한 것은 일본인 특유의 겸손한 표현 방법이다.

소소한 한마디

"무슨 일이든 간에
양쪽 말을 다 들어봐야 한다."

인생 위화 · 백원담 옮김 · 푸른숲 · 1997

가족이 보잘것없게
느껴질 때

아내는 내 서재 목록을 좋아하지 않는다. 도무지 읽을 만한 책이 없다고 투덜거린다. 먼지가 많다는 이유로 여간해서 서재에 들어오지도 않는다. 대신 가끔 나에게 어떤 책이 혹시 서재에 있냐고 묻는다. 혹시 그 책이 있으면 수도원 폐쇄식 서고에서 근무하는 사서 수도사처럼 그 책을 찾아 대령한다. 한번은 내가 집에 없어서 별수 없이 직접 행차한 일이 있었다. 이때 고른 책이 위화의 『허삼관 매혈기』였다. 아내는 이 책을 두고 몇 번이나 "이 책만큼 재미난 책은 못 봤어"라고 극찬했다. 아내의 칭찬에 감동한 나는 내친김에 위화의 『형제』, 『원청』, 『인생』도 구매해서 서재에 꽂아두었다. 아내가 언제든지 내키면 읽으라는 배려였다.

기대대로 아내는 위화의 작품을 더 읽기 시작했다. 첫 번째가 『형제』였다. 역시 재미났다고 칭찬을 하다못해 읽지 못한 나를 배려하지 않고 내용을 미리 말하는 장난까지 쳤더랬다. 내가 선택한 위화의 다음 작품은 『인생』이었다. 모옌, 옌롄커와 함께 현대 중국 문학을 대표하는 작가이기도 하고 많은 독자가 노벨문학상을 받을 수 있다고 예상하는 작가이기도 한 위화의 『인생』은 도저히 재미있다고만 말할 수는 없는 소설이다. 젊은 시절 외간 여자와 놀고 도박으로 전 재산을 탕진한 주인공 푸쿠이의 부모, 아들, 딸, 아내, 사위, 외손자가 차례로 비극적인 죽음을 맞는다.

너무 재미있어서 몇 쪽이나 남았는지 확인하게 되는 소설이 아니다. 제발 이 정도의 비극을 겪었으면 이제 주인공 가족이 좀 행복하게 사는 것으로 결말을 맺었으면 하는 바람으로 몇 쪽이 남았는지 확인하게 되는 소설이다. 병든 어머니를 두고 강제로 끌려간 군대에서 굶주림에 시달리고, 땔감으로 쓸 나무를 구하기 위해서 무덤을 파헤쳐서 유골은 버리고 관을 태웠으며, 죽을 고비를 수없이 넘기고 간신히 고향에 돌아왔으면 인제 그만 편하게 살게 해줘야 할 것 아닌가 말이다.

가혹한 환경 때문에 평범하게 태어난 예쁜 딸이 말 못 하는 장애인이 되었다가 역시 장애가 있으나 착한 남자와 어렵게 결혼했으면 인제 그만 그럭저럭 서로 사랑하며 살아가도록 해줘야 하지 않는가 말이다. 굳이 지극히 아내를 사랑하는 남편을 두고 출산하다가 죽게 해야 했으며, 홀로 남아 자식을 키우는 남편을 공장에서 비참하게 사고로 죽게 해야만 했을까? 그것으로도 부족해 부모를 잃은 불쌍한 아이가 병으로 죽게 해야 했을까? 이 소설을 읽는 내내 작가의 비정함에 분노가 분출했다.

위화는 주인공과 가족의 비극을 매우 극적으로 전개한다. 마치 롤러코스터처럼 독자 마음을 잠시라도 평온한 상태에 내버려두지 않는다. 풍요롭게 살던 주인공 집안을 졸지에 소작농으로 전락시켜 물질적 불행을 만든다. 물질적 불행은 딸이 말 못 하게 되는 정신적, 육체적 불행으로 이어진다. 죽음의 양상도 매우 처참하다. 효심이 지극한 아들은 수혈을 과도하게 하다가 온몸의 피가 소진되어 허무하게 죽는다. 그 무자비한 수혈을 감행시킨 사람은 아버지와 생사고락을 함께한 전우로 밝혀진다.

보통 사람이라면 도저히 견딜 수 없는 인재와 재해가 잇따라 덮치고, 목숨이 끊임없이 위협받으며, 일상생활은 수시로 사각지대로 내몰린다. 물론 주인공 푸쿠이가 살다 간 중국의 1940년대부터 1980년대까지 이르는 시기는 중일전쟁, 국공내전, 인민공사 대약진 운동, 제강 제철 운동, 3년에 걸친 가뭄, 문화대혁명을 비롯한 정치·경제·자연적으로 재난이 끊이지 않았던 시기이니 사회 하층민을 주로 다룬 『인생』이 고달프고 비극적인 서사로 진행될 수밖에 없는 사정은 있다. 그러나 큰 병에 걸린 아내가 의사를 찾았는데 가망이 없다고 하자 오히려 치료비를 들일 필요가 없다며 기뻐하는 아내의 모습 따위는 비극 서사의 극한을 보는 듯한 비통한 장면이다.

그러나 격동의 세월 속에서 하층민의 비참한 삶만 담았다면 역사 기록물이지 전 세계 독자들이 열광하는 문예 작품이 아니었을 것이다. 한번 읽기 시작하면 도저히 눈을 뗄 수 없는 흡입력을 가지지도 못했을 것이다. 다 큰 성인이 도서관에서 이 책을 읽다가 눈물을 흘리는 일은 더더욱 없었을 것이다. 『인생』에는 하류층 농민들이 겪은 일상적인 고난이 담겨 있지만 그 고난을 참고 극복하는 유머러스하고 긍정적인 모습도 끊임없이 등장한다. 고통받고 핍박당하는 민중의 피비린내를 냉정하게 관찰하는 것이 아니라 그 속으로 들어가 따뜻한 인간미와 가족애를 유감없이 보여줌으로써 독자의 마음을 크게 움직인다. 아들 유칭을 교육하기 위해 딸 펑샤를 다른 집에 보냈지만, 결국 굶어 죽더라도 함께 살아야겠다고 결심하고 업고 오는 장면에서 눈물을 흘리지 않고 어떻게 배기겠는가.

그뿐인가? 시집간 펑샤가 임신하자 남편인 얼시는 아내를 더욱 애지중지한다. 여름이 되어 모기가 극성을 부리지만 모기장이 없어 고생한다. 남편이 생각해낸 방법은, 해가 지면 먼저 본인이 침대에 누워 모기들이 배불리 피를 빨 때까지 기다리는 것이었다. 남편이 자기 피로 모기들을 배불리 먹이는 동안 펑샤는 밖에서 앉아 있게 하였다. 배부른 모기들이 더 이상 남편을 물지 않으면 그때서야 제 아내를 들여보내 자게 하는 장면 또한 딸 가진 모든 부모가 부러워할 장면이다. 얼마나 아름답고 숭고한 가족애인가.

푸쿠이가 도박으로 전 재산을 날린 후부터 가족은 가난에 시달렸지만 즐겁게만 살 수 있다면 가난 따위는 두렵지 않다는 신념으로 고난을 이겨낸다. 푸쿠이의 아내 자전은 죽을병에 걸려 목숨이 위태롭지만 좀 더 살기를 갈망한다. 유언까지 남긴 마당에 남편에게 좀 더 살고 싶다고 고백한 것이다. 그 이유는 사랑하는 남편과 자식의 얼굴을 매일 보고 싶기 때문이다. 살아서 부귀영화를 누리고자 함이 아니었다. 가족과 즐겁게 사랑하면서 살 수 있다면 그저 얼굴을 매일 보는 것으로 매우 행복하다. 푸쿠이 가족은 마을에서 최대 지주였다가 소작농으로 전락하는 등 급격한 부침을 겪었음에도 과거를 그리워하거나 자신들이 한 행위를 후회하지 않는다. 푸쿠이는 예전 자기 집 하인이었던 자가 비단옷을 보내 와도 미끌미끌한 감촉 때문에 오히려 불편해한다.

그렇다고 과거에 완전히 무관심한 것도 아니다. 노년이 된 푸쿠이는 자신이 걸어온 삶을 기억만 할 뿐 타인에게 들려주지 못하는 다른 농부와 달리 일목요연하게 소설 속 화자에게 말해주어 이야기를 완성시킨다. 이는 푸쿠이가 방황의 시기를 지난 뒤 인생의 순간순간을 신중하게 살았기 때문이라고 생각한다. 가족을 위해서 살았기에 신중할 수 있었다. 화목한 가정은 인간의 모든 불행을 이겨내는 힘을 주고 그저 매일 얼굴만 보아도 행복을 느끼게 해준다는 것을 위화는 말하고 싶었는지도 모른다.

  이 소설에서 가장 놀라운 부분은 인간이 겪을 수 있는 모든 고초를 다 겪지만 푸쿠이 가족은 서로를 원망하거나 미워하지 않는다는 사실이다. 푸쿠이 아내 자전은 남편이 바람피우고 도박에 빠져 살지만, 원망하는 마음을 내색하지 않고 간접적으로 푸쿠이를 일깨워주려고 애쓴다.

  물론 배우자가 불륜을 저질렀는데 푸쿠이 아내처럼 처신하라고 조언하는 것은 상상하기 어렵다. 다만 이 소설의 시대적 배경이 거의 100년 전 중국 사회인 것을 참작하면 푸쿠이 아내의 처신은 고육지책이기도 했을 것이다.

  푸쿠이의 아버지 또한 아들의 비행을 직접적으로 비난하지 않고 간접적인 방법으로 스스로 잘못을 인지하게 만들려고 애썼다. 아들의 도박 빚을 갚기 위해서 남은 재산을 처분한 아버지는 동전으로 바꾸어 빚쟁이에게 가져다주라고 시킨다. 푸쿠이는 하루 종일 산더미 같은 동전을 나르느라 사지가 풀릴 정도로 고생한다. 그러면서 그 돈을 벌기 위해서 조상들이 얼마나 고생했겠느냐는 생각을 한다. 그제서야 푸쿠이는 아버지가 간편하고 옮기기 쉬운 은화가 아닌 굳이 무겁고 양이 많은 동전으로 바꾸어 자신에게 준 이유를 알게 된다. 아버지는 아들에게 돈을 버는 것이 얼마나 힘든 일인지를 간접적으로 일깨워주고 싶었다. 결국 푸쿠이는 재산을 모두 탕진하지만, 그 누구보다도 가족을 아끼며 가족을 위해 희생하는 가장으로 거듭나기에 이른다.

가족이 잘못한다고 해서 버럭버럭하며 응징하는 것보다는 조금 느리고 답답하더라도 우회적인 방법으로 스스로 잘못을 인지하고 뉘우치며 다르게 살아가겠다는 결심을 하도록 유도하는 것이 가장 효율적인 가족애의 실천이다. 도저히 회생 가능성이 없어 보이는 푸쿠이를 그 누구보다 희생적인 모범 가장으로 만든 것은 제약이나 힐난이 아니었다. 타인의 긍정적인 선택을 유도하는 부드러운 개입, 즉 요즘 유행하는 넛지(nudge)의 가장 대표적인 예를 푸쿠이 가족에게서 발견할 수 있다. 푸쿠이의 아내와 아버지는 푸쿠이에게 도박하거나 바람을 피우지 말라고 강요하거나 명령하지 않고 옆구리를 툭 치듯이 부드럽게 개입하여 푸쿠이의 행동을 올바르게 유도했다.

가령, 내 아내는 최근 걷기만 해도 돈이 되는 만보기 앱을 설치하고 활용한다. 매일 꾸준히 걷는 것이 건강에 좋다는 사실을 모르는 사람은 드물지만, 막상 오랫동안 실천하기는 만만찮다. 아내는 걷기 운동을 하고 집에 돌아오면 만보기 앱에서 주는 선물을 받고 어린아이처럼 좋아한다. 마치 코흘리개 아이가 어른들이 주는 과자를 받을 때처럼 기뻐한다. 이런 앱이 주는 선물이나 돈은 겨우 몇십 원에 불과하다. 제발 좀 걸으라고 잔소리 백 마디 하는 것보다 만보기 앱이 주는 몇십 원짜리 인센티브가 더 효과적이라는 것을 아내를 통해서 생생히 확인했다.

가족의 따뜻한 넛지로 다른 사람이 된 푸쿠이는 가축에게도 똑같이 대한다. 일하기 싫어서 뭉그적거리는 소를 여러 가지 다른 이름으로 부르면서 일하자고 달랜다. 소설 속 화자가 그 이유를 묻자 아무리 짐승이지만 무턱대고 다그치는 것보다는 여러 이름을 불러서 다른 소도 일을 하는 줄 알게 되면 소도 더 신명 나게 밭을 갈지 않겠냐고 반문한다.

가족의 잔소리나 훈계는 사랑의 다른 이름일 수도 있다. 그러나 우회적으로 본인 스스로 느낄 수 있도록 표현한다면 아무리 철이 없거나 어린아이일지라도 온전히 가족의 사랑으로 느낄 것이다.

소소한 한마디

"가족끼리 즐겁기만 하다면
극복할 수 없는 고난이 없다."

주석 달린 드라큘라 브램 스토커 지음 · 레슬리 S. 클링거 엮음 · 김일영 옮김 · 황금가지 · 2013

원하지 않은 일이 닥쳤을 때

내 아내는 가끔 텔레비전을 보다가 출연자가 입은 옷, 가방, 소품이 어느 회사 제품이며 모델명이 무엇인지 인터넷에 검색한다. 예쁜 것을 보면 궁금하고 갖고 싶은 것이 인간의 본성이다. 나는 책을 읽다가 궁금한 것이 있으면 논문을 검색하거나 인터넷에서 자료를 찾아본다. 가령 『레 미제라블』에서 장 발장이 마리우스를 구출해 파리 하수도로 숨는 장면이 나오면 파리의 하수도가 궁금해서 관련 자료를 찾아보고, 『돈키호테』에서 돈키호테가 먹는 음식이 어떤 재료로 만들어지고 작품에서 어떤 의미를 갖는지 알아본다. 『춘향전』에서 이도령은 대체 어떻게 과거에 합격했는지 당시 과거 제도를 살펴보기도 하고, 『죄와 벌』에서 주인공 로쟈가 거쳤던 유배지로의 여정이 궁금해서 찾아보기도 한다.

고전을 읽을 때 특히 궁금한 것이 많아질 수밖에 없다. 시대 배경과 문화가 달라서 무심결에 지나가는 구절이나 단어에 작가가 심혈을 기울인 메시지가 담겼을 수도 있기 때문이다. 제인 오스틴은『오만과 편견』에 다양한 마차를 등장시키는데 독자들은 별다른 신경을 쓰지 않고 넘겨버리지만, 그런 묘사를 통해서 신분 차이와 주인의 성향을 보여주고 싶어 했다. 또 그 유명한 첫 문장 "부자인 미혼 남자에게 아내가 있어야 한다는 것은 모두가 인정하는 진리다"라는 구절도 그렇다. 많은 독자가 이 구절의 속뜻을 놓친다. 제인 오스틴은 19세기 당시 돈이 많은 미혼 남성은 결혼을 서두르지 않았던 반면 평범한 젠트리 계급 출신의 여성은 돈 많은 신랑감을 찾는 현실을 특유의 반어법으로 풍자한 것이다. 우리는 유럽 역사학자가 아니더라도 주석을 통해서 당대의 문화와 작가의 숨은 의도를 파악할 수 있다. 이런 미세한 부분에 신경 쓰고 공부를 하다 보면 책을 읽는 재미가 배가된다. 이 관점에서 생각해보면 "주석 달린" 시리즈는 독서계의 빛과 소금이다.

독자들이 미주를 싫어하는 이유도 여기에 있다. 책을 이해하는 데 필요한 내용을 바로 읽어야 하는데 책 끝으로 가 찾아야 하는 미주는 독서 흐름을 방해한다. 그만큼 주석의 역할이 중요하다.

나는 주석이 많이 달린 책을 좋아한다. 내 서재에『주석 달린 드라큘라』,『주석 달린 허클베리 핀』,『주석 달린 안데르센 동화집』,

『주석 달린 앨리스』, 『주석 달린 월든』이 나란히 꽂혀 있다. 그중에서 나는 『주석 달린 드라큘라』를 가장 좋아한다. 주석이 아니었으면 눈여겨보지 않고 지나칠 장면과 상징이 너무 많다.

많은 사람이 알고 있듯이 드라큘라는 실존 인물이었다. 루마니아 트란실바니아에서 태어난 그의 실제 이름은 블라드 3세 드러쿨레아였는데 사람들이 흔히 드라큘라라고 불렀다. 1436년 영주가 된 그는 당시 궁핍했던 루마니아인들을 구호하기 위해 막대한 부를 축적한 독일계 작센인 상인에게서 혹독한 세금을 거뒀다. 예나 지금이나 가혹한 세금은 저항을 불러일으킨다. 드라큘라 백작은 세금에 저항하는 작센 상인들을 창대에 꽂아 죽이는 등 잔인한 방법으로 처벌했다. 이를 두고 작센인들이 자신들의 피를 빨아 먹는 흡혈귀 드라큘라라고 묘사하기 시작했고 1897년에 이르러 아일랜드 소설가 브램 스토커가 이 상황을 토대로 소설 『드라큘라』를 출간했다.

이 소설은 드라큘라 백작을 그저 선량한 사람을 해치는 사악한 악마로만 그린다. 그러나 오늘날 드라큘라 백작이 살았던 성채 입구에는 드라큘라 백작이 문장으로 사용한 철제 용이 걸려 있다. 루마니아어로 용을 의미하는 '드라코'는 힘과 지혜를 상징한다. 루마니아인들에게 드라큘라는 흡혈귀가 아니라 자신들의 가난을 구제하려고 애썼던 영웅인 셈이다. 자신들의 영웅을 흡혈귀로 그린 아일랜드 작가 브램 스토커를 루마니아 사람들은 너무

원망할 필요는 없다. 비록 드라큘라를 이방인 시각으로 왜곡했지만 소설『드라큘라』는 루마니아에 돈 주고도 살 수 없는 귀한 관광 자원을 선물했으니까 말이다.

『드라큘라』는 세계 문화계에도 흡혈귀, 즉 뱀파이어라는 대체할 수 없는 캐릭터를 선물했다. 1897년『드라큘라』가 출간되면서 뱀파이어는 문학작품, 연극, 뮤지컬, 영화의 단골 소재로 재생산되었다. 전 세계 뱀파이어 소설의 가계도가 있다면『드라큘라』는 시조를 차지할 것이다. 어떤 분야의 시조는 그 내용과 형식이 다소 원시적인데『드라큘라』는 예외적으로 파격적이다. 이것을 소설이라고 불러야 할지 고민스러울 정도로『드라큘라』는 오직 편지, 항해 일지, 의사의 진료 일지, 일기, 축음기 음성, 신문 기사로만 이루어져 있다. 그러면서도 서사 흐름을 이해하는 데 아무 어려움이 없다. 각기 다른 기록물의 나열로 하나의 서사를 완벽하게 끌어나간다는 점에서 최고의 뱀파이어 소설이면서 가장 파격적인 형식을 채택한 작품이라고 볼 수 있다.

다수의 주요 등장인물이 드라큘라라는 흡혈귀를 퇴치하기 위한 과정에서 겪은 괴이한 경험의 기록이라고 볼 수 있을 정도로 이 소설은 순수한 기록물로도 보인다.『드라큘라』를 읽다 보면 그냥 기록에 진심인 자들이 만든 하나의 세계라는 생각이 든다. 작품 형태가 기록물의 조합이듯이 내용 또한 기록에 대한 애착 그 자체다. 모든 등장인물이 철저하게 기록한다. 이 소설에 등장하는 장비 또한 기록을 위한 것이 대부분이다. 코닥 카메라, 휴대용 타자기, 음성 녹음이 가능한 축음기가 그 장비들이며, 『드라큘라』를 19세기 하이 테크 스릴러물이라 칭하게 된 것도 이 때문이다. 주인공 조너선의 아내이자 빅토리아 시대 여성상을 대표하는 얌전한 인물인 미나조차도 한순간의 기록을 놓치지 않기 위해서 휴대용 타자기라는 당시로서는 최첨단 기기를 활용한다. 기록에 대한 욕심이 절정에 달한 대목이 나온다.

변호사인 주인공 조너선은 런던에 저택을 사들이려는 드라큘라 백작을 돕기 위해서 그의 성을 방문했는데 얼마 지나지 않아 그의 실체를 짐작하고 공포에 시달린다. 그 순간 그가 생각한 것이 일기, 즉 기록이다. 조너선은 주체할 수 없는 공포감에 시달릴 때 마음의 평정을 되찾는 가장 좋은 방법이 기록이라고 강조한다. 감당할 수 없는 절망과 고통이 엄습해 왔을 때 평온을 되찾고 실행력을 얻기 위해서 기록하는 습관을 햄릿도 몸소 보여주었다. 『햄릿』1막 5장에서 햄릿의 부친인 선왕이 유령으로 나타나 자신이 동생에 의해서 독살되었다는 사실을 햄릿에게 알려주고 복수해줄 것을 다짐받는다. 선왕으로부터 모든 비극의 자초지종을 접한 햄릿은 수첩에 아버지의 말과 자신의 의지를 기록하고 분노를 삭이면서 결의를 다진다. 셰익스피어는 친절하게 햄릿이 기록하는 장면을 삽입하였다. 그가 나름의 치밀한 복수 계획을 차근차근 세워나간 것은 어쩌면 자신의 의지를 기록한 수첩 덕분이 아닐까?

 모든 것을 기록하는 자를 이길 사람은 없다.『드라큘라』에서 평범한 변호사, 의사, 가정주부가 수백 년 동안 남의 피를 빨아 먹고 생존한 흡혈귀를 물리친 것은 그들의 철저한 기록 습관 덕분이라고 해도 크게 틀린 말은 아니다. 그리고 불완전한 기억을 믿는 사람만큼 위험한 이도 없다.『드라큘라』에 나오는 의사는 환자의 상태를 정확하게 파악하고 치료하기 위해서 죽음기까지 동원해 진료 기록을 하고, 남편 조너선은 아내 미나의 아름다운 표정을 영원한 기록으로 남기기 위해서 인간의 선행을 적는 천상계 장부 '천사 기록'이 있으면 좋겠다고 바란다. 조너선은 기억이라는 것은 언제든 잊히거나 변형된다는 것을 알기 때문이다.

 기록은 이처럼 어려운 문제를 해결하는 실마리가 되거나 공포를 이기는 힘이 될 뿐만 아니라 결심을 다지고 실행력을 북돋아 주며 아름다운 추억을 오래 간직하도록 돕는다. 서양 사람이 집에 불이 났을 때 꼭 들고나올 물건으로 수첩을 가장 많이 드는 것도 이 때문이다. 따라서 새해가 다가왔을 때 가장 먼저 해야 할 일은 언제나 함께할 수첩을 장만하는 것이다.

 『드라큘라』에 등장하는 주요 인물 수어드 박사의 진료 기록에서 우리가 잊지 말아야 할 통찰이 눈에 띈다. 정신과 의사인 수어드는 감금된 자신의 환자 렌필드가 밤만 되면 발작을 일으키는 증상의 원인을 파악하려고 일부러 병실에서 탈출할 수 있도록 문을 잠그지 않는다. 그러나 렌필드는 수어드의 예상과는 달리 도망치지 않는다. 그렇다. "원하지 않은 일은 항상 일어난다." 이 말은 원래 기원전 극작가인 티투스 마키우스 플라우투스가 한 말로 알려졌는데 정확한 그의 말은 "당신이 원하지 않은 일이 당신이 원하는 일보다 더 빈번히 일어난다"라고 한다. 하나의 속담이 되어버린 이 말은 현재 '대처의 원칙'이라고 불리는데 영국의 과거 수상 마거릿 대처가 자주 이 말을 했기 때문이다.

일일이 통계를 내본 사람은 드물겠으나, 우리는 살면서 원하던 일보다는 원치 않은 일을 더 많이 겪는다는 느낌을 받는다. 물론 좀 더 좋은 판단을 하고 좀 더 신중하게 행동한다면 바라지 않은 일이 일어날 확률은 낮아지겠지만 사고처럼 불쑥 찾아오는 불행은 막을 길이 없다. 가령 아무리 안전운전을 해도 상대 차가 갑자기 끼어들면 어쩔 수 없이 접촉 사고가 난다. 바라지 않은 일이 일어났을 때 우리가 지나치게 절망하고 힘들어하는 이유는 무엇일까? 이에 대한 정확한 답은 다름 아닌 '예상치 않은 일은 늘 일어난다'라는 사실을 곱씹은 정신과 의사 수어드의 입에서 나온다.

수어드 박사는 드라큘라를 추적하는 과정에서 계획이 어긋나자 우리는 본능적으로 희망을 품는 것 같다며 허탈해한다. 이 말은 자신이 인용했던 말, 즉 '예상치 않은 일은 늘 일어난다'와 정면으로 충돌한다. 그만큼 사람은 자신이 하는 일에 막연한 희망과 기대를 품기 마련인데 일이 생각대로 움직이지 않거나 돌발 악재를 만나면 그만큼 상실감이나 좌절감이 클 수밖에 없다. 악재는 누구나 겪기 마련이겠으나 극복 여부는 사람에 따라 다른 듯하다. 우리가 살아가면서 만난 거슬리는 일이나 악재에 대한 대처 방안은 무엇보다 마음가짐에서 나온다. 이런 상황이 닥치면 3단계로 자기 마음을 다스리면 좋겠다. 처음에는 자신에게 닥친 나쁜 상황을 객관적으로 받아들여야 한다. 더하지도 말고 덜하지도 말고 있는 상황 그대로를 인정하는 것이다. 그 다음엔 자신에게 닥친 상황에 어떤 이유가 있으리라 생각한다. 자신의 불찰이 있을 수 있고 자신도 모르는 더 큰 배경에서 나오는 흐름일 수도 있다. 예를 들어, 직장에서 부당하다고 생각하는 처분을 받았을 때 자신에게 불이익을 주기 위해서가 아니라 회사 차원에서 더 큰 취지로 이루어진 일이라 생각하는 것이다. 이 단계를 지나고 나면 '그래도 이 정도인 게 천만다행이다'라고 생각해보자. 더 나쁜 상황을 상정하여 그 상황이 되지 않은 것을 다행으로 생각하자는 것이다. 이런 과정을 거치면 설사 예기치 않은 악재를 만나도 이를 극복하고 새롭게 나아갈 힘을 얻을 수 있다.

소소한 한마디

"예상치 않은 일은
언제나 일어난다."

깊은 강 엔도 슈사쿠 · 유숙자 옮김 · 민음사 · 2007

내용과 형식 중에 고민될 때

사전 정보 없이 '아껴가며 읽었다'라는 여러 독자의 평을 접하고 읽은 소설이다. 어지간히 일본 문학을 좋아하면서도 저자 엔도 슈사쿠와 『깊은 강』이라는 소설을 모르고 살았다. 기왕에 이 소설을 읽기로 결심했으니 엔도의 또 다른 대표작 『침묵』을 함께 주문하기로 하고, 혹시나 해서 내 서재를 탐험했더니 놀랍게도 『깊은 강』을 발견했다. 서지 정보를 보니 내가 구매해둔 것은 2023년 판인데 무려 33쇄다. 불과 2년 전에 사둔 것을 까마득하게 잊고 있었다. 어쨌든 33쇄를 찍었다는 점과 여러 번 호평을 접한 것으로 보아 내가 생각한 것보다 명작인가 보다.

1923년에 태어나 1996년 세상을 떠난 엔도 슈사쿠는 일본의 전후파, 즉 1950년대 전반에 두각을 드러낸 작가이며 일본을 대표하는 기독교 작가라고 한다. 기독교 작가가 되겠다는 포부를 가진 것은 아니었고 열 살 때 독실한 가톨릭 신자였던 어머니의 권유로 세례를 받았다. 일본 최초의 전후 유학생으로 1950년부터 1953년까지 프랑스에서 유학할 때 자신이 가지고 있던 일본인으로서의 기독교관이 유럽인의 기독교관과 충돌하면서 겪은 갈등의 상당 부분이 그의 대표작인 『침묵』에 스며들었다.

『침묵』과 『깊은 강』 중에서 어느 작품을 먼저 읽을지 고민하다가 작가 나이 70대에 이르러 죽음을 앞두고 자신의 모든 것을 쏟아부어 집필한 『깊은 강』을 선택했다. 엔도 문학의 귀착지 아니겠는가. 실제로 이 소설에 엔도의 거의 모든 것이 담겨 있고 평생 문학을 통해서 고민했던 질문에 나름의 해답을 내리며 마무리 지었다.

『깊은 강』은 비교적 쉬운 문체로 이소베, 기구치, 누마다, 미쓰코, 오쓰 등의 주요 인물들이 인도 여행을 하는 과정과 경험을 다룬 소설이다. 전반부는 주로 이 인물들의 과거 행적과 여행 계기를 다루고, 후반부는 본격적인 인도 여행기가 펼쳐진다. 나는 다섯 명의 중심인물 중에서 이소베와 오쓰를 눈여겨보았다. 이소베는 평생을 함께하며 자신을 위해 희생한 아내의 죽음이 남긴 빈자리의 슬픔을 가지고 있고 오쓰는 어린 시절부터 매사에 서툴고 타인과의 교류에도 능숙하지 못해 외톨이였다. 이 소설의 주요 인물인 미쓰코와의 연애도 실패하여 신부가 되기 위해 프랑스로 유학을 떠났지만, 유럽 교회와도 화합하지 못하여 추방당하고 상처받은 인물이다.

이소베는 회사에 충실하며 가정과 아내에게는 무심했던 평범한 중년 남성이다. 아내를 사랑하지만, 남자라면 모름지기 일을 열심히 해야 하며 그런 남편의 생활을 아내도 이해해주고 좋아하리라 생각하면서 살았다. 그렇게 살면서 아내가 자신을 얼마나 사랑하고 희생했는지 자각하지 못했고 아내와의 유대감이 자신의 인생에 얼마나 깊이 뿌리내렸는지도 몰랐다. 아내가 임종하면서 다시 태어나 꼭 현생에 돌아올 테니 자신을 찾아달라고 한 유언을 듣고 나서야 아내의 소중함을 깨닫는다. 그리고 전생을 연구하는 대학으로부터 인도 바라나시 인근의 동네에 사는 한 소녀가 전생에 일본인 여성이었다는 정보를 접하고 그녀를 만나기 위해서 인도로 향한다.

물론 그는 인도의 점쟁이에게 속아 돈만 날렸을 뿐 환생한 아내를 만나지 못한다. 누가 봐도 가능성이 없는 일에 나선 것은 아마도 생전에 아내에게 무심했던 것에 대한 반성과 한 번이라도 아내를 만나 못다 나눈 추억을 만들기 싫었기 때문이리라. 가정과 아내에게 무심하고 일에 열중하는 남편은 인간 세상에 흔하디흔하다. 톨스토이의 『이반 일리치의 죽음』의 주인공도 그랬고 나 역시 그랬다. 굳이 남자 가장에 한정된 이야기도 아니다. 세상에서 무엇보다 소중하고 아름다운 것이 가족과의 추억과 사랑이라는 것을 너무 늦게 깨닫는 것처럼 안타까운 일도 없다. 이반 일리치는 죽음을 눈앞에 두고서야 깨달았고 이소베는 아내가 죽고 나서야 알게 되었다. 이소베는 생전 결혼 후 처음으로 단둘이 여행을 가게 되어 들떠 있는 아내에게 괜한 핀잔을 줄 정도로 무심한 남편이었다.

나는 여러 방면에서 바보로 살아왔지만 한 가지 다행스러운 점은 비록 50대 초입부터나마 가족과 나누는 추억이 세상 무엇보다 재미나고 귀하다는 것을 알게 되었다는 사실이다. 지금 곰곰이 생각해보니 늦게라도 깨닫게 된 계기는 돌아가신 어머니 덕분이 아닌가 싶다. 요양원에 계시던 어머니 생신을 맞아 모처럼 집에 모시고 와서 손자, 손녀 들의 재롱을 지켜보시게 한 날을 잊을 수가 없다. 어머니는 젊은 시절부터 초저녁 잠이 많았다. 그날은 밤 10시가 넘도록 휠체어에서 내려오지 않고 눈을 비벼가면서 졸음에 맞서 싸우셨다.

주무시지 않고 굳이 견디는 어머니를 지켜보면서 가족끼리 나눈 사소한 추억의 소중함을 뼈저리게 느꼈다. 어머니는 그날의 순간순간이 귀했을 테고 차마 잠들고 싶지 않으셨던 게다. 요양원에서 생활하셨던 어머니가 이제 막 입시 전쟁에 나선 손자, 손녀 얼굴을 볼 시간은 많지 않았다. 그 생신 몇 년 후 돌아가셨다. 어머니가 눈을 비벼가며 한순간이라도 자녀들을 지켜본 것은 헛된 일이 아니었다.

나는 여행을 싫어하며 집에 가만히 앉아 책을 읽거나 잠자는 것을 좋아하는 게으른 바보다. 그런데도 몇 년 전부터는 휴일이 되면 아내와 어디를 꼭 다녀와야 직성이 풀린다. 하다못해 집 근처 공원에라도 가 함께 산책을 해야 하루를 헛되이 보내지 않았다는 생각이 든다. 여행에서 남는 것은 사진뿐이고 인생에서 남는 것은 가족과의 추억임을 잘 알게 되었다. 따지고 보면 가족과 추억을 나눌 시간이 새털만큼 많지 않다는 것을 나이가 들수록 실감한다.

다행스럽게도 내 딸은 나보다 훨씬 일찍 이 사실을 깨달았다. 못해도 한 달에 두 번은 우리 부부와 놀기 위해서 내려온다. 그렇다고 우리 가족이 거창한 것을 하며 시간을 보내지는 않는다. 그저 소소한 여행을 가거나 맛집을 찾아다니는 정도다. 얼마 전에는 우리 가족이 두 시간짜리 영화를 보기로 했는데 갑자기 딸아이가 취소를 하자고 했다. 이유를 물으니 영화 보는 시간이 아깝다는 것이다. 아이는 컴컴한 곳에서 각자의 시선으로 스크린을 응시하기보다는 집에서 간식을 먹더라도 얼굴 맞대고 도란도란 이야기를 나누고 싶어 했다. 『이반 일리치의 죽음』이 그토록 죽음을 기억하라고 우리에게 말하는 이유나 이소베가 환생한 아내를 만나겠다고 여행을 떠나는 이유는 그만큼 인생은 길지 않고 우리는 모두 죽을 운명이니 하루하루를 충실하게 살라는 뜻이겠고, 그 방법은 가족과 함께하는 것이다.

『깊은 강』의 또 다른 주인공 오쓰는 맞지 않는 기독교라는 옷을 입은 작가 엔도 슈사쿠의 일본식 기독교관을 대변하는 분신이다. 오쓰가 경험한 유럽의 기독교는 유럽인의 기호에 맞게 가공된 것이니 동양인인 자신에게 맞지 않는다며 괴로워한다. 오쓰는 유럽 사람들이 생각하는 것처럼 선과 악은 명확히 구분할 수 없으며 선 속에도 악이 스며들어 있고 악 속에 선이 내재해 있다고 믿는다. 따라서 신은 인간이 악을 행하더라도 마술사처럼 구원으로 이끌어준다고 생각한다. 결국 신은 오로지 선에만 존재한다는 유럽의 기독교에 적응하지 못하고 추출당하기에 이른다. 유럽의 성직자들은, 신은 다양한 모습으로 실재하며 교회뿐만 아니라 유대교나 불교 심지어 힌두교에도 존재한다고 주장하는 오쓰를 받아들일 수가 없었다.

오쓰가 생각한 기독교관을 한마디로 요약하면 이렇다. 세상에는 여러 종교가 존재하지만, 그것들은 모두 같은 곳으로 모인다. 동일한 목적지에 도착하는 한, 우리가 각각 다른 길로 가도 괜찮지 않은가. 그 길의 풍경이 어떠한지 대화도 하고 말이다. 이 말은 우리는 태어난 장소와 환경의 영향을 받아 종교를 택하기 때문에 어떤 한 종교가 절대적인 가치를 가지고 있다거나 다른 종교보다 우위에 있다는 주장은 잘못되었다는 점을 시사한다. 종교의 본질은 사랑의 실천과 구원에 있으니, 종교의 형식에 얽매지 말아야 하는 것이다. 따라서 기독교 신자인 오쓰가 죽어가는 인도인을 영원한 생명의 장소, 즉 갠지스강으로 옮겨주는 행위는 종교적으로나 사회적으로 비판받을 이유가 없다. 오쓰가 생각하기에 만약 예수가 살아 있다면 자신처럼 행동했을 것이다. 나는 개인적으로 오쓰의 종교관에 공감한다.

허먼 멜빌이 『모비딕』에서 말한 종교관도 정확히 엔도 슈사쿠의 종교관과 일치한다. 『모비딕』의 주인공 이슈메일은 포경선을 타기 전에 만난 식인종 출신 작살꾼 퀴퀘그를 경계하고 무서워하지만, 그가 자신을 따라 교회 예배에 참석한 것을 계기로 마음을 연다. 이슈메일은 모태 기독교 신자였지만 나무토막을 경배하는 퀴퀘그의 신앙을 존중하며 그의 예배에 동참한다. 기독교 신자이면서 퀴퀘그가 섬기는 우상 앞에서 절을 하고 우상의 코끝에 입을 맞추는 등 그의 신앙을 존중한다.

이슈메일의 생각은 간단했다. 자신과 퀴퀘그는 한 침대에서 잠자는 친구이자 이웃이 되었으니, 상대의 신앙을 존중하고 서로의 예배에 동참해야 한다는 것이다. 하나님의 뜻이란 결국 이웃이 나에게 원하는 것을 그에게 베푸는 것이니 이웃인 퀴퀘그가 원한다면 기꺼이 나무토막 우상에 절을 하는 것이 맞다는 것이다. 그의 생각엔 하느님이 기껏 나무토막 우상에 질투를 느끼는 것은 있을 수 없다. 누구에게 피해를 주지 않는 이상 모든 이의 종교는 존중받아야 한다는 것이 허먼 멜빌의 주장이다.

우리는 살아가면서 내용보다는 형식을 중요하게 여기는 경우가 많다. 사랑을 실천하며 타인을 돕는다면 그 종교가 무엇이든 간에 마땅히 존중받아야 하는데 단지 다른 종교라는 이유로 우상이니 이단이니 배척해서는 안 된다. 일상생활도 마찬가지다. 티브이 속에 비친 한 연예인 가족을 예로 들어보자. 나이가 한참 어린 아내가 남편을 '너'라고 호칭하고 자식들은 아버지에게 스스럼없이 반말하며 친구처럼 대한다고 해서 예의가 없고 가정교육이 좋지 않다고 치부하는 시청자들이 있다. 그러나 그 부부는 수십 년간 행복하게 부부 생활을 유지하고 있으며 자식들은 부모를 귀하게 여긴다. 단지 사회가 인위적으로 만든 형식과 다소 다르다고 해서 상대를 평가절하해서는 안 된다. 정작 본인들은 아무 문제 없이 잘 살고 있는데 타인이 자신들의 잣대로 이렇다 저렇다 평가하는 것은 그리 바람직하지 않은 듯하다. 문제는 내용이지 형식이 아니다. 형식보다는 본질을 파악하는 습관을 들인다면 인생이 훨씬 행복해질 것이다.

소소한 한마디

"바보야, 문제는 내용이지 형식이 아니야!"

| **마의 산** 토마스 만 · 홍성광 옮김 · 을유문화사 · 2008 |

여행의 의미를
느끼지 못할 때

생각만 해도 설레는 봄날 대학 캠퍼스, 한 남학생은 교양 수업에서 만난 어느 여학생에게 첫눈에 반한다. 다가갈 기회를 잡지 못하고 인사 한번 나누지 못했는데 다행인지 불행인지 그 여학생이 들고 있는 책 제목만은 기억해두었다가 읽기 시작한다. 애석하게도 그 책은 1,500쪽에 가까운 대작인 데다 난해해서 진도는 나가지 않았고 결국 그 여학생과 친해지는 데 실패한다. 그러나 사랑을 놓친 그 남학생은 본의 아니게 그 책을 읽으면서 문학의 매력에 빠져 훗날 출판사 편집자가 된다. 2021년에 방영된 드라마〈유미의 세포들〉에 나오는 이야기다. 그렇다면 사랑에 빠진 남학생을 좌절하게 했지만 결국 문학의 세계로 이끈 이 책의 제목은 무엇일까? 토마스 만의 『마의 산』이다. 드라마지만 『마의 산』이라는 책을 이보다 더 적확하게 평가한 이야기는 드물다.

내가 지루하기로 소문난 『마의 산』을 다시 읽은 계기는 동 작가의 『베네치아에서의 죽음』을 읽었기 때문이다. 이렇게 수려하고 재미난 글을 쓴 작가의 또 다른 소설이 재미없을 리가 없다는 생각이 들었다. 오래전 읽은 『마의 산』은 그저 요양원에서 일어난 일에 관한 이야기로만 기억에 남아 있었는데, 다시 천천히 읽으면 내가 미처 느끼지 못한 신묘한 재미가 있을 테고 20세기 독일 문학을 대표하는 대가의 대표작 정도는 제대로 읽어야겠다는 의무감마저 발동했다. 물론 큰 결심이 필요했다. 분량도 분량이지만 도스토옙스키의 『카라마조프 씨네 형제들』에 있는 막장 드라마 요소가 전혀 없는 소설이기 때문이다.

무라카미 하루키의 『노르웨이의 숲』에서도 『마의 산』은 환영받지 못한 존재다. 주인공 와타나베가 정신 요양병원에 입원해 있는 나오코를 방문하면서 줄곧 쥐고 있던 책이 『마의 산』이다. 나오코는 요양원에 찾아오면서 요양원에 관한 소설을 들고 오면 어떡하냐고 타박한다. 그러나 와타나베는 만나는 여자 앞에서 『마의 산』을 꾸준히 읽는 모습을 보인다. 말하자면 '나 『마의 산』을 읽는 남자야'를 직접 보여줌으로써 허세를 부린다. 그러니까 이 책은 1980년대에 영자 시사주간지 《타임TIME》처럼 읽지도 못하면서 소개팅 자리에 나갈 때면 꼭 옆구리에 끼고 나가는 허세 용도로의 효용 가치가 있는 책이다. 그만큼 『마의 산』이 보통 사람이 근접할 수 없는 책이라는 방증이 되겠다. 실제로 이 책을 완독한 사람은 아무리 지루한 일도 이겨낼 수 있다.

정말 이 책은 지루하고 어렵기만 할까? 영상 매체에 익숙하고 책과 친숙하지 않은 독자에게는 확실히 그렇다. 서사에 극적인 요소가 없다. 주인공 한스 카스토르프가 3주 예상으로 머물기로 한 요양원에서 7년간 지내면서 사람들과 만나며 삶과 죽음에 대해 성찰하고 현실로 복귀한 뒤 그가 보인 몇 가지 행적이 서사의 대부분을 차지한다. 그러나 명작으로 오래 살아남은 고전에는 다 그만한 이유가 있다. 확실히 고전은 재독 삼독을 해야 제맛을 느낄 수 있다는 것을 나는 이 책으로 새삼 실감했다. 대략 50여 쪽까지 이 책을 읽어나갔을 때 재독임에도 불구하고 소파에 앉아서 텔레비전을 켜놓고 편안하게 빨리 읽을 수 없는 책임을 다시 깨달았다.

그래서 좀 더 긴 호흡으로 여유를 가지고 읽기로 했다. 더위에 더위를 더하는 것처럼 지루함에 지루함을 더하기로 했다. 방학이라는 강력한 무기로 지루함의 무적함대에 대항하기로 한 것이다. 두 걸음 전진을 위한 일 보 후퇴의 마음으로 일단 가볍게 읽을 수 있는 책을 서재에서 고르기 시작했고 펼쳤다. 읽는 호흡을 끌어올리기 위함이었는데, 도무지 『마의 산』이 눈에 아른거려 읽히지 않았다. 다른 책들이 유치하게만 느껴졌다. 마치 명품을 한참 둘러보다가 실용성과 가성비를 추구하는 로드숍의 저렴한 제품을 볼 때의 마음이랄까. 완독하는 데에 한 달이든 두 달이든 걸려도 좋다는 생각으로 다시 『마의 산』을 읽기 시작했다.

 이 책을 읽는 독자들이 우선 파악해야 할 것은 제목의 의미다. 이 책의 원제는 『Der Zauberberg』이다. Zauber는 마력, 마법이라는 뜻이고 berg는 산이라는 뜻인데 이 소설의 무대가 되는 요양원을 뜻하기도 한다. 그러니까 '마법의 산'이나 '마법의 요양원' 정도로 풀이할 수 있는데 요양원이 마법 같은 힘을 가지고 있어서 사람을 붙잡아둔다는 뜻으로 이해하면 되겠다. 실제로 주인공 한스는 3주 동안 문제의 다보스에 있는 국제 요양원에 폐렴 환자 사촌과 함께 지내며 '청강생' 정도로 지내려고 했으나 요양원의 마법에 이끌려 무려 7년 동안 머문다. 읽다 보면 이 책 자체가 '마의 산'이라는 생각이 든다. 처음에는 지루한 책으로 느껴지지만 읽어 갈수록 이 책의 마력에 빠져 다 읽을 때까지 꾸역꾸역 페이지를 넘기게 되니까 말이다. 읽다 보면 그리 어려운 내용이 아니기도 하다. 재미난 것은 문제의 요양원은 마법이 아니라 꼼수로 환자를 붙들어두기도 한다. 요양원 의사는 수익을 극대화하기 위해서 자신의 환자가 퇴원하려는 기미를 보이면 없는 출장을 만들어 장기간 병원을 비워버린다.

 이 요양원은 치료 가능성이 낮은 노인이 주로 생활하는 한국의 요양원과는 사뭇 다르다. 승강기가 갖춰져 있고 호화로운 음식이 제공되며 일요일에는 악단이 연주까지 해주는 고급 휴양 시설에 가깝다. 물론 중환자도 있고 사람이 곧잘 죽어나가지만 기본적으로 사람을 우울하게 만드는 슬픈 에피소드로 가득한 내용도 아니다. 실제로 주인공 한스는 요양원에서 만난 한 여성과 사랑에 빠지기도 한다. 극적인 서사는 아니지만 요양원 사람들은 하나같이 독특하다. 권총과 칼을 장난감처럼 가지고 놀아서 다른 사람을 놀라게 하는 사람, 기흉으로 휘파람 소리를 내는 사람, 건강을 회복했는데도 퇴원하기 싫어서 거짓으로 체온이 높다고 항변하고 일부러 차가운 호수에 오랫동안 몸을 담가 체온을 올리는 사람 등등. 자연스레 내 어머니가 병원에 입원했을 때가 떠올랐다.

입원 후 일주일 정도 지나니 간병하던 누나들은 같은 입원실 환자들의 호구 조사를 완료하고 각 환자의 기구한 사연을 알게 되었다. 누이들은 동료 환자들에 대한 뒷담화로 시간 가는 줄을 몰랐다. 『마의 산』의 등장인물도 크게 다르지 않았다. 소설에 나오는 다양한 환자의 갖가지 사연은 마치 내 누나들이 했던 뒷담화를 좀 더 고상하고 지적으로 서술한 것으로 읽혔다. 그리고 이 소설은 고급 휴양 시설을 배경으로 하고 있는 만큼 당시 유럽 상류층 사람들의 생활과 가치관을 엿볼 수 있는 생활사로도 읽혔다. 더 흥미로운 점은 이 소설이 토마스 만이 아내가 입원한 요양원에서 실제 생활하며 겪은 내용을 담았다는 사실이다.

느리게 읽히는 『마의 산』을 또 그렇게 읽어야 하는 이유는 무엇보다 토마스 만의 인간 심리와 세상에 대한 통찰에 있다. 가령 사람은 정신적으로 성숙해지려면 교회보다는 장례식장에 가야 한다고 말한 부분에 뼈저리게 공감했다. 사람은 가끔 다른 사람의 경건한 태도를 지켜보는 것과 쓸데없이 농담 따위는 하지 않는 진지한 시간을 가지는 것이 종교적 의식을 치르는 것보다 더 정신적으로 고양된다고 나도 믿는다. 기실 나도 토마스 만의 말처럼 명랑한 사람보다는 슬픈 사람을 대하는 것이 좀 더 쉬운 편이다. 떠들썩한 행사보다는 조용한 분위기에서 타인을 생각하고 기리는 편이 더 쉽다. 토마스 만은 주인공 한스의 말을 빌려서 죽음과 관련된 것들을 무서워하는 것은 어리석다고 말한다. 관은 비어 있을 때는 아름다운 가구이며 누가 그 속에 누워 있으면 굉장히 장엄하게 보인다는 생각에까지 공감하지는 못하지만 죽음을 일상의 일부로 여기는 태도에는 공감하게 된다. 이 부분이야말로 토마스 만이 『마의 산』을 통해서 말하려고 한 주요 메시지 중의 하나다.

  한편 부유한 가정에서 태어난 주인공 한스 카스토르프는 할아버지와 아버지가 연달아 세상을 떠난 후 조선 회사에 입사를 확정하고 연수를 받는 등 다사다난한 세월을 보내다가 고산 지대에 있는 다보스 국제 요양원으로의 여행을 시작한다. 곱게 자라며 가족의 사랑을 듬뿍 받은 한스는 이 여행에 마치 밀린 숙제를 빨리 해치워야 한다는 심정으로 임했다. 나도 여행을 좋아하지 않아서 한스의 심정을 충분히 이해한다. 익숙하지 않은 환경이나 일정을 좋아하지 않는다. 심지어 출장을 가더라도 더 나은 숙박시설이 주변에 있음에도 불구하고 늘 이용하던 곳을 찾고, 늘 가는 식당에서 먹던 음식을 먹는 편이다.

토마스 만의 생각은 다르다. 특히 젊을수록 많은 여행을 다녀야 한다는 쪽이다. 아직 인생에 굳게 뿌리를 내리지 않은 젊은이일수록 여행을 떠나 이틀만 지나면 자신을 억누르는 의무, 이해관계, 걱정거리 등의 모든 일상에서 멀어진다고 말한다. 우리는 주로 시간이 인간의 망각을 끌어낸다고 말하면서 세월이 약이라고 한다. 그러나 여행이 제공하는 새로운 공간은 세월의 흐름을 훨씬 능가하는 마음의 변화를 끌어낸다는 것이다. 특히 주인공 한스처럼 긴 여행을 한다면 여행은 낯선 환경에 새롭게 적응할 필요가 있는 활동이다. 여행은 힘든 일이 될 수 있지만 새로운 환경에 익숙해지는 묘미도 있다. 낯선 환경에 적응하는 것을 주된 목표로 삼으며 간신히 이에 성공하자마자 이전 환경으로 되돌아가는 것도 색다른 재미가 있다고 토마스 만은 피력했다. 휴양이 별게 아니다. 우리 인생의 주된 흐름에서 잠시 벗어나 막간으로 여행하는 것이 곧 휴양이다.

사람이라는 유기체는 단조로운 일상을 계속하다 보면 무기력해지고 무감각해지기 쉬우며 이를 타개하기 위해서 혁신이 필요하다. 여행이 곧 그 혁신이다. 토마스 만은 우리가 흔히 말하는 지루하다는 상태에 대한 새로운 생각을 알려준다. 보통 지루하면 시간이 더디 가고 뭔가 재미난 경험을 하면 시간이 빨리 간다고 믿는다. 토마스 만에 따르면 이는 잘못된 생각이다. 단기적인 관점에서 보면 우리의 보편적인 생각, 즉 지루한 일은 시간이 느리게 가는 듯한 느낌을 주는 건 맞지만 장기적인 관점에서 보면 지루함은 짧은 순간이 되고 아예 없는 시간으로 사라진다. 오랜 뒤 사람은 지루했던 순간을 잘 기억하지 못하기 때문이다. 반면 재미있는 경험은 순간적으로 생각하면 시간이 훌쩍 지나가는 듯 느껴지지만 달리 생각하면 무게와 부피가 훨씬 커진다. 오랜 시간이 흘러도 강렬한 경험은 사라지지 않고 심지어 더 또렷해진다. 따라서 매일 같은 일상을 반복한다면 길게 보았을 때 짧은 것으로 경험되고 결국 희미해진다. 주인공 한스가 생활한 요양원이 한 달을 최소 시간 단위로 생각하며 몇 년 정도는 아주 짧은 시간으로 여기는 것은 그만큼 요양원 생활이 지루하며 그런 시간은 결국 짧은 순간으로 사라지기 때문이다.

따라서 우리가 무미건조하고 하루살이 같은 짧은 인생을 살지 않기 위해서는 다른 생활에 새롭게 적응하는 경험이 필요하다. 이 경험이야말로 우리의 시간 감각을 새롭게 하고 또 다른 생활 감각을 형성하는 유일한 방법이다. 이것이 토마스 만의 결론이다.

그런 의미에서 기회가 될 때마다 새로운 환경으로 여행을 하는 편이 좋겠다. 기분을 전환하고 심신을 회복하는 것이다. 새로운 장소로 여행하면 누구나 며칠 동안은 어린아이처럼 활기차게 산다. 여행에서의 몇 주는 정말 빠르게 지나가버린다. 그럼에도 큰 시간으로 보면 이런 추억은 오래 남아 우리의 삶을 윤택하게 만들어준다. 물론 여행이 길어지면 그 활기는 희미해지지만 익숙한 환경에 다시 돌아오면 그 여운은 효력을 발휘한다.

『모비 딕』의 첫 구절을 떠올려보자. 주인공 이슈메일은 울적한 마음을 떨쳐버리고 혈액순환을 조절할 필요가 있을 때 배를 타고 바다를 여행한다. 하루에 몇 시간씩 운동하지 않고도, 몸에 좋다는 약을 다 먹지 않고도 우리가 오래 사는 비결은 가능한 한 자주 여행하는 것이리라. 여행은 한여름 밤의 꿈처럼 느껴지는 추억으로 우리의 인생을 길고 풍성하게 만들어주는 재주가 있다. 여행하지 않는 삶은 요양원에서 평생을 보내는 것이나 다름없다.

소소한 한마디

"가능한 한 자주
여행을 떠나자."

에피 브리스트 테오도어 폰타네 · 한미희 옮김 · 문학동네 · 2010

정 때문에
힘겨워질 때

『에피 브리스트』는 운명처럼 다가온 책이다. 토마스 만의 『마의 산』을 한 달에 걸쳐 완독한 후 독일 문학이 짐작과 달리 그렇게 지루하지도 난해하지도 않겠다고 생각하게 되었다. 물론 고전문학에서 흔히 보이는 양상, 즉 막장 드라마 요소는 영문학이나 불문학에 비해서 적은 듯하지만 독일 문학은 확실히 가마솥에서 우러나오는 진득한 맛이 있다. 내친김에 독문학을 좀 더 파보겠다고 집어 든 책이 『에피 브리스트』였다. 이 책을 집어 들자마자 뒤표지에 내가 그토록 경도된 토마스 만의 추천사가 눈에 들어왔다. 토마스 만은 "최고로 좋은 소설을 엄선해서 열두 권, 열 권, 아니 여섯 권만을 선택하라고 한다면 『에피 브리스트』를 뺄 수 없다"라고 극찬했다.

『에피 브리스트』는 19세기 유럽 귀족들이 오로지 신분과 재산 정도만으로 결혼 상대를 선택하는 관습을 다룬 대표적인 소설이다. 유서 깊은 귀족 집안의 딸 에피는 불과 17세의 나이로 무려 38세인 인슈테텐과 결혼한다. 놀라운 것은 인슈테텐은 에피의 어머니가 미혼 시절 연정을 품었던 인물이며 이 결혼이 어머니의 적극적인 권유로 이뤄졌다는 사실이다. 에피의 어머니 또한 동갑인 인슈테텐을 두고 나이가 많지만, 재산이 많고 신분이 높은 에피의 아버지와 결혼한 바 있다. 결혼 생활이 18년째 들어서 자신의 결혼 상대가 될 뻔한 사람을 사윗감으로 선택한 것이다.

이유는 간단하다. 인슈테텐과 결혼하면 불과 17세의 나이로 다른 사람이 마흔에서야 오를 수 있는 사회 경제적 위치에 오를 수 있기 때문이다. 20세에 에피의 어머니를 놓친 인슈테텐은 18년 사이에 장교로 군 복무하며 훈장을 받았으며 황제로부터 공을 인정받아 고위 공무원이 되어 있었다. 애정이나 정서적 교감이 아니라 오직 사회적 지위와 경제적 풍요만을 목적으로 한 정략결혼인 셈이다. 이 정략결혼에 당사자 인슈테텐과 에피도 적극 동의한다. 에피는 자신을 평생 호강시켜줄 남자를 원했고 인슈테텐 또한 에피의 미모와 가문이 자신이 출세하는 데 도움이 되리라 기대했다.

물론 이런 돈과 지위만 고려한 정략결혼은 당사자의 성향이나 선택이라기보다는 관습에 의한 것이다. 오늘날의 관점에서 비춰 보면 이런 결혼은 하면 안 된다에 속하는 전형적인 사례다. 물론 배우자를 선택할 때 경제적, 사회적 상황은 중요하다. 서로 비슷한 사회 경제적 위치에 있는 사람은 생활 습관이나 가치관이 비슷할 수 있어서 원만한 결혼 생활에 큰 도움이 된다. 그러나 인슈테텐과 에피처럼 애정이나 가치관에 대한 공감 없이 오로지 조건만 보고 결혼한다면 파국으로 치달을 확률이 높다. 이럴 경우 결국 각자의 생활에 몰두하게 되기 마련이다.

에피가 자신을 호강시켜주리라 믿고 결혼한 인슈테텐은 시대 상황을 고려하고라도 남성 중심주의 사고가 지나치게 몸에 밴 사람이다. 가정보다는 사회적 성공만을 인생의 목표로 삼고 있는 바람직하지 않은 가장이기도 하다. 인슈테텐뿐만 아니라 에피의 아버지 브리스트도 '남자는 남자다워야 하고 여자는 여자다워야 한다'고 딸을 교육한다. 요즘 말로 하면 딸에게 남성 중심주의 사고로 가스라이팅한 것이다. 그러나 에피는 그네 타기와 같은 외부 활동을 좋아하는 활기찬 성향이었다. 조용히 남편의 사회적 성공을 위해서 내조하는 여성상이 아니다.

불행히도 에피를 둘러싼 거의 모든 남성은 남성이 지배하는 사회를 당연시하는 성향을 보이고 있었다. 19세기 자체가 그랬다. 당시 독일의 바람직한 여성상은 얌전히 집 안에 머물며 현모양처 모습을 하고 유부녀가 되면 남편의 보호 아래 남편에게 순종하고 집안 살림을 책임지며 어머니 역할에 충실한 것이었다. 놀라운 점은 이러한 여성의 사회적 지위가 법으로 규정되어 있었다는 사실이다. 1794년 6월 1일에 발효된 '프로이센 국가 일반법'에 결혼은 사회적 계약이며 결혼의 주목적은 출산과 양육이고 남편이 집안의 대표자로 명시되어 있다. 여성은 남편의 허락을 받아야 집 밖에서의 직업을 가질 수 있었다.

인슈테텐의 이웃 귀족은 아내가 있는 자리에서 가정의 주인은 남편이며 여자에게 끌려다니는 남편은 아내에게조차 비웃음을 살 것이라고 태연히 말한다. 인슈테텐 또한 이에 못지않다. 신혼집 첫날밤 에피는 2층에서 이상한 소리를 듣고 유령이 있다고 생각해 잠을 설친다. 나중에 그 집에서 중국인이 자살한 사실을 알게 된 에피는 더욱 공포감에 질려 인슈테텐에게 이사 가자고 애원한다. 아내보다는 사회적 체면을 중요하게 생각하는 인슈테텐은 아내의 불안을 이해하고 위로하기는커녕 "아내가 중국인 유령을 봐서 집을 팔았다고 소문나면 나는 끝장이라오"라고 한다. 한 가지 흥미로운 사실은 위에서 말한 프로이센 국가 일반법에 의하면, 남편이 이사를 결정하면 아내는 무조건 따라야 했다는 것이다.

인슈테텐의 남성 중심주의 성향은 아내의 오래전 불륜 상대를 알게 되었을 때도 유감없이 드러난다. 당시에도 배우자 불륜에 의한 이혼 제도가 있었음에도 인슈테텐은 아내가 받은 연애편지만으로 그 어떠한 다른 방법을 고려하지 않고 상간자에게 결투를 신청하고 죽여버린다. 에피는 결국 병에 걸려 부모의 간호를 받다가 어린 나이에 생을 마감한다. 에피의 비참한 죽음은 사랑이 아닌 조건과 관습에 의한 결혼이 실패했다는 것을 보여준다.

에피와 인슈테텐의 결혼은 또 다른 근본적인 결함이 있었다. 셰익스피어 비극은 주인공이 성격적 결함을 타고나서 비극적 결말을 맞이할 수밖에 없는 운명이 있는데 에피의 결혼도 마찬가지다. 에피와 남편은 나이 차이가 클 뿐 아니라 성향과 기호가 달라 원만한 결혼 생활이 어려웠다. 에피는 기본적으로 '자연의 아이'였고 인슈테텐은 '예술과 출세를 숭배하는 인물'이었다. 에피가 신혼여행 중에 보낸 엽서는 하나같이 '유명한 미술관'에 갔다는 이야기로 시작한다.

인슈테텐은 신혼여행 때부터 아내의 취향은 무시하여 미술관에만 주야장천 다닌다. 물론 갈 때마다 천사처럼 자상하게 설명하지만 에피는 피곤해한다. 심지어 에피는 인슈테텐이 데리고 간 미술관 이름의 철자를 모를 때도 있었다. 결국 미술관 탐방은 그네타기 등 밖에서 뛰어노는 것을 좋아하는 에피에게는 피곤한 일에 지나지 않았다. 인슈테텐은 에피가 무엇을 좋아하고 무엇을 하고 싶어 하는지 관심이 전혀 없다. 자연에서 활발한 신체 활동과 재미와 모험을 찾는 에피는 신혼집 동네에서 역동적인 생활을 하게 되리라 꿈꾸지만, 기대는 산산이 무너진다. 그녀에게 신혼집 동네

케신은 지루하고 낯설며 사회적 의무만이 가득한 장소였다.

출세 지향적인 인슈테텐은 아내에게 애정을 가지고 있지만 혹시 아내에게 끌려다니는 사람으로 낙인찍혀 출세에 지장이 있을 것을 두려워해 너무 긴 커튼을 잘라달라는 아내의 사소한 부탁에도 핑계를 대며 응하지 않는다. 결국 에피에게 결혼 생활이란 그저 지루하고 인격적인 대우도 받지 못하는 눈사람처럼 차가운 것에 지나지 않았다. 에피가 불륜을 저지른 이유는 상대를 사랑해서가 아니고 그녀를 둘러싼 여러 사정이 겹친 결과였다. 사람의 성격이나 취향은 굉장히 오랫동안 유지된다. 다시 말해서 성격은 결혼했다고 해서 갑자기 바뀌지 않는다. 장기간 연애를 한 연인도 성격 차이를 극복하지 못하고 파경에 이르는 경우가 많은데 에피와 인슈테텐은 교제 없이 조건만 보고 바로 결혼한 부부이니 이혼하게 된 것도 무리가 아니다. 결혼할 때 가장 먼저 고려해야 할 것은 조건이 아니라 성격이나 취향이 되어야 한다.

『에피 브리스트』를 읽다가 무릎을 탁 칠 정도로 공감한 구절이 있다. "사람은 오로지 정 때문에 인생에서 실패한다." 정에 약한 나로서는 이 말이 뼈저리게 다가왔다. 지금까지 내 인생이 왜 바람대로 되지 않은 적이 많았는지 제대로 이해가 되었다. 20년 전, 경북 김천버스터미널에서 대구행 버스를 기다리는데 노인도 청년도 아닌 한 남자가 수줍어하며 다가왔다. 지금 세 끼를 굶고 있는데 차비가 없어서 안동에 있는 집에 가지 못하고 있다고 하소연했다. 하도 불쌍해 보여서 주머니를 털어 제법 비싸다고 느낀 차표를 사줬다.

얼마나 지났을까? 이번엔 대구역에서 김천으로 가는 기차를 기다리는데 뒤에서 누가 말을 건넨다. 뭐라고 말할 겨를도 없이 주저리주저리 안동에 가야 한다며 돈이 없다는 둥 며칠을 굶었다는 둥 죽는소리했다. 내 동정심이 여지없이 발휘할 틈도 없이 그가 낯익은 사람이라는 것을 알아차렸다. 그렇다. 얼마 전 김천버스터미널에서 내가 안동행 차표를 사준 사람이었다. 그는 기차역이나 터미널을 배회하면서 만만해 보이는 사람에게 접근하여 교통비 명목으로 돈을 얻어내는 일종의 사기꾼이었다. 20년 전에는 지금보다 터미널이 훨씬 붐볐다. 그 많은 사람 가운데 나를 콕 집어서 두 번이나 접근했다는 것은 내가 누가 봐도 동정심이나 인정에 끌려다니는 사람으로 비치는 것이다.

나는 평생 정에 끌려다닌 사람이다. 내가 사는 아파트를 리모델링할 때도 정 때문에 금전적 손해뿐만 아니라 마음고생을 많이 했다. 리모델링할 업체를 선정해야 하는데 믿을 만한 곳을 놔두고 오랫동안 인연이 깊었던 사람에게 덜컥 맡겼다. 같은 품질인데 저렴하게 해준다고 약속했지만, 결과는 그렇지 못했다. 질 낮은 자재를 사용해 최대한 비용을 덜 들여 시공했다. 결국 1년도 안 돼 베란다 유리에 금이 갔다. 차일피일 미루고 유리 교환을 해주지 않길래 알아봤더니 정품 유리가 아니어서 무상 교환도 어렵다는 이야길 들었다. 덕분에 우리 가족은 거의 1년 가까이 금이 간 유리를 불안하게 바라보면서 살다가 결국 내 돈으로 교체해야 했다.

　타인에게 눈길조차 쉬이 건네지 않는 경직된 세상을 살면서 정이 많다는 것은 큰 약점이 될 수 있다. 상대는 나를 스쳐 간 인연으로 생각하고 별생각 없이 사는데 정 많은 나는 그와의 인연을 잊지 못하고 그리워하며 마음고생한다. 처음 만난 상인이나 업자를 대하면서도 가능한 그의 편의를 봐주고 싶다고 생각하는 나 자신을 뒤돌아보면 안타까울 따름이다. 정이 많다는 것은 받는 것보다 주는 것이 많은 법이다. 온정은 꼭 필요한 곳에만 나눈다는 다짐을 여러 번 하지만 실천하기가 만만찮다.

소소한 한마디

"온정이란 꼭 필요한 곳에 나눌 때에만 의미가 있다."